山东博物馆辑刊

2015 年

山东博物馆 编

文物出版社

图书在版编目（ＣＩＰ）数据

山东博物馆辑刊 / 山东博物馆编． —— 北京 ：文物
出版社， 2016.5
ISBN 978-7-5010-4544-0

Ⅰ．①山… Ⅱ．①山… Ⅲ．①博物馆-山东省-丛
刊 Ⅳ．①G269.275.2

中国版本图书馆CIP数据核字（2016）第047822号

山东博物馆辑刊（2015年）

编　　者　山东博物馆

责任编辑　贾东营
责任印制　陈　杰

出版发行　文物出版社
社　　址　北京市东直门内北小街2号楼
网　　址　http://www.wenwu.com
邮　　箱　web@wenwu.com
制版印刷　北京图文天地制版印刷有限公司
经　　销　新华书店
开　　本　889×1194　1/16
印　　张　13
版　　次　2016年5月第1版
印　　次　2016年5月第1次印刷
书　　号　ISBN 978 - 7 - 5010 - 4544 - 0
定　　价　188.00元

目　录

山东出土牙璋和西朱封玉笄、庄里西牙璧的文化传统及有关问题

文/朱乃诚 中国社会科学院考古研究所

内容提要

以往笼统地将山东地区出土的8件牙璋以及西朱封2件玉笄、庄里西牙璧都认作为龙山文化的作品，其实是分别制作于三个时期，文化传统不一致，并且是分先后三次传入山东地区的。其中西朱封玉笄是石家河文化晚期的作品，可能是在龙山文化中晚期之交，大约在公元前2000年前后辗转中原地区传入山东地区的。牙璋是中原地区新砦期至二里头文化前期的作品，可能是在二里头文化二、三期之交，大约在公元前1600年前后传入山东地区的。庄里西牙璧制作于二里冈文化时期，文化传统属二里头文化且可溯源至大汶口文化晚期，可能是在二里冈文化时期传入山东地区的。这三种玉器前后三次传入山东地区，可能与三次重要的历史事件有关。

关键词

牙璋　西朱封玉笄　庄里西牙璧　龙山文化　二里头文化　二里冈文化

山东地区的史前玉器与玉文化，发展至龙山文化晚期，出现了一些复杂的现象。如出现了一些高档次的、大型的玉器；而且这些高档次、大型玉器的文化传统大都不属山东本地区的。这些复杂现象可能与历史发展进入到夏王朝形成时期及其后续发展阶段出现的一些重大历史事件有关。

山东出土的牙璋及西朱封玉笄、庄里西牙璧，即是这些复杂现象的三种重要的载体。本文分析这三种玉器的文化传统与年代，窥探这些玉器所蕴涵的复杂现象的历史背景。

一　西朱封玉笄的文化传统

西朱封玉笄有2件组，出自1989年发掘的临朐西朱封M202大墓中[1]。一件为组合式玉笄，曾称为头冠饰，由笄杆（M202：2）与笄花（M202：1）组成（图一）。

笄花呈乳白色，为扁平扇形，形似玉佩，镂孔透雕，玲珑剔透。镂孔形状及布局，以上下3个穿孔为中轴，基本上左右对称。边缘按笄花的造型与镂孔的形式呈现出有规则的弧形凹凸与缺口，犹似后期玉器上扉牙的原始形态。顶部呈三层级弧形冠状。笄花上镶嵌绿松石，现保存两枚（图二）。

在这件玉笄花的两面有十分流畅而纤细的短弧线刻纹，与镂孔组成造型活泼流畅的几何形纹样，可以分辨出左右相对称的兽面的眼纹与鼻梁等形状[2]。其中在玉笄花中轴即鼻梁部位的3个穿孔，原本可能是镶嵌了绿松石珠（片）。

笄杆呈浅褐色，形似玉笄，断面略呈扁圆形，通体由两组竹节状节、三组凸棱状节组成（图三）。下端笄尾呈尖锥状。上端笄首开凹槽口，以便套插笄花。在套插笄杆首两侧的笄花上，穿小孔，以绑缚加固笄杆与笄花。

这套组合式玉笄，玉质纯洁，色彩高雅，造型别致，制作精工，是当时玉雕工艺中的极品。

但是，这件作品可能不是龙山文化制作的。从这件玉笄笄花的镂孔透雕工艺及其表现的形象，以及笄杆的凸棱状节的工艺角度分析，可能与石家河文化晚期玉器有关。

如西朱封组合式玉笄笄花的镂孔透雕配纤细短弧线刻纹的形式与工艺，与湖南澧县孙家岗M14出土的石家河文化晚期的透雕玉凤（图四）[3]与玉龙（图五）[4]的形式

图一　西朱封 M202：1、2 玉笄 -1

图二　西朱封 M202：1 玉笄笄花 -1

图三　西朱封 M202：2 玉笄笄杆 -1

图四　孙家岗 M14：4 玉凤

及制作工艺具有相同的特点，周边的弧形凹凸形式与缺口的风格也接近，只是西朱封玉笄笄花顶端呈三层级弧形冠状角尖向上翻卷的形式，以及笄花顶端中部凹形口边缘起棱的形式，似表现出进步的特征。而玉笄花的形态以及镂孔与纤细短弧线刻纹构成的图案形象所表现的具有一对大眼与鼻梁的兽面（图二）形象，可能与石家河文化晚期的湖北钟祥六合 W9：1 玉兽面有关系（图六）[5]。

这件玉笄笄杆的凸棱状节的凸棱形式与工艺，在石家河文化晚期玉器中也有体现，并且表现出更为原始的形态。如湖北天门石家河肖家屋脊 AT1115 ②：1 玉柄形器（图七）[6]、肖家屋脊 AT1219 ①：1 玉柄形器（图八）等[7]。

西朱封另一件玉笄（M202：3），呈半透明乳白色，形制特殊，笄杆上端、笄首下部雕成卷云形，在卷云形体的侧面与下端另一侧面各浮雕一人面像，在笄杆中部偏上亦浮雕一人面像（图九、十）。由于三个人面像的施刻面积较小，所以三个人面像的形态较为抽象。

这件三人面像玉笄的造型，构思巧妙，亦是当时玉雕工艺中的极品。目前尚没有发现同类器可与其进行比较。但玉笄的人面像，或许与石家河文化晚期玉器中流行人头像的现象有关。如湖北天门石家河肖家屋脊 W7：4 玉人头像（图十一）[8]，为圆柱状，高 3.9 厘米，上端冠直径 2.3 厘米，下端直径 1.85 厘米，上下穿孔贯通，孔上端直径 1.25 厘米，孔下端直径 1.05 厘米。人头像的五官以及额头部位的一圈头冠饰与后脑的发髻表现得相当清晰与形象。其整个形制以及使用功能可能是玉笄顶端的装饰件，即这件上下穿孔的人头像可能是玉笄帽。这件玉人头像表明在石家河文化晚期玉器中可能有顶端为人头像的组合玉笄。这种人头像组合玉笄的年代可能早于西朱封 M202：3 三人面像玉笄。

西朱封两件玉笄都与石家河文化晚期玉器存在着相同的风格，可能是石家河文化晚期制作的玉器。而形制特征表明西朱封两件玉笄分别晚于石家河文化晚期的孙家岗 M14 出土的透雕玉凤（图四）与玉龙（图五）、六合 W9：1 玉兽面（图六）、肖家屋脊 AT1115 ②：1 玉柄形器（图七）与 AT1219 ①：1 玉柄形器（图八）、肖家屋脊 W7：4 玉人头像（图十一）。据此推测，西朱封两件玉笄原本不是龙山文化的作品，可能是石家河文化晚期的作品，制作之后，辗转传入到山东地区。

二　山东出土牙璋的文化传统与年代

目前在山东地区发现的牙璋有 8 件。如 1977 年冬在临沂大范庄遗址发现 2 件牙璋[9]。1979 年在海阳司马台遗址发现 1 件牙璋，还有 1 件牙璧、1 件凸缘璧[10]。1986 年在五莲石场乡上万家沟村发现 1 件牙璋[11]。1988 年 7 月在沂南罗圈峪村山坡上山石裂缝中发现 4 件牙璋，还有 1 件圆箍形玉镯、1 件玉锛及石矛、石铲、石锛等 10 余件玉石器[12]。关于这 8 件牙璋的年代，资料公布时或定为大汶口文化晚期，或定为龙山文化。研究者如王永波、栾丰实、邓聪等亦认为这批牙璋的年代分属大汶口文化晚期和龙山文化，并主张牙璋起源于山东地区[13]。而我对这 8 件牙璋分析之后形成的认识，则与他们的认识有所区别。

这 8 件牙璋，除 1 件仅存残断的内部，其余 7 件基本完整。其形制可分为一牙、双牙、一扉双牙、无阑 4 牙等多种形式。

临沂大范庄两件牙璋分别是一牙牙璋与无阑 4 牙牙璋。一牙牙璋为灰绿色，长 32.8 厘米，最宽处在刃部两刃角之间，一刃角略有残缺，宽 9.8 厘米（图十二）。无阑 4 牙牙璋为灰白色，长 26.6 ~ 27.3 厘米，最宽处在刃部两刃角之间，两刃角略有残缺，宽 8.1 厘米，接近柄部的两侧棱上分别有凸出的 4 个小扉牙，其中一侧的 4 个小扉牙不明显，

图五　孙家岗 M14：3 玉龙

图六　六合 W9：1 玉兽面

图七
肖家屋脊 AT1115 ②：1
玉柄形器

图八
肖家屋脊 AT1219 ①：1
玉柄形器

图十　西朱封 M202 ∶ 3 玉笄

图十一　肖家屋脊 W7 ∶ 4 玉人头像

图九　西朱封 M202 ∶ 3 人面纹玉笄　　　　图十二　大范庄一牙牙璋

似被磨平，或未经刻意制作[14]。

　　司马台牙璋为一牙牙璋，深绿色，长 27.5 厘米，最宽处在刃部两刃角之间，宽 7.2 厘米，厚 0.5 厘米，是山东 8 件牙璋中玉质最好的一件（图十四）[15]。

　　上万家沟村牙璋为一牙牙璋，灰白色，长 33.5 厘米，最宽处在牙部，宽 6.7 厘米，厚 0.6 厘米（图十五）[16]。

　　罗圈峪村三件基本完整的牙璋分别为一牙牙璋、一扉二鉏牙牙璋、二牙牙璋。都呈青黄色。其中一牙牙璋长 26 厘米，最宽处在刃部两刃角之间，宽 6 厘米（图十六）。一扉二鉏牙牙璋长 25 厘米，最宽处在牙部，宽 7 厘米（图十七）。这件牙璋的刃部接近平刃，扉牙的部位在全器的三分之一处，显得偏高。推测这件牙璋是在原牙璋的上端残断后改制为平刃的形式。二牙牙璋的两个刃角都残缺，两侧双牙之间呈凹弧形，下部的牙亦都残缺，残长 30.5 厘米，最宽处在刃部两刃角之间，残宽 6.3 厘米（图十八）

　　这些牙璋的埋藏年代都可能较晚。如沂南罗圈峪村山坡裂隙中发现的 4 件牙璋，同时发现的 10 多件玉石器中有石矛（图十九）[17]。目前在龙山文化及同时期或之前的文化遗存中尚未发现石矛，可知其埋葬年代可能在龙山文化之后。而罗圈峪村一扉二鉏牙牙璋已改制的现象也表明罗圈峪村这批牙璋等遗存的埋藏年代距一扉二鉏牙牙璋的制作年代有相当的时间距离。又如海阳司马台遗址发现的 1 件一牙牙璋，同出的有一件牙璧、1 件有领璧，有领璧可以套在牙璧内组成一套使用（图二十）[18]。牙璧的形制属龙山文化。有领璧较为精致，凸领较薄，内壁较直，外表施有平行弦纹，是一件制作较为规范的有领璧（图二十一）；在陶寺文化中曾发现有领璧，但形制特征比这件有领璧原始。这件有领璧可能是二里头文化时期或之后的作品。据此推测司马台牙璋、牙璧、有领璧这三件玉器的埋藏年代较晚，应在龙山文化之后。

图十五　上万家沟村一牙牙璋

图十三　大范庄无阑4牙牙璋　　　图十四　司马台一牙牙璋　　　图十六　罗圈峪村一牙牙璋

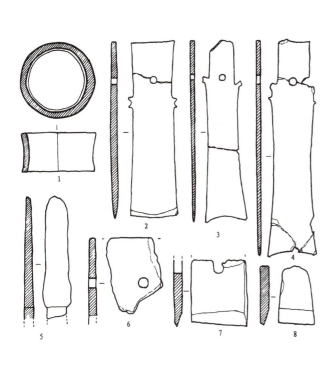

图十九　沂南罗圈峪村玉石器

1.玉镯（YL：1）　2.牙璋（YL：10）　3.牙璋（YL：11）　4.牙璋（YL：12）
5.石矛（YL：40）　6.牙璋（YL：13）　7.石铲（YL：30）　8.玉锛（YL：2）

图十七　罗圈峪村一扉二鉏牙牙璋

图十八　罗圈峪村二牙牙璋

图二十　司马台有领璧与牙璧

图二十一　司马台有领璧

图二十二　东龙山 M83：1 牙璋

图二十三　东龙山 M83：2 玉戚

图二十四　东龙山 M83：3 石铲

图二十五　二里头 73YL Ⅲ KM6：8 牙璋

　　从形制角度分析，山东发现的这些牙璋正经历着从一牙牙璋向双牙牙璋以及单阑双牙牙璋的演变。

　　其中大范庄一牙牙璋（图十二）、罗圈峪村一牙牙璋（图十六）的牙的侧边较为平整，而上万家沟村一牙牙璋（图十五）、司马台一牙牙璋（图十四）的牙的侧边开始出现内凹。这种牙璋的牙侧边出现内凹的现象，可能是向罗圈峪村一扉棱两鉏牙牙璋形式（图十七）转变的中间环节，即罗圈峪村一扉棱两鉏牙牙璋的形式是一牙牙璋的牙侧边凹槽逐渐加深、加宽演变发展的结果。而罗圈峪村双牙牙璋（图十八）则是一牙牙璋演变发展的又一种形式。由此可以看出这6件牙璋的制作年代，大范庄一牙牙璋（图十二）与罗圈峪村一牙牙璋（图十六）为最早，其次为上万家沟村一牙牙璋（图十五）与司马台一牙牙璋（图十四），再次为罗圈峪村一扉棱两鉏牙牙璋（图十七），罗圈峪村双牙牙璋（图十八）为最晚。这六件牙璋的形制演变，从早的一牙牙璋到晚的二牙牙璋的演变，十分清楚，一目了然。

　　另外，大范庄无阑4牙牙璋（图十三）的相对年代，依据其形制特点，可能不会早于罗圈峪村一扉棱两鉏牙牙璋（图

十七）和罗圈峪村双牙牙璋（图十八），或许与他们同时。

　　至于以上分析的这7件牙璋的考古学年代与大致的绝对年代，只要将他们与其他地区出土的牙璋进行对比，就比较容易断定。如大范庄一牙牙璋（图十二）、罗圈峪村一牙牙璋（图十六）的形制，与陕西商洛东龙山 M83：1一牙牙璋的形制相同（图二十二）[19]。东龙山 M83 还出有玉戚（图二十三）、石铲（石圭）等（图二十四），年代相当于二里头文化一期偏早[20]。于是可以明确山东出土的一牙牙璋的制作年代，早至二里头文化一期偏早。

　　罗圈峪村二牙牙璋的形制（图十八），早于二里头三期 73YL Ⅲ KM6：1牙璋（图二十五、二十六），说明山东出土的二牙牙璋的年代不会晚至二里头文化三期。

　　大范庄无阑4牙牙璋，形制与金沙的一种微型牙璋类似（图二十七）[21]。大概是牙璋形制演变过程中的另外一种形式，其制作年代应晚于郑州巩义花地嘴 T17H40：1牙璋。

　　我认为牙璋最早是从中原地区产生的[22]。目前发现的年代最早的牙璋的形制，大概是郑州巩义花地嘴 T17H40：1牙璋（图二十八、二十九）。我还探索了牙璋形制的演变过程（图

图二十六　二里头 73YL Ⅲ KM6：8 牙璋局部　　图二十七　金沙微型三牙牙璋　　　　　　　　　图二十八　花地嘴 T17H40：1 牙璋

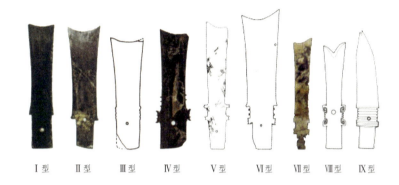

Ⅰ型　Ⅱ型　Ⅲ型　Ⅳ型　Ⅴ型　Ⅵ型　Ⅶ型　Ⅷ型　Ⅸ型

图二十九　花地嘴 T17H40：1 牙璋局部　　　　　图三十　牙璋形制演变示意图

三十）[23]。

　　从形制角度分析，大范庄、司马台、上万家沟村、罗圈峪村发现的8件牙璋的制作年代，都晚于花地嘴 T17H40：1 牙璋，早于二里头文化三期的 73YL Ⅲ KM6：1 牙璋，大致处于图三十所示牙璋演变的 Ⅱ、Ⅲ、Ⅳ 型阶段。

　　通过以上对山东出土牙璋的形制分析，我认为山东发现的这批牙璋的制作年代，很可能在新砦期至二里头文化三期之前，即在公元前 1850 ~ 公元前 1610 年之间。而他们在山东东部地区出现的年代都晚于新砦期，可能在二里头文化二期或二期之后。至于埋藏年代，有的可能在二里头文化之后。所以，山东发现的这批牙璋的文化传统，自然与中原地区的新砦期有关，是由中原地区传入的。

三　庄里西牙璧的文化传统与年代

　　庄里西牙璧系 20 世纪 70 年代考古调查滕县（今滕州市）庄里村西边的城顶遗址而发现。这件牙璧现呈灰白色，器表有光泽。周边有大致等分的同一方向的三个旋翼形大牙。三个旋

翼形大牙的制作，可能是在牙口处切割一小块弧形三角而形成的。在每个旋翼形大牙的背部饰有 12 个小扉牙。这 12 个小扉牙之间以不同大小、深度的牙凹口为特征，形成以 3 个小扉牙组成的一个小扉棱，以两个小扉棱组成的一个中型扉棱，以两个中型扉棱组成的一个大扉棱。即在每个旋翼形大牙的背部所饰的一个大扉棱中，可分为两个中型扉棱、四个小扉棱、12 个小扉牙。其中在一个旋翼形大牙背部的四个小扉棱中，末尾的一个小扉棱上仅施刻出两个小扉牙。这些大小扉棱与扉牙的制作，大概是在圆弧形的边缘上切割不同大小、不同形状的凹口形成。并在第一个小扉牙牙口处切割很小的一块弧形三角，以便制作成旋翼形大牙从牙口之后逐渐收窄呈旋翼的特征。牙璧的直径为 15.5 厘米，孔径约 6.7 厘米，旋翼形大牙背部扉棱 12 个小扉牙的长度约 4.2 厘米。根据这件牙璧的形制以及三个旋翼形大牙和三组大扉棱各 12 个小扉牙的制作特点，推测这件牙璧是由玉璧改制的（图三十一）[24]。这件牙璧自发现以来，对其年代产生了许多不同的认识。1980 年吴汝祚将其作为龙山文化玉器予以报道[25]，1984 年夏鼐首次公布这件牙璧的线绘图，并对其是否属龙山文化打了个问号[26]，后来《中国玉器全集·原

13

图三十一　庄里西牙璧

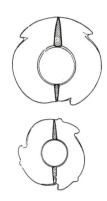

图三十二　三里河大汶口文化晚期牙璧

图三十三之一
诸城前寨大汶口文化晚期牙璧

图三十三之二
诸城前寨大汶口文化晚期牙璧

图三十三之三
诸城前寨大汶口文化晚期牙璧

图三十四　安丘峒峪龙山文化牙璧

图三十五　五莲丹土龙山文化牙璧

始社会》图录仍将其定为龙山文化[27]，2005年栾丰实认为其应为商周时期之物[28]，最近山东博物馆又将其改订为龙山文化[29]。这些不同的认识表明，这件牙璧的文化特征较为复杂，而且可能还隐含着丰富的史实背景，需要深入探究。

从形制上看，庄里西牙璧具有两个基本的特征。一个是牙璧上的三个旋翼形大牙的特征。另一个是旋翼形大牙背部的一个大扉棱、两个中型扉棱、四个小扉棱、12个小扉牙的特征。从庄里西牙璧的第一种特征看，这是典型的大汶口文化·龙山文化传统的牙璧风格。

我国发现的早期玉牙璧，主要分布在山东与辽东半岛。其中年代最早的，可能是山东胶县三里河M273：1与M113：1（图三十二）[30]、诸城前寨（图三十三）[31]、五莲丹土、五莲董家营等遗址出土的大汶口文化晚期的小型牙璧。这类小型牙璧不仅形制较小，而且牙口也很小，是在小玉环边缘大致三等分位置施刻小凹口并略作修饰而形成的。这种小牙璧，外径通常在4厘米左右至7厘米之间，孔径在2～3厘米左右。其中三里河M273：1牙璧的三个牙口方向不一致。这些大汶口文化晚期小牙璧的使用功能，可能是作为佩挂于颈下、胸前等人体部位的坠饰。这些现象表明，在大汶口文化晚期牙璧的风格正在形成之中。

大汶口文化晚期的小牙璧发展至龙山文化，形体逐渐增大。如安丘峒峪（图三十四）[32]、五莲丹土（图三十五）[33]等遗址出土的牙璧。这时期牙璧的外径通常在10厘米以上，孔径通常在6厘米左右或6厘米以上，有圆形的，也有圆形与方形相结合的形制，还有近三角形的，牙口较深，牙较大，形成了三个旋翼形大牙的基本特征。这种孔径较大的牙璧的使用功能，可能是作为腕饰穿戴在手臂上的。龙山文化时期是牙璧发展的成熟阶段。

按照庄里西牙璧第一种特征的形制，是龙山文化风格的牙璧，这类牙璧是由大汶口文化晚期的小牙璧发展演变而来的，所以其文化传统是大汶口文化。

庄里西牙璧的第二种特征，目前既不见于大汶口文化晚期的小牙璧上，也不见于龙山文化的大牙璧上，是在山东地区新出现的玉器装饰风格。虽然在龙山文化晚期牙璧的三个旋翼形大牙上出现了小扉牙装饰风格，如青岛博物馆收藏的一件牙璧（图三十六）[34]、五莲丹土出土的一件特大型牙璧（图三十七）[35]，但是与庄里西牙璧第二种特征的以三个小扉牙为一组的小扉棱、以两个小扉棱为一组的中型扉棱，以两个中型扉棱为一组大扉棱装饰风格完全不同。所以，庄里西牙璧第二种特征的扉牙装饰风格不是大汶口文化·龙山文化玉器装饰风格的传统，应是山东以外地区的玉器装饰风格。

山东以外地区牙璧上以三个小扉牙为一组的小扉棱、以两个小扉棱为一组的大扉棱装饰风格，年代较早的可能是1981年在陕北神木石峁遗址征集的一件牙璧。如石峁1981SS采：1牙璧，平面近长方形，在长方形的四角施刻出四个旋翼形大牙，在每个旋翼形大牙的背部即牙璧四边棱上饰扉牙。其中在两个长边棱上分别施刻以两个小扉牙为一组的小扉棱、以两个小扉棱为一组的大扉棱；在两个短边棱上分别施刻以三个小扉牙为一组的小扉棱、以两个小扉棱为一组的大扉棱（图三十八）[36]。而且小扉牙的形制较为细而尖，牙尖起棱，三个小扉牙之间的距离、两个凹口的深浅都不相等，显示出十分精致的特征。

与石峁1981SS采：1牙璧上以三个小扉牙为一组的小扉棱、以两个小扉棱为一组的大扉棱的形式和特征相同的玉器装饰风格，目前见到的具有明确的考古学单位信息的玉器，可能是1982年发掘河南偃师二里头遗址出土的一件玉戚。如二里头1982Y.Ⅸ M4：3玉戚（图三十九）[37]。

若将石峁1981SS采：1牙璧、二里头1982Y.Ⅸ M4：3玉戚上以三个小扉牙为

图三十六　青岛博物馆收藏龙山文化牙璧

图三十七　五莲丹土龙山文化特大型牙璧

图三十八　石峁1981SS采：1牙璧-1

图三十九　二里头1982Y.Ⅸ M4：3玉戚-1

图四十　二里头四期的75YL Ⅶ KM7：2玉戚

图四十一　妇好墓1976AXTM5：560玉戚

一组的小扉棱、以两个小扉棱为一组的大扉棱的装饰风格与庄里西牙璧的扉牙、扉棱装饰风格进行对比分析，可以看出庄里西牙璧的小扉牙、扉棱的制作较为粗糙简略，牙尖不起棱，牙凹口不规范，显示出年代较晚的特征。

二里头1982Y.Ⅸ M4∶3玉戚出自二里头文化二期墓葬中。由此可以判断庄里西牙璧第二特征的年代晚于二里头文化二期，据此还可以判断庄里西牙璧的最终制作年代晚于二里头文化二期。由此也表明庄里西牙璧第二种特征的文化传统可以追溯到二里头文化二期。

庄里西牙璧的制作年代晚于二里头文化二期，具体晚到何时？可能晚于二里头文化四期。

因为二里头1982Y.Ⅸ M4∶3玉戚上以三个小扉牙为一组的小扉棱、以两个小扉棱为一组的大扉棱的装饰风格与牙尖起棱的特征在二里头文化四期的玉戚上还能见到。如二里头75YLⅦ KM7∶2玉戚（图四十）[38]，但其扉牙、牙尖、牙凹口的制作已经不如二里头文化二期的精致了。然而将二里头四期的75YLⅦ KM7∶2玉戚与庄里西牙璧的扉牙、扉棱装饰风格进行对比分析，还显示出其比庄里西牙璧的扉牙、扉棱装饰风格精致的特点。所以，庄里西牙璧的最终制作年代应晚于二里头文化四期。

另外，庄里西牙璧的小扉牙与扉棱的特征比殷墟妇好墓出土的一件玉戚（1976AXTM5∶560）边棱上施刻的以三个小扉牙为一组的六个小扉牙组成的扉棱的特征（图四十一）[39]要规范而略显早些。因为妇好墓1976AXTM5∶560玉戚一侧边棱上施刻的以三个小扉牙为一组小扉棱的特征几乎分辨不出来了，表明其晚于庄里西牙璧。

综合以上的分析，推测庄里西牙璧的制作年代应在商代，可能在二里头文化之后、殷墟妇好墓之前的二里冈文化时期。

四 结 语

山东出土的牙璋以及西朱封玉笄、庄里西牙璧是海岱地区发现的三种文化内涵丰富的重要的玉器。以往笼统地将他们都认作为龙山文化的作品，其实是分别制作于三个时期，而且文化传统也不一致。其中西朱封玉笄是石家河文化晚期的作品，文化传统属石家河文化晚期；牙璋是中原地区新砦期至二里头文化前期的作品，文化传统属新砦期；庄里西牙璧最终制作于二里冈文化时期，文化传统属二里头文化且可溯源至大汶口文化晚期。

这三种玉器传入山东地区的时间也不一致，是分先后三次传入的。其中西朱封玉笄是在龙山文化中晚期之交即西朱封大墓时期传入的，具体年代可能在湖南澧县孙家岗墓地之后，大约在公元前2000年前后，可能是辗转中原地区传入山东的。牙璋可能是在二里头文化二三期之交即岳石文化前期传入的，具体年代大约在公元前1600年前后。庄里西牙璧可能是在二里冈文化时期或之后即岳石文化后期传入的。

这三种玉器前后三次传入山东地区，可能与三次重要的历史事件有关。从传入的时间角度推测：西朱封玉笄在公元前2000年前后辗转中原地区传入山东，可能与夏初中原地区同海岱地区的重要文化交往即夏部族与东夷部族文化交往有关；牙璋在公元前1600年前后传入山东，可能与发生在夏末商初王朝更迭的重大历史事件有关[40]；庄里西牙璧在岳石文化后期传入山东，可能与商王朝前期经营谋略东方有关。

山东出土的牙璋以及西朱封玉笄、庄里西牙璧，分别是龙山文化中晚期至岳石文化后期中原地区与海岱地区文化交往日益密切的重要物证。

注 释

［1］中国社会科学院考古研究所山东工作队：《山东临朐朱封龙山文化墓葬》，《考古》1990年7期。

［2］最早识别这件玉笄笄花纹饰中有眼、鼻等形象特征的是杜金鹏。见杜金鹏：《论临朐朱封龙山文化玉冠饰及相关问题》，《考古》1994年1期。

［3］荆州博物馆编著：《石家河文化玉器》，文物出版社，2008年，100页。

［4］荆州博物馆编著：《石家河文化玉器》，文物出版社，2008年，97页。

［5］荆州博物馆编著：《石家河文化玉器》，文物出版社，2008年，94页。

［6］荆州博物馆编著：《石家河文化玉器》，文物出版社，2008年，123页。

［7］荆州博物馆编著：《石家河文化玉器》，文物出版社，2008年，122页。

［8］荆州博物馆编著：《石家河文化玉器》，文物出版社，2008年，28页。

［9］冯沂：《山东临沂市大范庄调查》，《华夏考古》2004年1期。王永波：《牙璋新解》，《考古与文物》1988年1期。王永波：《关于刀形端刃器的几个问题》，《故宫文物月刊》第12卷3期，1994年。栾丰实：《海岱地区史前祭祀遗存二题》，《浙江省文物考古研究所学刊》第八辑，《纪念良渚遗址发现七十周年学术研讨会文集》，科学出版社，2006年。

［10］王洪明：《山东省海阳县史前遗址调查》，《考古》1985年12期。

［11］王永波：《关于刀形端刃器的几个问题》，《故宫文物月刊》135期，1994年6月。

［12］于秋伟、赵文俊：《山东沂南县发现一组玉、石器》，《考古》1998年3期。

［13］王永波：《粗形端刃器的分类与分期》，《考古学报》1996年1期。栾丰实：《海岱地区史前祭祀遗存二题》，《浙江省文物考古研究所学刊》第八辑，科学出版社，2006年。邓聪：《东亚最早的牙璋——山东龙山式牙璋初论》，《玉润东方：大汶口—龙山·良渚玉器文化展》，文物出版社，2014年。

［14］王永波：《关于刀形端刃器的几个问题》，《故宫文物月刊》第12卷3期，总135期，1994年。

［15］山东博物馆、良渚博物院编：《玉润东方：大汶口—龙山·良渚玉器文化展》，文物出版社，2014年，117页。

［16］山东博物馆、良渚博物院编：《玉润东方：大汶口—龙山·良渚玉器文化展》，文物出版社，2014年，116页。

［17］于秋伟、赵文俊：《山东沂南县发现一组玉、石器》，《考古》1998年3期。

［18］王洪明：《山东省海阳县史前遗址调查》，《考古》1985年12期。

［19］刘云辉：《陕西出土的古代玉器·夏商周篇》，《四川文物》2008年5期。

［20］陕西省考古研究院、商洛市博物馆编著：《商洛东龙山》，科学出版社，2011年。

［21］古方主编：《中国出土玉器全集·四川重庆》，科学出版社，2005年，73页。

［22］朱乃诚：《牙璋研究与夏史史迹探索》，《夏商都邑与文化："纪念二里头遗址发现55周年学术研讨会"论文集》，中国社会科学出版社，2014年。

［23］朱乃诚：《牙璋的流传与分布所反映的夏史史迹》，《故宫文物月刊》，总373期，2014年4月。

［24］山东博物馆、良渚博物院编：《大汶口—龙山·良渚玉器文化展》，文物出版社，2014年，112页上图。

［25］中国社会科学院考古研究所、藤县博物馆：《山东藤县古遗址调查简报》，《考古》1980年1期。

［26］夏鼐：《所谓玉璇玑不会是天文仪器》，《考古学报》1984年4期。

［27］中国玉器全集编辑委员会：《中国玉器全集·原始社会》，河北美术出版社，1993年。

［28］栾丰实：《牙璧研究》，《文物》2005年7期。

［29］山东博物馆、良渚博物院编：《大汶口—龙山·良渚玉器文化展》，文物出版社，2014年，112页上图。

［30］中国社会科学院考古研究所编著：《胶县三里河》，文物出版社，1988年，第44页，图二五.1、2。

［31］山东博物馆、良渚博物院编：《大汶口—龙山·良渚玉器文化展》，文物出版社，2014年，106页。

［32］山东博物馆、良渚博物院编：《大汶口—龙山·良渚玉器文化展》，文物出版社，2014年，111页下图。

［33］山东博物馆、良渚博物院编：《大汶口—龙山·良渚玉器文化展》，文物出版社，2014年，113页上图。

［34］山东博物馆、良渚博物院编：《大汶口—龙山·良渚玉器文化展》，文物出版社，2014年，112页下图。

［35］山东博物馆、良渚博物院编：《大汶口—龙山·良渚玉器文化展》，文物出版社，2014年，113页下图。

［36］中华玉文化中心、中华玉文化工作委员会编：《玉魂国魄：玉器·语文华·夏代中国文明展》，浙江古籍出版社，2013年，223页上图。

［37］中华玉文化中心、中华玉文化工作委员会编：《玉魂国魄：玉器·语文华·夏代中国文明展》，浙江古籍出版社，2013年，227页。

［38］邓聪主编：《东亚玉器》，香港中文大学中国考古艺术研究中心，1998年，163页。

［39］中国社会科学院考古研究所、北京艺术博物馆编：《天地之灵：中国社会科学院考古研究所发掘出土商与西周玉戚精品展》，北京美术摄影出版社，2013年，27页。

［40］朱乃诚：《牙璋研究与夏史史迹探索》，《夏商都邑与文化·纪念二里头遗址发现55周年学术研讨会论文集》，中国社会科学出版社，2014年。

对龙山文化玉器玉料及治玉工艺的几点认识

——以出土品与故宫藏品为例

文／徐琳 故宫博物院

内容提要

本文通过对山东西朱封遗址出土玉器的科学检测结论以及对故宫藏龙山文化玉器的检视，提出对山东龙山文化玉器的玉料及治玉工艺的认识，将龙山文化玉器用料划分为四类，并对这四类玉料的来源提出问题。另外，在龙山文化玉器的治玉工艺中，除常见的切割、钻孔、雕纹、打磨与抛光外，已出现了多种工艺相结合的特征，同时认为在一些玉器上已出现了金属砣具的痕迹。

关键词

龙山文化　玉器　玉料　治玉工艺

故宫博物院藏有龙山文化或具有龙山风格的玉器约有 80 余件，主要类型有玉钺、玉圭、玉斧、玉牙璧、玉笄、玉佩等。在整理这些玉器的过程中，我特别留意了玉料和治玉工艺方面的问题，结合笔者曾参加的以山东西朱封遗址出土玉器为主要研究对象的课题思考[1]，笔者在此将对龙山文化玉器玉料及治玉工艺方面的一些认识归纳如下。

一　玉料问题

（一）不同色泽及表面特征玉器的分类

笔者将呈现不同色泽及表面特征的龙山文化玉器大致分为四类。第一类玉器，玉质较为纯净，颜色呈黄绿色、绿色、部分为墨绿色。经拉曼光谱仪及红外光谱仪检测，为典型的透闪石玉器。如社科院考古所所藏的山东临朐西朱封 M202 出土的带有人面纹的玉笄（图一，LY-03）、镂空嵌绿松石玉笄笄首（图二）（笄柄未检测）、有肩玉钺（图三）（7，LY-06）、双孔玉钺（图四）（9，LY-02）、单孔玉钺（图五）、玉刀（图六）（LY-1）、M203 出土的玉环（图七）（18，LY-05）、三牙璧（图八）等均是透闪石玉[2]。临朐博物馆所藏的一些在西朱封遗址采集来的玉器，也是以透闪石玉器居多，如一件青绿色玉钺（C；149）（图九）等。这类玉料较好判定，参照检测过的玉器特征，其他未检测者根据目测基本能辨别。

第二类玉料：就是一些黄褐色带有白色石花纹的玉器，如日照两城镇出土的玉刀（图十）、五莲丹土遗址出土的玉钺（图十一）等，器形较大，但器体很薄，这些玉器材料根据便携式拉曼光谱仪检测，并非完全的透闪石玉料，因仪器检测条件所限，这批玉料的材质还有待研究。台北故宫邓淑苹研究员认为此类玉料与太湖流域良渚文化的玉料相似，而良渚玉料已确切检测为闪石玉。[3]

第三种玉料：主要是牙黄色、牙白色、灰白色、灰黄色等带有磁质感光泽的玉器。这类玉器在传世品中多见。如北京故宫博物院所藏的龙山文化玉圭（新78644）（图十二），此玉为 1958 年故宫博物院收购，长 20.8 厘米、宽 6.5 厘米，呈牙黄色，用手电打背光，则透出肉红色（图十三），整体的黄色显然包含了玉料本身的颜色，只是这种颜色不似新疆黄玉般清澈半透明，而是在灯光下呈微透明，玉器表面呈现瓷质感。类

图一　玉笄

图二　镂空嵌绿松石玉笄

图三　玉钺

图四　双孔玉钺

图五　单孔玉钺

图六　玉刀

图七　玉环

图八　三牙璧

图九　玉钺（临朐博物馆藏）

图十　玉刀

图十一　玉钺

似这样玉料的玉器在清宫旧藏品中较多，大多为龙山文化玉圭和玉刀（图十四、十五），颜色有牙白色、牙黄色或米黄色等，质地细腻，整体有瓷质感，从背后打光常呈肉红色微透明。许多清宫旧藏的这类玉器，题有乾隆御制诗，说明其至少在清代乾隆时期已经入宫收藏。这样的玉料目前在山东出土品中较为少见，相似者如日照两城镇出土的带有刻纹的玉圭（图十六）[4]，此件玉圭经社科院科学研究课题项目检测为透闪石玉。另一件为1957年山东安丘南部征集的一件玉圭（图十七）[5]，玉圭双孔，材质及整体的瓷质感亦如故宫所藏玉圭，此圭未作材质的检测。类似玉料的玉器在台北故宫亦有收藏，如刻有神祖面纹的玉圭（图十八）[6]，经台北故宫方面检测，已确定其为透闪石玉[7]。北京故宫博物院所藏的这类玉器，虽然目前还未经仪器检测为何种玉料，但从目测色泽及内部结构看，与两城镇出土及台北故宫博物院所藏者应基本一致，为透闪石玉。这类玉器较为明显的特点就是材质细腻，带有瓷质感，背后打光均呈现微透明的肉红色或淡黄色光。有多件玉圭还被雕琢了神祖面纹或鹰鸟纹，显示其等级地位较高。类似这种情况的玉器，两岸故宫藏有多件，邓淑苹先生亦认为对此类玉料应当重视[8]。笔者认为这类玉器的等级较高，亦应加以重视。

第四种玉料为一种黑色玉料，如北京故宫博物院所藏的一件雕有鹰鸟纹及兽面纹的龙山文化玉圭（图十九），另还有一件玉璧（图二十）和一件玉刀（图二十一），玉璧虽然后刻有乾隆御制诗，但可以看出其原型为光素无纹的。后两件玉器材质与那件黑色玉圭十分相似，从器型看，似也为龙山文化玉器。山东大学博物馆藏有一件日照两城镇玉坑出土的大玉钺[9]，较厚，从造型看，平放做刀最为合适（图二十二），但在一端打孔，非上端开孔，刃部稍斜，又似钺，只是作为钺使用稍显长。此玉器表面还有切割痕和切割时留下的斜洼痕，估计此玉为改

制器或者半成品。这件玉器也为黑色玉料，只是表面还能看到一些斑晶结构。这类玉料，打光不透明，硬度也较高，目前还未进行材质检测，但从硬度及材质的细腻程度看，推测可能为透闪石玉料。

除上述四种玉料外，龙山文化玉器还有一些经检测并非为透闪石玉料的玉器，有大理石、蛇纹石、石英岩等。如一些器物颜色较深，为墨绿色，材质中夹杂有较多的黑点，不透明，石质感较强，如临朐博物馆所藏的一件绿色钺（图二十三）（C：142），经检测就为大理岩。

在经科研检测的玉器中，还有一种带有许多云母或其他矿物成分的玉料，因杂质含量高，便携式仪器检测有一定难度与不确定性，推测即使是透闪石玉料，其透闪石的含量也不是特别高。笔者认为这类玉料需要进一步检测，最好能将透闪石含量及杂质成分检测出来。

（二）关于玉料来源问题

龙山文化玉器的玉料来源问题十分复杂。对于前文提到的第一种玉料来说，那些同色系的黄绿色及绿色的透闪石玉器，其玉质质地较为纯净，有些类似于东北地区的透闪石玉，但不见类似某些红山文化玉器中带有的红褐色沁斑，即常说的河磨玉的外皮色。曾有学者提出龙山文化的这批玉料可能来源于东北地区，但是从外观上看，龙山出土玉器的绿颜色似乎比目前发现的红山文化玉器颜色稍微浅淡些。本人曾经将故宫所藏的红山文化玉器、龙山文化玉器及石家河文化玉器中相似的绿色玉器放在一起比对，肉眼目测看，龙山文化绿色玉器的颜色更接近于石家河文化玉器的绿色，而略不同于红山玉器的绿色。所以，对于山东地区这批黄绿色玉料的来源问题还需要再做比对。是否有就地取材的可能或者来源于外地还要再探讨。虽然

图十二　玉圭（故宫博物院藏）

图十三　龙山玉圭（故宫博物院藏）

图十四　玉圭（故宫博物院藏）

图十五　玉刀（故宫博物院藏）

图十六　玉圭（日照两城镇出土）

目前为止，似乎还没找到山东地区的透闪石玉矿，但不能就此否定史前在此地区发现过透闪石玉料。同样的，石家河玉器中为数较多的绿色玉料的来源也是个问题，目前湖南湖北地区也没有发现类似的玉矿资源，这些玉料是否会来自遥远的东北地区，值得怀疑。

关于前文所述的第三种玉料：近年来，在中国境内发现了许多透闪石玉矿。如贵州罗甸、广西大化、河南栾川、江苏溧阳等等。其中贵州的罗甸玉，产自贵州黔南罗甸，近两年在市场上开始涌现。此玉经贵州省地质矿产中心实验室研究证实，是碳酸盐矿物接触变质的产物，在宏观上呈条带状，与大理岩互层产出，组成软玉的透闪石结晶粒度细小，呈纤维状和片状，结晶体呈放射状、束状、毡状交织，结构致密，其围岩主要为大理岩。其与新疆和田玉相比，虽然都是透闪石玉，但在物理感官上有很大区别，新疆和田玉从感官上看，质地温润，呈油质光泽。而罗甸玉结构虽然细腻，但多数料发闷，有点僵，略显呆滞，缺乏灵气，缺少油质光泽，类似瓷器（图二十四）。笔者在此并不是认为这类传世及出土品中带有瓷质感的玉器玉料来源于贵州罗甸，而是为了说明这种带有瓷质感的透闪石玉料也是存在的，通过罗甸玉玉料对比分析，故宫所藏的那类传世品玉圭的原料本身就是一种微透明，带有一定的瓷质感的透闪石玉料，而非全是经过次生变化而来，即使有次生变化的因素，应该也只是颜色上的加深而已。史前山东龙山文化玉料的一个来源很可能就是当地或者附近有类似这样的玉矿，只是我们目前没有发现而已。这样的玉料主要用来制作龙山时期的玉圭、玉刀等玉礼器，许多玉器上还刻有神祖面纹或鹰纹，等级较高。只是这样的玉器大多是传世品，流散在世界各地的大博物馆中，估计是早年出土后再传世之物。所以我们期待对山东及其附近地区玉矿资源的调查。

前述第四种玉料的来源也需要探讨，这类玉料不似新疆的墨玉，缺少新疆墨玉

图十七　玉圭（安丘征集）

图十八　玉圭（台北故宫博物院藏）

图十九　墨玉圭（故宫博物院藏）

图二十　墨玉璧（故宫博物院藏）

图二十一　墨玉刀（故宫博物院藏）

图二十二　玉刀（日照两城镇出土）

的润泽感，需要先做材质检测再对来源进行研究。这些年，在陕西神木石峁一带发现过多件玉器，学术界将其认定为石峁文化玉器，北京故宫博物院也藏有一批石峁文化的玉器，其中就有黑色的玉器，只是目前还不清楚这种黑色玉料是来源于当地还是外部输入，所以龙山文化第四种黑色玉料的来源是否来自于西北地区，还是由龙山影响到石峁文化，或者两个文化相互影响，现在还无法下定论，姑且在此从玉器玉料的角度先提出问题，以待后续讨论。

二　治玉工艺

（一）切割工艺

肉眼观测，西朱封出土玉器及其他龙山玉器，片切割开料的现象较多，也有砂绳切割开料的痕迹。如玉刀、玉钺等大多片状礼仪类玉器多为片切割，经过打磨后，器物表面较为平整，斧钺等端部、边侧部还常见片切割留下的痕迹（图二十五，临朐1063，10059，73C:7）。砂绳切割也有使用，但是发现的例子不多，临朐博物馆征集的一批玉器中有一件龙山时期的玉斧残件，有较为明显的砂绳切割痕迹（图二十六）。砣切割的痕迹在考察观摩的出土及传世玉器中还未见到。

山东大学博物馆所藏的一件日照两城镇出土的玉钺比较特别，其为黑褐色玉料，厚度仅1～2毫米，体极薄（图二十七、二十八），手电光下微微透明。这件玉器无论从玉料还是切割工艺来说都与陕西神木石峁文化的玉器有一定的相似性，尤其是其较薄的切割工艺，在山东出土玉器中少见，相反，这种薄体切割工艺在石峁文化的玉器上常见。故宫博物院收藏有一批类似玉料的石峁文化玉器，最大的玉刀近79厘米，体薄只有2毫米。也有玉钺、玉斧等，体薄1-2毫米，说明石

23

图二十三　石钺

图二十四　罗甸玉制成的手镯

图二十五
西朱封采集玉钺侧边片切割痕（临朐博物馆藏）

图二十六　玉斧残件（临朐博物馆藏）

图二十七　玉钺（日照两城镇出土）

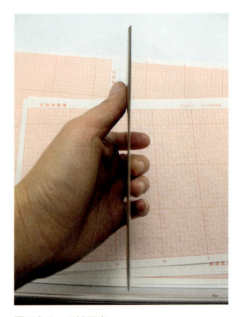

图二十八　玉钺厚度

岪文化玉器的片切割技术十分发达，从切割的平整度看，也不排除使用金属片切割工艺。因这件日照两城镇出土玉钺较为特殊，玉料与其他龙山文化玉器不尽相同，笔者认为其为当时龙山人通过上层交流渠道获得的石岪玉器。

（二）钻孔工艺

目前发现的龙山文化玉器多有钻孔，如斧、钺、刀、圭等，钻孔或一个，或两个，甚至三个。大多数采用的是单面钻，即一面钻到底，另一面轻敲即可通透（图二十九）。也有双面钻，但双面钻大都是一面已经钻到了相当深度，反面轻轻一钻就已通透的状况。钻孔大多采用管钻，山东博物馆所藏的一件龙山玉钺上就有一个明显的管钻钻孔痕（图三十），中间有凸起，

周围有使用解玉砂的摩擦。因为解玉砂极为消耗钻孔工具，故龙山玉器的孔常常呈现外口大，里口小的喇叭孔，从孔的性状判断，钻孔工具不似金属质地。

另外，对于大孔径器物的钻孔，如玉环、三牙璧等，其钻孔多为两面钻孔，临朐县博物馆所藏玉环（图三十一），中间明显有一中脊线，较为均分，显示其为两面钻孔。由此可见钻孔是一面钻还是两面钻，并非技术原因，而是完全由器物需要决定。玉环孔内缘要打磨，两面钻孔的话可以较为规整。而工具类玉器则无所谓孔内缘的平整，就以操作简单方便为主。

钻孔工艺也常常和镶嵌工艺结合在一起。故宫博物院所藏上世纪三十年代日照两城镇出土的玉钺[10]，其中有两孔内嵌绿石，其用意不明（图三十二），这种情况在山西陶寺文化玉

器中也有发现。是有意为之，还是因打的孔不合心意，而用绿石填堵？如果是后者，为何不用管钻钻下的孔芯填堵，而用颜色极为鲜艳的绿石或绿松石填入，嵌入的绿石与玉孔也极为严丝合缝。为何如此？还有待深入研究。

（三）雕纹工艺

目前发现的带有纹饰的龙山文化玉器并不太多，但已具备了阴刻、阳线、浮雕、镂雕、镶嵌等多种工艺。阴刻线工艺有两种治玉方式，一种是手工刻划阴线纹，如前述故宫博物院所藏的兽面纹玉圭（新78644，图三十三），圭体近孔部两面均刻有阴线纹，两面纹饰不同，放大仔细观察，可见此阴刻线为手工刻划而成，从纹饰的形状及刻划方式来看，似乎有良渚文化刻划纹饰的特征，但又不似良渚玉器的神人兽面纹。台北故宫的邓淑苹研究员认为有一种后良渚遗风。目前笔者看到的龙山玉器中手工刻划阴刻线的玉器仅此一例，笔者认为此件玉圭时代稍早。

另外一种阴线刻划方式为砣刻。这在西朱封出土镂雕玉笄以及日照两城镇出土兽面纹玉圭（图三十四）上均有体现，这两件玉器的阴刻线均是砣刻而成，相对手工刻划者规整而流畅。另外，笔者在临朐博物馆看到一件采集自西朱封遗址的弧形齿玉钺上有一刻划痕（图三十五、三十六），从痕迹两端尖浅、中间凹深以及交接断续、边缘犀利的现象看，似为砣刻痕迹。需要注意的是，这件玉钺刃缘出四个连弧形齿牙，不同于一般玉钺的平直刃，这种连弧齿牙造型一般多出现在商代玉器上。因这件玉钺不是科学发掘品，地层关系不明，是否为龙山时代还有待进一步探讨。

阳线雕刻工艺因需减地起阳线，雕刻手法难度很大，所以在龙山文化玉器上并不常见，但现存的几件，均十分精美。如故宫所藏的鹰攫人首佩（故103950，图三十七）与墨玉圭（新67199，图三十八）。本人认为，这两件玉器线条的雕刻，无论是阴刻还是阳刻线条，均有金属砣具的痕迹。

西朱封出土的人面纹玉笄，其人面的雕琢，采用了浮雕手法（图一）。在小小的笄首部分，竟然浮雕了三个人面，可见此时工艺技术已达到了一定高度。

镂空雕刻工艺的使用说明龙山人雕琢玉器的手法更为先进，西朱封出土的嵌松石镂雕玉笄，笄首采用的主要雕刻技法即是镂雕，在每个需要镂雕的部位，主要采用先钻孔，再线搜的工艺技法，逐渐将纹饰搜镂出来。

（四）打磨与抛光

龙山文化玉器大多数经过了打磨与抛光，对于玉质较为致密的透闪石玉料来说，打磨与抛光后的玉器显得更为温润细腻，玉质之美尽显。而一些玉质较差，玉中杂质较多的材料，也都进行了打磨抛光处理，只是因玉质原因，效果不如材质致密者好，放大镜观测还有较多的打磨痕迹。

另外一些斧、铲、钺类玉器，还遗留有一定的使用痕迹。

值得注意的是，有相当一部分龙山玉器都存在正反面的现象，如玉刀、玉圭等，一般正面打磨更为精细，抛光更细，反面打磨抛光则不会太过细致，经常会留下打磨痕迹，值得注意。

以上是笔者在对考古出土品进行检测考察以及对故宫藏品检视中得到的一些对玉料及治玉工艺的初步认识，仅限于提出问题的阶段，还需进一步深入探讨。笔者深深感到龙山文化玉器有许多值得进一步研究的地方，如玉料产地问题，玉器交流问题，工艺中砣具使用问题，玉器沁色问题，时代划分问题，对博物馆藏品时代的再认识问题等等，这些都有待科技力量的进一步介入及考古新发现的深入研究。

图二十九　龙山文化玉钺穿孔

图三十　玉钺上管钻痕迹（山东博物馆藏）

图三十一　玉环双面钻痕迹（临朐博物馆藏）

图三十二　玉钺（故宫博物院藏）

图三十三　玉圭上的刻划纹饰（故宫博物院藏）　图三十四　玉圭上的兽面纹　　　　　图三十五　弧形齿玉钺

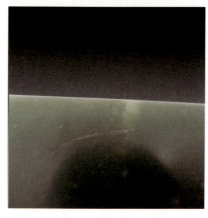

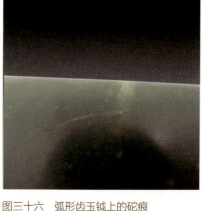

图三十六　弧形齿玉钺上的砣痕　　　　　图三十七　鹰攫人首佩（故宫博物院藏）　图三十八　墨玉圭上的阳线纹饰（故宫博物院藏）

注　释

[1] 2012年我有幸参加了中国社会科学院考古研究所杜金鹏老师召集的中国古玉科学研究课题组，8月份课题组成员第一次在一起讨论，制定了初步的研究计划，即以山东西朱封遗址出土玉器为主要研究对象，对龙山文化玉器进行综合研究。此后课题组成员对社科院考古所、山东大学博物馆、山东省博物馆、临朐博物馆收藏展示的玉器实物进行了检测和观摩。

[2] 中国社会科学院考古研究所收藏的西朱封出土玉器，已经得社科院考古所及中国地质大学（北京）珠宝学院两单位经多种方法综合测试，为透闪石玉。见王金霞：《西朱封龙山文化玉器科学检测与研究》及何明跃、孟夔、王维盛：《西朱封龙山文化玉器矿物分析和铁质沁色实验报告》两文，即将刊登。

[3] 邓淑苹：《万邦玉帛——夏王朝的文化底蕴》，2014年6月稿，即将发表于《夏商都邑与文化》。文中引干福熹等：《浙江余杭良渚遗址群出土玉器的无损分析研究》，《中国科学：技术科学》，第41卷第1期，2011。

[4] 刘敦愿：《记两城镇遗址发现的两件石器》，《考古》，1972年4期。

[5] 山东博物馆、良渚博物院编：《大汶口——龙山·良渚玉器文化展》，文物出版社，2014年，92页上图。

[6] 邓淑苹著：《台北故宫博物院藏新石器时代玉器图录》，264页图，1992年，台北故宫博物院出版。

[7] 邓淑苹著：《故宫八件旧藏玉圭的再思》，《故宫学术季刊》，第十九卷第二期，2001年。

[8] 邓淑苹：《万邦玉帛——夏王朝的文化底蕴》，2014年6月稿，即将发表于《夏商都邑与文化》。

[9] 刘敦愿：《关于日照两城镇玉坑玉器的资料》，《考古》，1988年2期。

[10] 此器为故宫博物院于1957年底收购。关于此器物来源，参见刘敦愿：《有关日照两城镇玉坑玉器的资料》，《考古》1988年2期。

大汶口文化晚期玉器与用玉传统研究

内容提要

本文在大汶口文化晚期各地方类型玉器出土概况和器类概况梳理的基础上，通过分析大汶口文化晚期玉器使用的等级特征、性别特征、地域特征，进而归纳出大汶口文化晚期用玉特征。首先，玉器在墓葬等级划分和标志身份所发挥的作用并不如红山和良渚文化那样十分突出，宽大的墓坑、多重棺椁、众多的陶器是大汶口文化晚期墓葬区分等级的主要因素，而玉器只是起到一种锦上添花的作用；其次，男女两性墓葬用玉差别较为明显，女性墓葬的礼仪、丧葬和工具用玉与男性墓葬相比甘拜下风，只有装饰用玉比男性墓稍显风骚，装饰用玉中精美的成组头饰可作为男女两性墓葬的"性别代码"；再次，从大汶口文化早期至晚期玉器出土地域分布来看，体现出了"南重北轻"的格局。

关键词

大汶口文化晚期　玉器　用玉传统

本文以地方类型的分区作为玉器资料梳理和分析的基础。由于大汶口文化从早期到晚期分布范围不断扩大，早期遗存主要分布于泰—沂山系以西的汶、泗河流域及苏北地区，中期范围与早期基本吻合，同时越过泰—沂山系发展到潍、淄河流域，而到晚期其分布范围几乎涵盖了山东全省并包括了苏、豫、皖与山东相邻的部分地区[1]，因此，大汶口文化晚期的地方类型较多，有尚庄、三里河、杨家圈、大汶口[2]、凌阳河、尉迟寺和北庄等7个地方类型[3]。

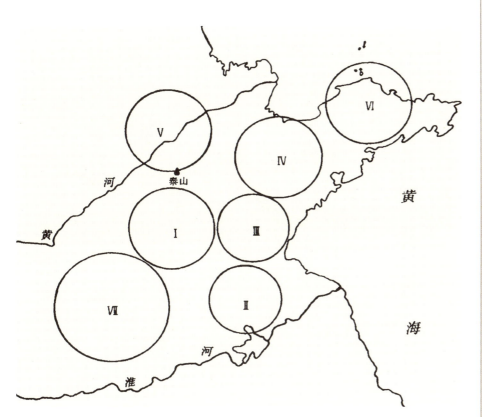

图一　大汶口文化晚期的地方类型

Ⅰ.大汶口类型　Ⅱ.赵庄类型　Ⅲ.凌阳河类型　Ⅳ.三里河类型　Ⅴ.尚庄类型
Ⅵ.杨家圈类型　Ⅶ.尉迟寺类型　（引自栾丰实《大汶口文化的分期与类型》）

文／曹芳芳　广东省博物馆

27

一 大汶口文化晚期玉器出土概况

（一）尚庄类型

1. 尚庄遗址[4]

尚庄遗址位于茌平县城西2公里处的尚庄村东的一块土岗上，面积达7.5万平方米。70年代两次发掘，共发现大汶口墓葬17座，出土玉石器8件（图二），其中涂朱石钺1、玉镯1、石镯2（实为石臂环）、绿松石饰1、石锥形饰2、石饰1件。另采集石环1、石玦1、石镯3件。尚庄遗址用玉墓葬见表一。

2. 五村遗址[5]

五村遗址位于广饶县城东北约0.5公里处，南距齐国古城仅10公里，遗址总面积约7.5万平方米，所发现大汶口时期遗存多为大汶口文化中、晚期。在居址中发现残石环2、白玉指环1件。清理墓葬75座，均为小型墓，只有4座墓葬出土了4件玉石器（图二），分别为玉坠1、指环2、串珠1件（玉坠为蛇纹石，剩下三件为高岭石质）。其中1座墓为大汶口文化中期，其余3座为大汶口文化晚期。

3. 傅家遗址[6]

傅家遗址位于广饶县城北1.5公里，现存面积14万平方米，整个遗址地势较高，呈台形。80年代即发掘大汶口文化墓葬200余座，出土有玉璧、玉镯、玉石耳坠等，但具体情况不

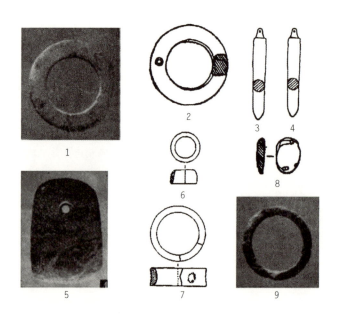

图二 尚庄、五村遗址出土玉器
1~5、8、9.尚庄出土 6、7.五村出土

详。90年代又发掘大汶口文化墓葬144座，出土石璧1、玉璧1、石环1、石镯1、石耳坠5件，具体情况亦不详。90年代这批遗存为大汶口文化中、晚期，但是由于墓葬资料发表较少，不能判定出土玉器墓葬更具体的时代。

4. 焦家遗址[7]

焦家遗址位于章丘市西北约20公里，遗址面积可达24万

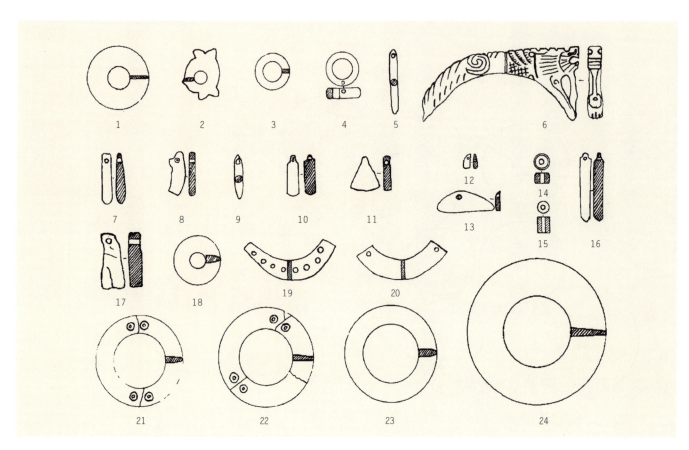

图三 焦家遗址采集玉器（一）
1、3、11、18、21~24.玉环（ZJ：375、ZJ：376、ZJ：370、ZJ：303、ZJ：301、ZJ：302、ZJ：95） 2.璇玑形饰（ZJ：555）
4.玉指环（ZJ：370） 5、7、9、10、16.镰形饰（ZJ：312、ZJ：313、ZJ：311、ZJ：315、ZJ：314） 6.龙形饰（ZJ：1）

山东博物馆辑刊（2015年）

历史与文物研究

平方米。近年来，章丘市博物馆对该遗址进行了调查和清理，发现该遗址大汶口文化遗存的年代为大汶口文化中期偏晚至晚期阶段。采集玉器48件（图三，图四），其中钺6、斧1、锛1、璧1、环13、管6、璜2、璇玑形饰1、龙形饰1、坠13、指环3件。此外，还采集有石璧1、石镯50、石指环14、石环55、石坠43件。

（二）三里河类型

1.三里河遗址[8]

三里河遗址位于胶县城南约2公里北三里河村西的河旁高地上，面积约5万平方米。所发掘的大汶口文化遗存年代为大

表一　尚庄遗址用玉墓葬统计表

墓号	尺寸	葬具	性别	玉器	其他器物
M22	3.1×1.9–1.54	有	?	石饰1、石坠1	陶器8、骨蚌角器6
M23	2.64×1.11–1	有	?	石钺1、石坠1、绿松石1	陶器7、牙器2、獐牙1
M25	2.9×1.72–0.56	有	男	无	陶器8、石斧1、骨蚌器6、龟甲1
M26	2.38×1.1–0.95	无	女	石镯2	陶器5
M27	1.68×0.56–0.52	无	男	玉镯1（断为三截盖分别在两眼窝及左耳孔上）	陶器4、獐牙1、骨匕1

表二　三里河遗址用玉墓葬统计表

墓号	尺寸	葬具	性别	玉石器	其他器物
103	2.3×0.7–0.25	无	男	耳坠1	陶器13、石器2、骨角器6、蚌器2、獐牙
105	2.8×0.71–0.3	无	女	镞形饰1	陶器9、蚌器4、猪下颌骨8、鱼骨
113	2.5×0.67–0.37	无	女	璇玑形玉饰1	陶器11、石器2、蚌器3
116	2.2×0.85–0.23	无	男	石钺1	陶器10、石器1、猪下颌骨6、鹿头骨
117	1.67×0.5–0.28	无	幼	玉环1	陶器3
121	2.5×0.9–0.53	无	男	石钺1	陶器8、骨角器8、蚌器1、文蛤2、獐牙
125	2.77×0.94–0.9	无	男	玉管1	陶器7、石器1、蚌器1、猪下颌骨2、动物角1、兽骨1、疣荔枝螺2
126	2.06×0.62–0.55	无	女	三角形玉饰1	陶器8、蚌器1
127	2.59×1.35–0.63	无	?	石钺1	陶器11、石器2、骨角器3、蚌器4、兽头2、兽牙床1、蛤壳2
133	2.1×0.75–0.4	无	男	石钺1	无
215	2.97×1.25–0.6	一棺	女	镞形饰（珧）、玉管1石钺1	陶器13、石器1、骨角蚌器5、獐牙1、猪骨1、鱼骨1、疣荔枝螺1
229	2.58×1–0.5	一棺	女	镞形饰1（珧）、玉饰1	陶器10、蚌器2、猪下颌骨1
232	2.3×0.8–0.45	一棺	女	耳坠1	陶器8、石饰1、蚌器3、猪下颌骨5
248	2.5×1–0.7	一棺	男	石钺1	陶器10、石器4、骨角牙蚌器9
249	2.65×1.0–0.7	一棺	男	镞形饰2（珧）、石钺2	陶器14、石器4、骨角牙器6、蚌器4、动物骨骼3、文蛤壳1
250	2.75×0.95–0.6	一棺	男	镞形饰1、石钺1	陶器16、骨角牙器3、蚌器4
259	2.8×1.1–0.7	无	女	镞形饰1（珧）、璇玑形玉环1	陶器14、石纺轮1、蚌器3、中国耳螺2、疣荔枝螺3
267	2.67×1.14–0.53	一棺	男	镞形饰2（玉握）、玉管1、石钺1	陶器10、石器3、骨角牙器3、蚌器2，猪下颌骨、獐牙、鱼骨、疣荔枝螺各1
269	2.3×0.9–0.7	一棺	男	镞形饰1、石钺1	陶器9、骨角器2、蚌器3
273	2.86×1–0.54	无	女	璇玑形玉饰1	陶器14、石器2、蚌器1
275	2.75×1–0.35	一棺	男	镞形饰1（珧）、石钺1	陶器16、石器1、骨角牙蚌器13、獐牙2、鱼骨1、文蛤2、毛蛤2
279	3.35×1.14–0.47	一棺	男	镞形饰1（珧）、镯1、马蹄形玉饰1、石钺1	陶器14、石器1、骨角牙器4、蚌器3、猪下颌骨1、獐牙2、鱼骨1、兽骨1、毛蛤壳1
286	2.7×0.73–0.33	无	男	镞形饰1（珧）、石钺1	陶器8、石器1、蚌器3
288	3×1.35–0.7	一棺	男	镞形饰1（珧）、玉环1、石钺1	陶器11、石器1、骨角器2、蚌器2、兽骨1、疣荔枝螺1
295	2×0.9–1.2	无	女	镞形饰1（珧）、玉环1	陶器5、蚌器1、鱼骨1
296	3.2×1.1–0.9	一棺	男	镞形饰1（珧）、石钺1	陶器12、骨角器2、蚌器2、猪下颌骨7、鱼骨1
297	2.72×1.12–0.49	一棺	男	石钺1	陶器10、骨角器4、蚌器3、獐牙、疣荔枝螺1
2101	2.78×1.2–0.88	无	男	镞形饰1（珧）、石钺1	陶器13、骨角器2、蚌器2
2110	2.48×2.21–0.8	一棺	男	镞形饰1（珧）、石钺1	陶器32、石器14、骨角牙器17、蚌器4、蛤蜊壳5、蚌壳4
302	3.2×1.4–0.75	无	男	镞形饰2、石钺1	陶器14、石器2、骨蚌器2、猪下颌骨37、骨头2、疣荔枝螺2、蛤壳2

表三　景芝镇用玉墓葬统计表

墓号	尺寸	性别	棺椁	玉器	其他随葬器物	玉石器位置
1	2.7×1.23–0.56			珠1	陶器17件	位于额下
2	2.5×1.1	不明	不明	镯1、环1、坠1	陶器2件	镯在左手腕上，璧与坠接在胸前
4	2.06×1.02–0.53			珠2	陶器5件	在右手骨旁
7	2.5×0.98–0.53			镯1、坠1	陶器14件	镯在右手腕处，坠在肩部

表四　大汶口遗址用玉墓葬及无玉大型墓统计表

墓号	尺寸	葬具	性别	玉器	其他器物
10	4.2×3.2–0.36	有	女 50~55	玉钺2、镞形饰2、头饰2串、项饰1串、玉臂环1、玉指环1	陶器93、石斧1、骨角牙器7、獐牙3、猪头2、鳄鱼鳞板84、猪骨15
25	3.44×2.12–0.7	有	？	玉镞形饰1、臂环1、指环2、石钺6	陶器57、砺石1、骨角牙器12、獐牙2、猪头1、猪下颌骨2
47	3.23×1.7–0.34	有	？	臂环2、头饰4串、项饰1串、镞形饰2	陶器57、石纺轮1、束发器2对、龟甲2、獐牙2、猪头1
60	4.65×2.98–0.82 无骨架	有	？	无	陶器38、石器2、猪骨半具
117	3.28×2.2–0.7	有	男	玉钺1、玉镞形饰1、臂环1	陶器54、骨角牙器17
126	4.5×3.2–0.6	有	？	无	陶器71、石锤1、骨角牙器8、獐牙1、猪下颌骨2
1	2.5×1.4–0.4	无	合葬	镞形饰2、玉管1	陶器10、石器15、骨角牙器20、龟甲2、獐牙8
3	2.8×1.2–？	无	？	臂环2、项饰1串	陶器21、小石饼1、牙料1、獐牙2、猪头1
17	2.75×0.9–0.43	无	？	臂环1	陶器13、石器6、骨角牙器48、獐牙1、猪牙1、动物骨骼8
72	2.22×0.43–？	无	女	璜2、镞形饰1、项饰1（珠2）	陶器20、骨板1、獐牙2、猪骨11
125	2.67×1.65–0.77	无	男	指环1、石钺1	陶器19、石器18、骨角牙器29、獐牙5、猪头1、鹿骨2
2	2.3×0.67–？	无	？	臂环2、镞形饰1	陶器5、石纺轮1、牙珠1、獐牙3
5	2.05×0.69–0.39	无	？	臂环1、镞形饰1	陶器6、石器5、束发器1、獐牙2
105	2.05×0.85–0.67	无	女	臂环1、项饰1串	陶器4、束发器1对半、獐牙2
124	2.4×0.87–0.55	无	？	臂环1	陶器9、石铲1、獐牙1

汶口文化晚期。在居址遗存中发现石钺6件（使用痕迹明显）、玉管1件。共发掘大汶口文化晚期墓葬66座，出土石钺20件（用石质较坚硬的辉绿岩制成），出土玉器35件（图五），有镞形器20、环2、璇玑形饰3、鞍形饰1、三角形饰1、镯1、马蹄形饰1、耳坠3、管3件。三里河遗址用玉墓葬如表二所示。

2. 景芝镇[9]（遗址）

景芝镇位于安丘县东南24公里，1957发掘清理大汶口文化晚期墓葬7座，均为小型墓。出土玉器（图六）有镯2、璧1、玉坠4、玉珠3件。景芝镇遗址用玉墓葬如表三所示。

（三）杨家圈类型（仅于家店一处遗址）

于家店遗址[10]发掘的大汶口文化遗存皆为晚期，有残房基1座、灰坑2个、墓葬3座，其中M1出土1件白玉镞形饰（图七），M1为小墓，随葬品6件，其余5件均为陶器；其他两座墓葬更小。

（四）大汶口类型

1. 大汶口遗址[11]

大汶口遗址位于泰安市和宁阳县交界的地方，跨在大汶河

两条支流的交汇处，现存面积82.5万平方米。第一次发掘大汶口文化墓葬133座，大汶口文化晚期墓葬25座，其中大型墓6座、中型墓10座、小型墓9座。二、三次发掘46座墓葬[12]，属大汶口早期和中期偏早，出土蛇纹石镯5、璜形玉坠1、绿松石坠1、石钺2件（图八，图九）。大汶口文化晚期出土玉器的墓葬如表四所示。

2. 西夏侯遗址[13]

西夏侯遗址位于曲阜县城东南9公里的西夏侯村西的一片微隆起的平地上，遗址面积约1.2万平方米。1962年在遗址西南部的墓地内清理大汶口文化晚期墓葬11座，均为竖穴土坑墓，随葬品丰富，但多为陶器，玉器较少。出土玉器有镞形饰6、镯1、指环1、管1、珠1，这些玉器皆非透闪石软玉，而是广义的玉器。另外，还出土石钺7件，皆使用痕迹明显，为实用器。1963年又发掘21座墓葬[14]，没有玉器出土，有4件石钺，使用痕迹明显。

3. 野店遗址[15]

野店遗址位于邹县城南6公里的野店村村南，现存面积约56万平方米。发掘墓葬90座，其中89座为大汶口文化时期。

报告中将89座墓葬划分为五期，其中第五期的32座墓葬相当于大汶口文化晚期，而出土玉器的墓葬只有4座（图十），如表五所示。

4.建新遗址[16]

建新遗址位于枣庄市西北约18公里，现存面积约3万平方米。所发现的大汶口文化时期的遗存年代皆属于大汶口文化晚期。在居址遗存中发现残石环6、蛋白石镯1、镞形饰2、管珠2，皆非透闪石软玉。墓地中发掘墓葬92座，多为小型墓，少量中型墓。这些墓葬中多数没有玉器随葬，只有个别墓葬出土环、璜、小璧、镞形饰等，而这些饰品亦非透闪石软玉，属于广义的玉器，具体有臂环2、璜1、璧1、镞形饰6。

5.红土埠遗址[17]

红土埠遗址位于枣庄市峄城区，为高出河床3米的台地，面积约2.5万平方米。据调查该遗址大汶口文化遗存时代为大汶口文化晚期。在遗址中采集到残玉环1、绿松石耳坠1件。

6.其他

滕县古遗址调查时，采集1件人面玉饰（图十一），在大汶口文化中尚属初见[18]。曲阜几处遗址还采集有石环、石饰等[19]。

（五）凌阳河类型

1.凌阳河遗址[20]

凌阳河遗址位于莒县城东南25华里，面积约2万平方米。发掘大汶口文化晚期墓葬45座，可分为大、中、小三个级别。出土玉器的墓葬如表六所示。

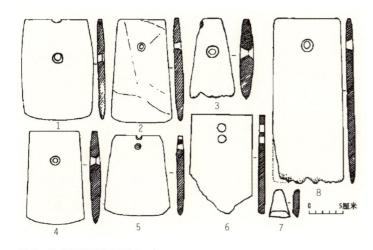

图四　焦家遗址采集玉器（二）
1、2、4～6、8.玉铲（ZJ：7、ZJ：4、ZJ：5、ZJ：6、ZJ：3、ZJ：2）
5.玉斧（ZJ：8） 7.玉锛（ZJ：9）

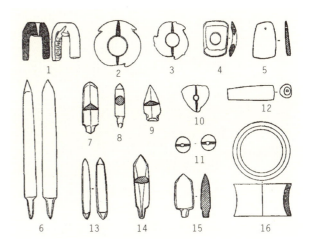

图五　三里河遗址墓葬出土玉器
1.马蹄形饰（M279：27） 2、3、10.璇玑形饰（M273：1、M113：1、M126：7） 4.鞍形饰（M229：1） 5.耳坠（M232：14） 6～9、13～15.镞形饰（M302：1、M2110：25、M249：2、M229：12、M267：26、M296：15、M302：2） 11.耳坠（M103：1） 12.玉管（M267：21） 16.玉镯（M279：14）

表五　野店遗址用玉墓葬统计表

墓号	尺寸	葬具	性别	玉石器	其他器物
51	3.8×2.35–1.36	一棺一椁	不明	玉镯1、玉镞形饰1	陶器43、石器2、骨镞3
62	3.7×2.85–1.55	一棺一椁	男	玉镯1、玉锥形器4、玉镞形饰1	陶器66、石器7、象牙雕筒1
67	1.85×1.4–0.55	无	男	石钺1	陶器14、獐牙1
85	2.43×1.07–0.52	无	女	绿松石坠1	陶器14、石坠3、獐牙1

表六　凌阳河遗址用玉墓葬及无玉大型墓统计表

墓号	尺寸	葬具	性别	玉器	其他器物	备注
M6	4.55×3.8	有	男	石璧1、石钺1、石镞形饰4	陶器160、猪下颌骨21、骨雕筒1、石凿1	镞形饰在头部，石钺位于枕骨下，石璧在胸部
M17	4.6×3.23	有	？	无	陶器157、猪下颌骨33、石凿2	有刻文大口尊
M24	4.3×2.1	有	？	臂环1、玉石镞形饰3、石钺1	陶器35、猪下颌骨29、石器1、骨器3	镞形饰在头顶和右肩侧，石钺在胸部
M25	3.4×1.45	有	男	石臂环1、石管1、石饰1	陶器73、猪下颌骨7、石器4	有刻文大口尊；石环套在手臂，管饰在头部
M12	3×1.85	有	男	玉石镞形饰2、石钺1	陶器37、骨梳1、猪下颌骨3	镞形饰位于头顶、石钺在腰际
M19	3.3×1.76	有	男	玉镞形饰1、石钺1	陶器66、猪下颌骨4、骨器3	有刻文大口尊

2. 杭头遗址[21]

杭头遗址共清理大汶口文化墓葬4座，皆属大汶口文化晚期阶段。如表七所示。

（六）尉迟寺类型（仅尉迟寺一处遗址）

尉迟寺遗址[22]位于蒙城县县城东北20公里，遗址为高出地面2~3米的崮堆状堆积。现存面积约10万平方米。第一阶段的发掘在居址遗存中出土石钺23件，均具有使用痕迹；石璜

表七　杭头遗址墓葬统计表

墓号	尺寸	棺椁	性别	玉石器	其他器物	玉石器位置
M3	2.6×1.25-0.85	一棺	男	无	陶器65（高柄杯19）、骨坠1、猪下颌骨9	
M4	2.22×1.08-0.67	无	男	石钺1	陶器13、猪下颌骨2、石珠3	石钺位于胸部
M5	2.52×1.34-0.88	无	女	无	陶器16、石珠1、石纺轮1、猪下颌骨1	
M8	3.35×2.95-0.72	一棺一椁	男	玉钺1、方形石璧1	陶器61（高柄杯6）、石器3、鳄鱼鳞板7、猪下颌骨7	玉钺置于头部，石璧戴在右手腕部

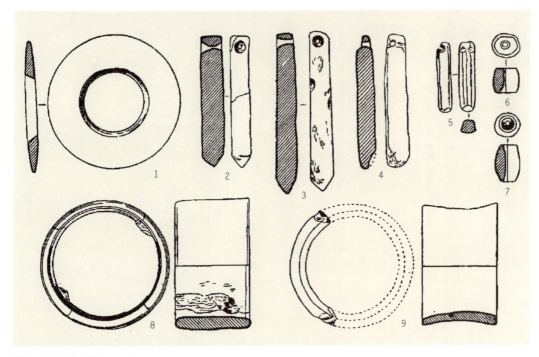

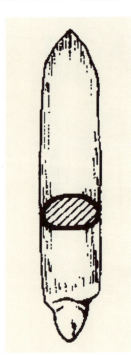

图六　景芝镇遗址出土玉器

1.璧（墓2）　2~4.坠（墓2）　5.坠（墓7）　6、7.珠（墓4）　8.镯（墓2）　9.镯（墓7）

图七　于家店M1镟形饰

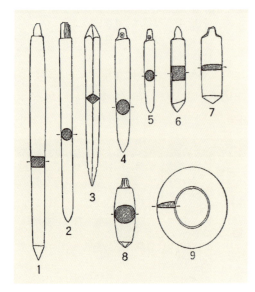

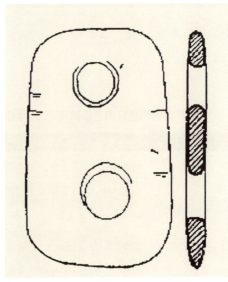

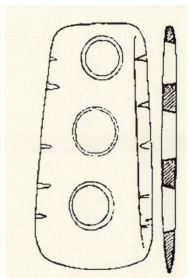

图八　大汶口遗址出土玉镟形饰与玉环

图九　大汶口遗址出土玉石片

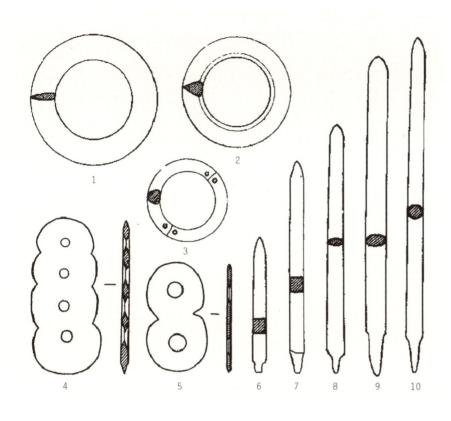

图十一　滕县采集人面玉饰

图十　野店遗址出土玉器
1、2、3.镯　4、5.联璧　6～10.镞形饰

表八　尉迟寺遗址用玉墓葬统计表

等级	墓号	尺寸	年龄	玉器	其他器物
中型墓	M136	1.9×1.14−0.45	成人男	玉镞形饰 1	陶器 18、獐牙 5、猪下颌骨 1、猪骨和牙 3、骨器 1
	M147	2.42×1−0.5	成人男	玉镞形饰 1	陶器 11、蚌器 2、獐牙 1、鳖甲 1、残石铲 1
小型墓	M137	1.6×0.6−0.35	成人男	玉坠 1	瓠形杯 1、獐牙 1
	M46	0.5×0.78−0.15	儿童	玉镞形饰 1	鼎 2

表九　花厅遗址大汶口文化晚期用玉墓葬统计表

墓号	尺寸	性别	玉器	其他器物	备注
M5	2.1×1.7	?	锥 1、珠 3	陶器 9、猪颌骨 6	锥在膝部
M34	4.25×2.1	?	锥 7、管珠 9、玉片 1	陶器 38、陶纺轮 2	殉葬少年 2
M50	5.1×3.08	男	玉琮 1、钺 1、锛 2、锥 7、管珠坠饰 12、项饰 1、绿松石片 1 组	陶器 40、石镞 2、角锥 3	殉葬少年 2

4、玉坠 2、镞形饰 1 件（图十四）。揭露大汶口文化晚期墓葬 192 座，竖穴土坑墓 90 座（成人墓 66、儿童墓 24 座）、儿童瓮棺葬 102 座。墓葬中出土石钺 6 件（刃部多有崩疤）、镞形饰 3、玉坠 1 件。

第二阶段（2003—2006 年）的发掘，在居址遗存中发现玉器 5 件，双联玉璧 1 件、玉坠 4 件。揭露大汶口文化晚期墓葬 92 座，墓葬中没有发现玉器。杭头遗址墓葬及尉迟寺遗址用玉墓葬 统计如表七、表八所示。

（七）赵庄类型（仅花厅一处遗址）

花厅遗址[23]位于江苏省新沂市西南 18 公里，马陵山丘陵地南端海拔 69 米的高地上。数次发掘共清理墓葬 87 座，分为南、北两区。南区墓葬年代稍早于北区，为大汶口文化早期偏晚，北区大部分墓葬年代为大汶口文化中期，少量墓葬为大汶口文化晚期，晚期墓葬主要有 M5、M34 和 M50（图十五）。花厅遗址大汶口文化晚期用玉墓葬如表九所示。

二　大汶口文化晚期玉器器类概况

由表十可知大汶口文化晚期玉器器类有礼仪用玉、装饰用玉、丧葬用玉、工具用玉等四类。礼仪用玉中虽然琮、璧、钺这三类最重要的礼器皆有，但数量较少。另外多个遗址还出土有较多的石钺和少量的石璧，但基本无法充当真正的礼仪用器。首先，绝大多数石钺皆具有明显的使用痕迹，甚至如章丘焦家

表十　大汶口文化晚期出土玉器统计表

类型	遗址	礼仪用玉				装饰用玉									丧葬		工具	
		琮	璧	钺	璜	环	镞形饰	项饰	头饰	镯	指环	璇玑形饰	绿松石饰	管珠坠饰	口琀	玉握	斧	锛
尚庄	尚庄					1*	2			1/5*			1*	2*				
	五村					2*					3			1				
	焦家	1	6	2		13	5				3	1		15			1	1
三里河	三里河					2	5			1		3		9	13	2		
	景芝镇					1				2				5				
杨家圈	于家店						1											
大汶口	大汶口			2		19	29[24]	4	5		5			5				
	西夏侯						6			1	1			2				
	野店						> 6			2				1				
	建新[25]			1		3	6											
	红土埠					1								1				
凌阳河	凌阳河		1*			1/1*	10[26]							3*				
	杭头				1					1								
尉迟寺	尉迟寺					4*	6							2[27]				
赵庄	花厅	1			1		15		1				1组	25				2
合计		13				254									15		4	

说明：“数字/数字”表示斜杠之前的数字为玉质，斜杠之后的数字为石质；“*”表示石质。

图十二　凌阳河墓地出土玉器（一）

部分玉钺出土时残断，部分亦使用痕迹明显，显然为实用器，而与礼仪性质的钺有所差别；其次，所谓的玉璧并不是如良渚文化中的玉璧那样硕大而又规整，而是形制略小且为石质。因此，只有更加少数的琮和钺可算得上真正的礼器。所以，大汶口文化晚期其实基本没有真正的礼仪用玉。

装饰用玉不但数量居多而且种类丰富，有璜、环、镞形饰、成组的项饰和头饰、镯、指环、牙璧、绿松石饰、管珠坠饰等。需要说明的是，大汶口晚期的牙璧与龙山时代晚期的牙璧区别较大，并不具备礼仪功能，因此纳入装饰品的范畴。

丧葬用玉有“覆面”、口琀和玉握三类，所谓“覆面”是指覆盖在死者面部的丧葬用玉，虽然尚庄所见“覆面”与周代典型的玉覆面形制差异较大，但是毕竟用于覆盖脸部的某些部位。因此，依然借用周代玉覆面的概念来称呼大汶口文化晚期覆盖在眼窝和耳孔的玉器，但仅在尚庄遗址发现1例，为残断的玉镯充用。口琀和玉握皆为镞形饰，器类较为统一。

工具用玉的种类有斧和有段玉锛，其中花厅所见有段玉锛形体硕大、磨制精细、无使用痕迹。由于这两种玉器数量较少，故构不成鲜明的使用特点。

三 大汶口文化晚期用玉传统分析

（一）墓葬等级划分

根据大汶口文化晚期的墓葬材料，我们明显可看出墓葬之间等级差别的存在。以往考古学者根据墓室大小、随葬品的多寡，多将大汶口文化晚期墓葬划分为大、中、小三个等级，而我们通过对比各个地方类型墓葬的资料，发现不同墓地的大、中、小三个等级的量化标准是不能简单对应起来的，如凌阳河和花厅的大型墓是其他任何墓地的大型墓都无法与之匹敌的（图十二，十三），而这两个墓地的中型墓便与其他墓地的大型墓相当。因此，综合各个区域的墓葬材料，我们将大汶口文化晚期用玉墓葬划分为四个等级，即超大型墓、大型墓、中型墓和小型墓。

超大型墓：墓室长度皆在 4 米以上，宽多在 3 米以上，除花厅外皆有葬具，随葬器物大多八九十件，多者达一百六七十件。

大型墓：墓室长度一般在 3 米以上，宽度 2 米以上，一般亦有葬具，随葬器物多在五十件以上，多者达七八十件。

中型墓：墓室长度多在 2.5 米及以上，宽度 2 米以下，有

葬具者不多，随葬器物二三十件者为多，个别在五十件以上。

小型墓：墓室长度皆在 2.5 米以下，宽度 1 米左右，鲜有葬具者，随葬器物几件至十几件不等。

（二）墓葬所见用玉制度

1. 等级特征

根据我们所梳理大汶口文化晚期玉器出土情况可知，除少数几个遗址的玉器为采集所得外，其他玉器皆出自墓葬遗存，遍布大汶口文化晚期的七个地方类型（图十六）。

（1）超大型墓

这一时期只有大汶口、凌阳河、赵庄等三个类型拥有超大型墓葬（见表十一），而这三个类型皆分布于泰—沂山系的以南地区。但这并不意味着泰—沂山系以北地区就不存在这样的墓葬，虽然章丘焦家遗址所出玉器皆系采集，数量和种类都十分丰富，"其中不少应出自墓葬"[28]。这批玉器中有玉钺 6 件、大型玉璧 1 件，目前大汶口文化晚期所见其他玉钺除杭头遗址的 1 件外，皆出自超大型墓葬，如大汶口 M10 和花厅 M50，而大型玉璧是大汶口文化晚期所见的唯一 1 件，还有数量丰富的玉石器装饰品，不难想象焦家遗址应当拥有高等级墓葬。即便如此，泰—沂山系

图十三　凌阳河墓地出土玉器（二）

表十一　大汶口晚期超大型墓葬统计表

类型	遗址	墓号	性别	玉器	其他器物	备注
大汶口	大汶口	M10	女	玉钺 2、镞形饰 2、头饰 2、项饰 1、玉臂环 1、玉指环 1	陶器 93、石斧 1、骨角牙器 7、獐牙 3、猪头 2、鳄鱼鳞板 84、猪骨 15	鳄鱼鳞板 84
		M60	？	无	陶器 38、石器 2、猪骨半具	
		M126	？	无	陶器 71、石锤 1、骨角牙器 8、獐牙 1、猪下颌骨 2	
凌阳河	凌阳河	M6	男	石璧 1、石钺 1、石镞形饰 4	陶器 160、猪下颌骨 21、骨雕桶 1、石凿 1	
		M17	？	无	陶器 157、猪下颌骨 33、石凿 2	有刻文大口尊
		M24	？	臂环 1、玉石镞形饰 3、石钺 1	陶器 35、猪下颌骨 29、石器 1、骨器 3	
赵庄	花厅	M34	？	锥 7、管珠 9、玉片 1	陶器 38、陶纺轮 2	殉葬少年 2
		M50	男	琮 1、钺 1、锛 2、锥 7、管珠坠饰 12、项饰 1、绿松石片 1 组	陶器 40、石镞 2、角锥 3	殉葬少年 2

以北地区超大型墓葬还不如以南地区数量丰富。

然而这些超大型墓葬却并不像良渚文化的高等级墓葬那样以玉器为随葬品的主体，这些墓葬的随葬品主体还是陶器，有些甚至并无玉器随葬。只有赵庄类型的超大型墓葬皆有玉器随葬，而大汶口类型和凌阳河类型随葬玉器的超大型墓葬的比例却是33.3%。由此可见，龙山时代早期黄河下游地区，划分墓葬等级的主要因素还是墓室规模和随葬品的多寡，玉器只是起到一个锦上添花的作用。而与此同时，不同地方类型，玉器所占墓葬随葬品的比例亦是不同的，比例最高的是赵庄类型，其超大型墓葬所出玉器占随葬品的比例可达30%左右，而大汶口和凌阳河两类型的这一比例皆在10%以下。由此可见，虽然花厅墓地在大汶口文化晚期的发展已成"强弩之末"之势，但是在用玉方面依然大气。

（2）大型墓

由于花厅墓地绝大部分墓葬属大汶口文化中期，只有少量墓葬能延续至大汶口文化晚期。因此在大汶口文化晚期，用玉大型墓葬只分布于大汶口和凌阳河两个地方类型，同超大型墓葬一样只分布于泰—沂山系以南地区（表十二）。

除玉琮之外，大型墓随葬玉器的种类和数量与超大型墓葬相比基本一样，而且玉器所占随葬品的比例与这两个类型的超大型墓葬的这一比例基本相同，超大型墓葬并没有显示出无与伦比的气势，这更加说明了大汶口文化晚期玉器在墓葬中标志身份与等级的作用并不十分突出。

（3）中型墓

大汶口文化晚期，除了杨家圈类型外，中型用玉墓葬遍布其他六个地方类型（表十三）。虽然泰—沂山系以北地区此时亦有用玉墓葬，但其数量仍无法与泰—沂山系以南地区相较，数量依然较少。而处于山东南北交界处的三里河遗址此时兴起，但墓葬等级不高。

在器类构成方面，礼仪用玉只有1件，而所见石钺多具使用痕迹，并不能充当礼器。与超大、大型墓器类不同的是，该等级出现了丧葬用玉，但只限于三里河遗址。除此之外，装饰玉是该等级墓葬用玉的主体，除了管珠坠饰外，镞形器依然是使用最多和最普遍的器类。

（4）小型墓

若不算石质装饰品，小型用玉墓葬的数量寥寥无几（表十四）。泰—沂山系以南地区仍是小型用玉墓葬分布的主体，但是以北地区也有一定数量的小型用玉墓葬，而一直沉寂无闻的杨家圈类型也终于出现1座用玉墓葬。在器类构成方面，小型墓主要是小型装饰品，且表十三中所统计的有一部分为石质。

综上所述，在龙山时代早期的黄河下游地区，能够担当礼器功能的玉器并不多，只有少量的琮、璧、钺，而且这些少量的玉礼器并不是皆出自高等级墓葬，有50%以上的高等级墓葬中并不见这些礼仪用玉。换句话说，玉器在大汶口文化晚期的墓葬中标志身份和等级的作用并不突出，但也并不能完全抹杀。因为在不同等级的墓葬中用玉比例是大不相同的，经笔者统计，超大型和大型墓除去凌阳河遗址[29]共11座，随葬玉器的墓葬为9座，用玉墓葬比例达80%以上，而中小型墓的用玉比例却低于10%。

高等级墓葬与中小型墓葬用玉的另一个差别是器类的构成。高等级墓葬玉器种类有礼仪用玉、装饰用玉和工具用玉，而无丧葬用玉；中小型墓葬玉器只有装饰用玉和丧葬用玉，礼仪和工具用玉与中小型墓葬无关。在装饰用玉中，漂亮华丽的组合型头饰只见于高等级墓葬，虽然成串的项饰在四个等级墓葬中都有见到，但中小型墓葬的项饰远无高等级墓葬的精美。

2.性别特征

由表十五和表十六我们可归纳出男女两性用玉的如下特点：

礼仪用玉方面，虽然男女双方墓葬中所见礼仪用玉均较少，但是女性墓则更加少得可怜，不仅数量少而且器类亦少，琮、璧还是出于男性墓中。

表十二　大汶口文化晚期大型用玉墓葬统计表

类型	遗址	墓号	性别	玉器	其他器物	备注
大汶口	大汶口	M25	？	玉镞形饰1、臂环1、指环2	陶器57、石钺6、砺石1、骨角牙器12、獐牙2、猪头1、猪下颌骨2	镞形器在面前
		M47	？	臂环2、头饰4串、项饰1串、镞形饰2	陶器57、石纺轮1、束发器2对、龟甲2、獐牙2、猪头1	
		M117	男	玉钺1、镞形饰1、臂环1	陶器54、骨角牙器17	
	野店	M51	？	玉镯1、玉镞形饰1	陶器43、石器3、骨镞3	镞形器在腰部
		M62	男	玉镯1、玉矛头1、玉镞形饰1	陶器66、石器7、象牙雕筒1	镞形器在腰部
凌阳河	凌阳河	M12	男	玉石镞形饰2	陶器37、石钺1、骨梳1、猪下颌骨3	镞形饰位于头顶、石钺在腰际
		M19	男	玉镞形饰1、石钺1	陶器66、猪下颌骨4、骨器3	有刻文大口尊
		M25	男	石臂环1、石管饰3	陶器73、猪下颌骨7、石器4	有刻文大口尊
	杭头	M8	男	玉钺1、石璧1	陶器61（高柄杯6）、石器3、鳄鱼鳞板7、猪下颌骨7	玉钺置于头部，石璧在右手腕部

表十三　大汶口文化晚期中型用玉墓葬统计表

类型	遗址	墓号	性别	玉器	其他器物
尚庄	尚庄	M22	？	石饰 1、石坠 1	陶器 8、骨蚌角器 6
三里河	三里河	M103	男	耳坠 1	陶器 13、石器 2、骨角器 6、蚌器 2、獐牙
		M105	女	镞形饰 1	陶器 9、蚌器 4、猪下颌骨 8、鱼骨
		M113	女	璇玑形玉饰 1	陶器 11、石器 2、蚌器 3
		M116	男	石钺 1	陶器 10、石器 1、猪下颌骨 6、鹿头骨
		M125	男	玉管 1	陶器 7、石器 1、蚌器 1、猪下颌骨 2、动物角 1、兽骨 1、疣荔枝螺 2
		M127	？	石钺 1	陶器 11、石器 2、骨角器 3、蚌器 4、兽头 2、兽牙床 1、蛤壳 2
		M215	女	镞形饰（玲）1、玉管 1、石钺 1	陶器 13、石器 1、骨角蚌器 5、獐牙 1、猪骨 1、鱼骨 1、疣荔枝螺 1
		M229	女	镞形饰 1（玲）、玉饰 1	陶器 10、蚌器 2、猪下颌骨 1
		M249	男	镞形饰 2（玲）、石钺 2	陶器 14、石器 4、骨角牙器 6、蚌器 4、动物骨骼 3、文蛤壳 1
		M250	男	镞形饰 1、石钺 1	陶器 16、骨角牙器 3、蚌器 4
		M259	女	镞形饰 1（玲）、璇玑形玉环 1	陶器 14、石纺轮 1、蚌器 3、中国耳螺 2、疣荔枝螺 3
		M267	男	镞形饰 2（玉握）、玉管 1、石钺 1	陶器 10、石器 3、骨角牙器 3、蚌器 2，猪下颌骨、獐牙、鱼骨、疣荔枝螺各 1
		M273	女	璇玑形玉饰 1	陶器 14、石器 2、蚌器 1
		M275	男	镞形饰 1（玲）、石钺 1	陶器 16、石器 1、骨角牙蚌器 13、獐牙 2、鱼骨 1、文蛤 2、毛蛤 2
		M279	男	镞形饰 1（玲）、镯 1、马蹄形玉饰 1、石钺 1	陶器 14、石器 1、骨角牙器 4、蚌器 3、猪下颌骨 1、獐牙 2、鱼骨 1、兽骨 1、毛蛤壳 1
		M288	男	镞形饰 1（玲）、玉环 1、石钺 1	陶器 11、石器 1、骨角器 2、蚌器 2、兽骨 1、疣荔枝螺 1
		M296	男	镞形饰 1（玲）、石钺 1	陶器 12、骨角器 2、蚌器 2、猪下颌骨 7、鱼骨 1
		M297	男	石钺 1	陶器 10、石器 2、骨角器 4、蚌器 3、獐牙、疣荔枝螺 1
		M2010	男	镞形饰 1（玲）、石钺 1	陶器 13、石器 2、骨角器 2、蚌器 2
		M2110	男	镞形饰 1（玲）、石钺 1	陶器 32、石器 14、骨角牙器 17、蚌器 4、蛤蜊壳 5、蚌壳 4
		M302	男	镞形饰 2、石钺 1	陶器 14、石器 2、骨蚌器 2、猪下颌骨 37、骨头 2、疣荔枝螺 2、蛤壳 2
大汶口	大汶口	M1	合	镞形饰 2、玉管 1	陶器 10、石器 15、骨角牙器 20、龟甲 2、獐牙 8
		M3	？	臂环 2、项饰 1 串	陶器 21、石器 1、牙料 1、獐牙 2、猪头 1
		M17	？	臂环 1	陶器 13、石器 6、骨角牙器 48、獐牙 1、猪下颌骨 1、动物骨骼 8
		M72	女	璜 2、镞形饰 1、项饰 1（珠 2）	陶器 20、骨板 1、獐牙 2、猪骨 11
		M125	男	指环 1、石钺 1	陶器 19、石器 18、骨角牙器 29、獐牙 5、猪头 1、鹿骨 2
	野店	M85	女	绿松石坠 1	陶器 14、石坠 3、獐牙 1
凌阳河	杭头	M4	男	玉钺 1	陶器 13、猪下颌骨 2、石珠 3
尉迟寺	尉迟寺	M136	男	玉镞形饰 1	陶器 18、獐牙 5、猪下颌骨 1、猪骨和牙 3、骨器 1
		M147	男	玉镞形饰 1	陶器 11、蚌器 2、獐牙 1、鳖甲 1、石铲 1
赵庄	花厅	M5	？	锥 1、珠 3	陶器 9、猪颌骨 6

表十四　大汶口文化晚期小型墓玉器统计表

类型	遗址	装饰用玉							丧葬用玉	
		璜	镞形饰	环	臂环	项饰	指环	镯	管珠坠饰	覆面	口玲
尚庄	尚庄							2*	2	1	
	五村							2		2	
三里河	三里河		1	2					2		2
	景芝镇			1				2	4		
杨家圈	于家店		1								
大汶口	大汶口		2		5	1					
	西夏侯										
	野店										
	建新	1	3	3							
尉迟寺	尉迟寺		1						1		
合计		38								3	
合计		41									

表十五　大汶口文化晚期女性墓葬用玉统计表

类型	遗址	礼仪	装饰										丧葬
		玉钺	镞形饰	臂环	指环	头饰	项饰	镯	璇玑形饰	环	璜	管珠坠饰	口琀
尚庄	尚庄							2					
	五村												
三里河	三里河		1						3	1		4	4
大汶口	大汶口	2	3	2	1	2	3				2		
	西夏侯		4					1			2		
	野店										1		
	建新			2									

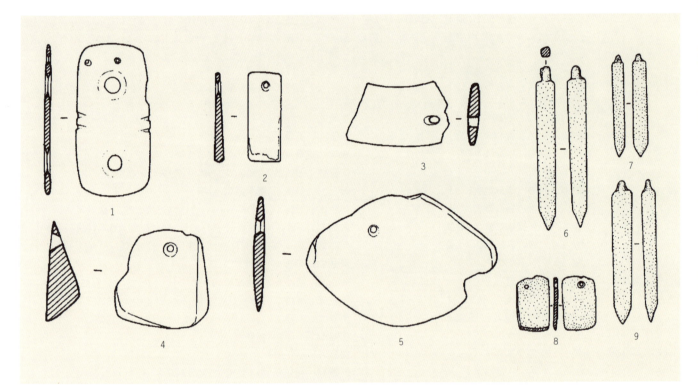

图十四　尉迟寺遗址出土玉器
1.联璧（F64 柱洞5：1）　 2～5.玉坠（T3618⑥：2、T3519④：1、T3818⑤：6、T3421⑤：1）
6、7、9.镞形饰（M136：5、M147：17、M46：1）　8.玉坠（M137：2）

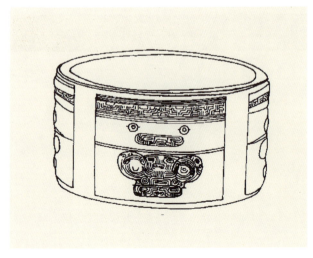

图十五　花厅 M18 出土玉琮

装饰用玉方面，男性墓所见装饰品种类不如女性墓中的丰富。除了杭头 M8 所出石璧外，男性墓中所见装饰品种类亦皆见于女性墓中。严格来说，杭头 M8 所出石璧并不是我们所谓的璧，这件石璧为方形，佩戴在墓主右手腕部，而是货真价实的装饰品，称之为石镯亦未尝不可。而女性墓中所见的头饰、璇玑形饰和璜却不见于男性墓中，由此可见，成组而又精美的头串饰是女性特有的专享，同时也展现了女性独特的审美情趣。墓葬中所见的 3 件璇玑形饰皆出自于三里河的女性墓中，章丘焦家亦采集 1 件这样的玉饰，以往学者多把它们称之为牙璧，然而这 4 件"牙璧"形体较小，齿数与齿向亦不固定，孔径较小，而三里河的 3 件出土时皆位于墓主胸左侧上部，这样的形制和出土位置显然与我们观念中所认同的牙璧大相径庭，只是外观有点像牙璧而已，因此称之为璇玑形饰还是比较

表十六　大汶口文化晚期男性墓葬用玉统计表

类型	遗址	礼仪			装饰								丧葬			工具	
		琮	璧	钺	镞形饰	臂环	指环	项饰	镯	环	石璧	管珠坠饰	覆面	口琀	玉握	玉矛	玉锛
尚庄	尚庄													1			
	五村						2										
三里河	三里河				4				1	1		4		9	2		
大汶口	大汶口		1		1	1	1										
	西夏侯				2		1										
	野店				1				1							4	
	建新				3												
凌阳河	凌阳河		1		7		1					3					
	杭头			1							1						
尉迟寺	尉迟寺				2							1					
赵庄	花厅	1		1	7				1			13					2

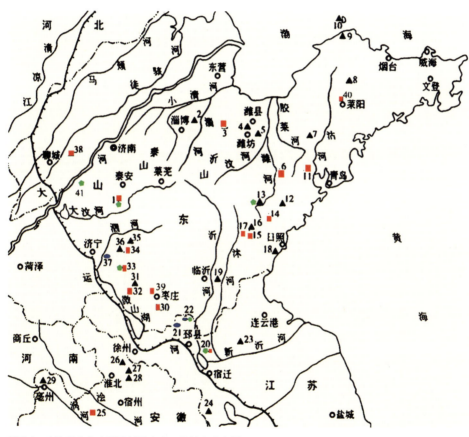

图十六　大汶口文化主要遗址及出土玉器地点分布图
● 表示大汶口文化早期玉器出土地点　　● 表示大汶口文化中期玉器出土地点
■ 表示大汶口文化晚期玉器出土地点

恰当的，以与真正的牙璧相区别。由于璇玑形饰和玉璜数量较少，是否为女性的专用之物尚不能得出肯定的结论。除了这些差异外，镞形饰、臂环、指环、项饰、环、镯、管珠坠饰等男女通用，其中镞形饰是最普遍的装饰品，没有性别、等级和地域之别。

丧葬用玉方面，男性所用丧葬用玉不仅数量大大超越女性，而且种类亦较女性丧葬用玉多样化。女性只有口琀一类丧葬用玉，而男性却同时使用口琀、玉握。

工具用玉方面，男性比女性依然拥有绝对的优势。女性墓中没有见到工具类玉器，花厅M50男性墓中出土2件有段玉锛。这两件锛形制完全相同，器形厚重规整，棱角分明，刃口锋利无损，通体光洁如新，无任何使用痕迹，而且形体较大，长23.8厘米，显然这并不是寻常的实用工具，很可能是珍贵的特殊仪式用玉。毛利玉器中便有这种仪式用锛，这种锛由酋长掌管，是声望和地位的象征，家族演讲者在演讲时常用锛做手势，当部落酋长痕殁

图十七 毛利玉器的礼仪用锛，约制于
1500-1820 年
（该图引自于《毛利碧玉——新西兰传世珍宝展
暨学术讲座》）

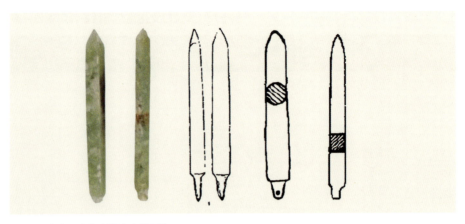

图十八 大汶口文化晚期出土锛形饰
1.凌阳河出土 2.三里河出土 3.尚庄出土 4.野店出土

供人瞻仰时也常将锛置于其身体之上（图十七）。[30]

3. 地域特征

通过上文的介绍和分析，大汶口文化晚期玉器的地域分布特征是十分明显的，即大汶口文化晚期的用玉中心在沂泰山脉以南地区，主要是大汶口类型和凌阳河类型，花厅墓地虽然在大汶口中期呈全盛势态，墓葬用玉十分发达，数量不下400件，超过整个大汶口文化晚期玉器出土数量的总和，但是晚期的墓葬十分清少。这两个地方类型不仅遗址数量众多，而且墓葬等级丰富，目前所见的大汶口文化晚期高等级墓葬多分布于此。而这两个类型也是大汶口文化从早到晚发展得最充分、最典型的两个区域。

器类方面，由于整个黄河下游地区发现礼仪用钺较少，因此，沂泰山脉南北无大区别。而玉琮和玉璧都只发现1件，玉琮在南，玉璧在北。

装饰品方面，沂泰山系北部地区玉器种类和数量不如南部地区丰富，大汶口文化晚期所有种类的装饰品都能在南部地区找到。其中项饰、头饰这两类复合型装饰品不见于沂泰山系以

北地区，这也可能与北部地区至今仍无发现用玉的高等级墓葬有关。另外便是臂环，臂环是一种佩戴于手腕或手臂的装饰品，在沂泰山系以南的各个等级用玉墓葬中都有发现，由此可见，其应是一种较为普通和普遍的装饰品，然而在沂泰山系以北地区有发现位于胸部的小玉环，而无发现戴在手臂上的臂环。

丧葬用玉表现出了异乎寻常的地域性。目前大汶口文化晚期发现的丧葬用玉有口琀、玉握，其中数量最多的是口琀，这些丧葬用玉集中见于三里河一个遗址。三里河遗址有12座大汶口文化晚期墓葬出土了13件口琀，这些口琀皆为锛形器，器类统一，而只有1座墓发现的2件玉握亦皆为锛形器，而且出土丧葬用玉的这13座墓葬相对集中，皆分布于三里河遗址Ⅱ区南部的墓地中，可见丧葬用玉的选择是别具偏好的。另外，尚庄遗址M27所发现的一件断为三截的玉镯，分别覆盖在两眼窝及左耳孔之上，严格来说这三截玉件无法构成一组如后世完整的玉覆面，但这种独特的使用方法却是整个大汶口文化所仅见的。丧葬用玉皆出土于中小型用玉墓葬中，并没有显示出具有等级性，似乎只是个别地区用玉偏好和宗教信仰的选择。

工具用玉如同礼仪用玉一样，发现较少，暂无法归纳出典型特征。

4. 总体特征

综上所述，可以归纳出大汶口文化晚期用玉特征，即玉器在墓葬等级划分和标志身份所发挥的作用并不如红山和良渚文化那样突出，红山文化积石冢大墓"唯玉为葬"[31]，良渚文化高等级墓葬随葬品亦是以玉器为主体，而大汶口文化晚期墓葬中的玉器不仅不是随葬品的主体，而且一部分高等级墓葬并不用玉。宽大的墓坑、多重棺椁、众多的陶器是大汶口文化晚期墓葬区分等级的主要因素，而玉器只是起到一种锦上添花的作用；男女两性墓葬用玉差别较为明显，女性墓葬的礼仪、丧葬和工具用玉与男性墓葬相比甘拜下风，只有装饰用玉比男性墓稍显风骚，

图十九 良渚文化出土玉锥形器
1.邬家岭出土 2.金石墩出土 3.亭林出土 4.新地里出土

也正如此，装饰用玉中的精美的成组头饰可作为男女两性墓葬的"性别代码"[32]；从地域分布来看，沂泰山脉沂南地区是大汶口文化晚期玉器出土的区域，以大汶口、凌阳河两个类型和花厅晚期墓葬为代表，这一广大区域不仅出土玉器数量众多，而且种类包含了整个大汶口文化时期玉器的类别，尤其是大汶口类型玉器贯穿了整个大汶口文化玉器发展的始终。而沂泰山脉以北地区则不然，虽然章丘焦家采集的玉器达48件，但这批玉器并不都是大汶口文化晚期，因此不仅玉器出土数量和种类不如南部地区丰富，而且大规模使用玉器的年代也晚于南部地区。

大汶口文化早期玉器出土的地点主要有兖州王因、江苏邳县刘林和大墩子，这三个地点出土玉器共发表16件，主要是环、佩、坠等小型装饰品。至大汶口文化中期玉器出土的地点主要有大汶口、野店、大墩子、花厅，玉器主要集中于花厅中期墓葬，另有其他地点零星出土有小件玉器，这一阶段玉器器类大大丰富，包含了大汶口文化时期所有玉器器类。由此可见，大汶口文化早、中期玉器出土地点亦主要分布于沂泰山脉以南地区，北部地区几乎没有见到像样的玉器。与大汶口文化中期相比，虽然晚期玉器出土的地点增多，跨过沂泰山脉分布到鲁北、鲁西北和山东半岛等区域，但是数量和种类却不如中期丰富，只花厅一处中期墓葬出土玉器的总数便比整个大汶口文化晚期玉器的总和还要多，花厅中期墓葬所见的玉梳背、琮形管、宽体璜到晚期已不见。从大汶口文化早期至晚期玉器出土地点分布来看，亦体现出了"南重北轻"的格局。

出现这种局面的原因应该有二：其一，与大汶口文化发展的趋势有关。大汶口文化早、中期阶段，以泗河流域发展水平较高，是大汶口文化的中心区；到晚期阶段，以凌阳河为代表的沂、沭河流域，可能还有鲁北地区，社会经济发展速度明显加快，呈现全面发展态势，但相比较而言，似乎仍以汶、泗河流域发展水平最高[33]。其二，与大汶口文化玉器发展进程有关，我们认为大汶口文化中期玉器的大发展是受到良渚文化的影响和刺激而产生的结果。而良渚文化对大汶口文化的影响和刺激是从苏北和山东南部最先开始的。我们之所以得出这一判断，主要是基于以下几点理由：

第一，从大汶口文化玉器乃至整个史前山东地区用玉状况来看，山东地区的用玉传统不甚发达。后李、北辛文化时期，山东地区基本不见玉器，只有后李文化的前埠下和小荆山遗址出土和采集有3件小玉凿。至大汶口文化早期玉器才稍稍增多，但早期也才有16件，而且多是小型装饰品。到大汶口文化中期玉器突增，主要集中于花厅墓地，而花厅墓地的属性本身就颇具争议[34]，其所表现出来的大汶口和良渚"文化两合"的现象，以及所出玉器具有显著的良渚风格，表明其受良渚文化影响颇深。

第二，山东地区史前用玉观念不甚强烈。虽然大汶口文化晚期高等级墓葬出土玉器占整个晚期玉器比重较大，但是并不是所有的高等级墓葬都使用玉器，有相当一部分高等级墓葬仍只按随葬品多寡，尤其是陶器的多少和墓室大小和复杂程度来区分等级。这一特点到龙山文化时期更加明显。

第三，从山东地区史前玉器分布格局看，只有山东东南部地区的临沂和日照地区一直是用玉的发达和中心地区。这一地区在大汶口文化中晚期至龙山文化时期分别是大汶口文化花厅类型、凌阳河类型和龙山文化两城镇类型。而其他中心只是存在于某一时期，如大汶口类型在大汶口文化中晚期用玉较为发达，但至龙山文化时期这种优势已不复存在。与此相反的是，临朐及其周围在大汶口文化时期用玉默默无闻，然而至龙山文化时期突然崛起，成为另一个用玉中心。

第四，大汶口文化晚期玉器中镞形饰是一类使用最为普遍和流行的器类（图十八），占整个大汶口文化晚期玉器的比重可达30%，其他任何器类都达不到这一比例。而且其使用方式多样，从大的方面来说既可作为丧葬用玉也可作为装饰品，从装饰品来说，既可单独使用又可多支组合使用，亦可和其他装饰品类组合使用。然而这种镞形饰与良渚文化一种典型器类——锥形器可相类比（图十九）。良渚文化的玉锥形器亦是一种见于各个等级墓葬中玉器中最普及化和最平民化的器类，在良渚文化中除了不被作为口琀和玉握等丧葬用玉外，其使用方式亦呈多样化。而且镞形饰的形态和锥形器如出一辙，因此，我们认为大汶口文化的镞形饰与良渚文化的锥形器是同一种器物，由良渚文化的影响而在山东地区流行。

注　释

[1] 中国社会科学院考古研究所：《中国考古学·新石器时代卷》，中国社会科学出版社，2010年，280～281页。

[2] 栾丰实将这一类型称为西夏侯类型，西夏侯类型与大汶口类型的分布地域是一致的。

[3] 栾丰实：《大汶口文化的分期和类型》，《海岱地区考古研究》，山东大学出版社，1997年，69～113页。

[4] 山东博物馆等：《山东荏平县尚庄遗址第一次发掘简报》，《文物》1978年4期；山东省文物考古研究所：《荏平尚庄新时期时代遗址》，《考古学报》1985年4期。

［5］山东省文物考古研究所、广饶县博物馆：《广饶县五村遗址发掘报告》，《海岱考古·第一辑》，山东大学出版社，1989年，61～123页。

［6］刘桂芹：《广饶县傅家遗址》，《管子学刊》1992年3期；山东省文物考古研究所、东营市博物馆：《山东广饶县傅家遗址的发掘》，《考古》2002年9期。

［7］章丘市博物馆：《山东章丘焦家遗址调查》，《考古》1998年6期。

［8］参见中国社会科学院考古研究所：《胶县三里河》，文物出版社，1988年。

［9］王思礼：《山东安邱景芝镇新石器时代墓葬发掘》，《考古学报》1959年4期。

［10］北京大学考古实习队、山东省文物考古研究所：《莱阳于家店的小发掘》，《胶东考古》，文物出版社，2000年，207～219页。

［11］参见山东省文物管理处、济南市博物馆：《大汶口——新石器时代墓葬发掘报告》，文物出版社，1974年。

［12］参见山东省文物与考古研究所：《大汶口续集——大汶口遗址第二、三次发掘报告》，科学出版社，1997年。

［13］中国社会科学院考古研究所山东队：《山东曲阜西夏侯遗址第一发掘报告》，《考古学报》1964年2期。

［14］中国社会科学院考古研究所山东工作队：《西夏侯遗址第二次发掘报告》，《考古学报》1986年3期。

［15］参见山东省博物馆、山东省文物考古研究所：《邹县野店》，文物出版社，1985年。

［16］山东省文物考古研究所：《枣庄建新——新石器时代遗址发掘报告》，科学出版社，1996年。

［17］枣庄市文物管理站：《枣庄市南部地区考古调查纪要》，《考古》1984年4期。

［18］中国社会科学院考古研究所、滕县博物馆：《山东滕县古遗址调查简报》，《考古》1980年1期。

［19］中国社会科学院考古研究所山东工作队、曲阜县文物管理委员会：《山东曲阜考古调查试掘简报》，《考古》1965年12期。

［20］山东省考古所等：《山东莒县凌阳河大汶口文化墓葬发掘简报》，《史前研究》1987年3期。

［21］山东省文物考古研究所、莒县博物馆：《山东莒县杭头遗址》，《考古》1988年12期。

［22］参见中国社会科学院考古研究所：《蒙城尉迟寺——皖北新石器时代聚落遗存的发掘与研究》，科学出版社，2001年；中国社会科学院考古研究所、安徽蒙城县文化局：《蒙城尉迟寺·第二部》，科学出版社，2007年。

［23］参见南京博物院：《花厅——新石器时代墓地发掘报告》，文物出版社，2003年。

［24］多为大理石质，少量玉质。

［25］该遗址玉器皆非透闪石软玉，而是属于广义的玉器。

［26］石质较多，玉质较少。

［27］其中1件为双联璧。

［28］章丘市博物馆：《山东章丘焦家遗址调查》，《考古》1998年6期。

［29］由于凌阳河遗址资料发表不全，我们并不能知道各等级墓葬的数量，因此，在进行统计时将凌阳河遗址墓葬排除在外。

［30］中国国家博物馆：《毛利碧玉——新西兰传世珍宝展暨学术讲座》，《玉器考古通讯》2013年1期。

［31］郭大顺：《红山文化的"唯玉为葬"与辽河文明起源特征再认识》，《文物》1997年8期。

［32］"性别代码"的含义参看本人《性别考古学研究综述——以中国考古学为中心》，《南方文物》2013年2期。

［33］栾丰实：《大汶口文化的发现和研究》，载《海岱地区考古研究》，山东大学出版社，1997年。

［34］具体来说可分为两种意见：一是认为花厅墓地属于海岱系统的大汶口文化，主要代表学者为栾丰实；二是认为花厅北区墓地是良渚文化族群战死他乡的墓葬，主要代表学者为严文明。

内容提要

本文主要依据济南地区龙山文化的考古资料，从城子崖遗址新发现的城址入手，就当时的农业、家畜饲养及各种手工业，重点对制陶技术进行阐述，从而得出，济南地区是古代文明起源的中心地区之一，龙山文化时期已进入文明时代的结论。

关键词

济南地区　龙山文化　初步分析

济南地区龙山文化浅析

一　龙山文化的发现及其概况

龙山文化是继大汶口文化之后发展起来的一种考古学文化，因最初发现于济南历城龙山镇（今属章丘市）城子崖遗址而得名[1]（图一）。学术界称之为山东龙山文化或典型龙山文化。主要分布范围覆盖山东全省以及周边的江苏北部、河南东部和安徽北北地区。上述区域的龙山文化与山东地区所发现的龙山文化属于同一时代，且具有相互关系和共同特征的考古学文化。

从考古年代学上分析，龙山文化距今大约 4600 年到 4000 年，这一历史时期正是中国早期文明的奠基期和发轫期，故而早在 20 世纪八十年代初，严文明先生就率先提出了"龙山时代"的概念[2]。

迄今为止，学术界通常将典型龙山文化划分为六种地方类型，即鲁西北地区城子崖类型、潍弥两河流域姚官庄类型、鲁中南地区尹家城类型、鲁东南地区尧王城类型、胶东半岛杨家圈类型、鲁西南一带王油坊类型。

图一　城子崖遗址保护碑

文／徐霞　章丘市城子崖遗址博物馆

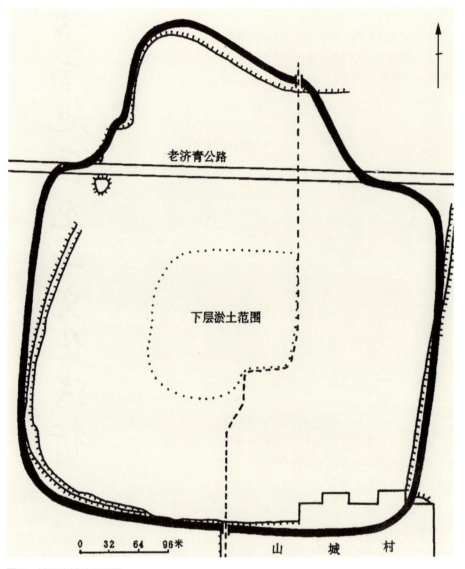

老济青公路

下层淤土范围

0　32　64　96米　　山　城　村

图二　城子崖城址平面图

　　城子崖类型主要分布在小清河与徒骇河流域，行政区划包括济南、聊城、德州、滨
洲四个地市以及淄博、东营市的一部分。其中，济南地区是该类型龙山文化的密集分布
区，尤其以城子崖遗址为中心的文化小区，在方圆20余公里的范围之内，分布的龙山
文化遗址主要有章丘马安庄、邢亭山、宁家埠、王官、小辛庄、小李家、董东、西太平、
马彭北等40余处。经过田野考古调查，又新发现有董西、焦家、西徐马西、甄家、娄
家四户、西王野河、兰家、崔家、孙家东南、高家、西城后、孙侯里、卫东、芽庄等龙
山文化遗址[3]。这些遗址中的邢亭山、宁家埠、西河、焦家、王官、大康、董东等进
行了田野考古发掘。从发掘规模看，最大的还是宁家埠遗址的田野考古工作[4]。

　　这次发掘，揭露面积6300平方米，清理的遗迹主要是灰坑和墓葬等，灰坑形状分
为圆形、椭圆形和不规则形三种，坑口平面以圆形坑为主。圆形及椭圆形坑比较规整，
坑壁光滑。各类灰坑均有直壁、斜壁之分，平底或圜底之别。灰坑直径大小不一，大者
口径2～3米，小者仅0.4米；坑深0.25～1.2米不等。坑内堆积多为一次性形成的，
内含有草木灰、兽骨等物。出土遗物以陶片数量最多，次之为骨器和蚌器。

　　墓葬形制均为长方形竖穴土坑，墓内多随葬有数量不等的随葬品。主要有陶罐、陶
盆、陶豆和陶杯等。

　　遗址中出土的遗物有陶器、石器、骨器、蚌器和牙器等。陶器分为夹砂陶和泥质陶

两类，部分泥质陶经过淘洗，质地细腻、纯净。陶色分为灰陶、黑陶、褐陶、红陶、白陶五种。除柄、耳、鼻、足等部件为手制外，器身均为轮制，因而器形十分规整。器表装饰以素面为主，纹饰有篮纹、弦纹、附加堆纹、方格纹、绳纹以及泥饼和镂孔等。多数泥质陶器，表面经过磨光处理。器物组合是鼎、鬲、甗、盆、盘、罐、瓮、杯、豆、碗、壶和器盖等。石器有斧、锛、刀、镰、镞等。蚌器有刀、铲、镰、锯、镞等。骨器仅见骨镞和骨锥等。

该遗址的发掘，为研究济南地区龙山文化的面貌特征、聚落形态、社会经济、文明起源以及与其他地区同时期文化的相互关系等提供了重要的实物资料。

二 城子崖龙山文化城址新发现及其意义

在济南地区，龙山文化时期的政治、经济、文化等各个方面都取得突飞猛进的发展，最突出的表现就是章丘城子崖龙山文化城址的发现。

该城址始建于龙山文化早期，时代距今约有 4500 年左右。城址平面近似方形，东、南、西三面城垣比较规整平直，北面城垣弯曲并向外凸出，城垣拐角处呈弧形（图二）。城内南北长约 530 米，东西宽约 430 米，面积约 20 万平方米。墙基宽 10 米左右，残高约 3 米。残存的城墙深埋于地表以下 2.5 米至 5 米，残宽 8 米至 13 米。据探测和试掘得知，城墙大部分挖有基槽，有的部位在沟壕淤土上夯筑起墙，并经过多次修补。城墙夯土结构分为两种，一种用石块夯筑，另种用单棍夯筑，这表明了城垣有早晚之分，反映出龙山时代夯筑技术的发展过程。

由于城址坐落在台地上，属于典型的台城，因此其基本特征是城内城外平面不一致，内高外低；城垣内外侧高度不一，外观高墙耸立，内看如土岭围绕四周，内侧城垣呈小缓坡形。保存较完整的北垣东段的始筑城垣，外侧高约 7 米以上，小缓坡形的内壁水平长 4 米，城顶到壁根的水平高仅 2.5 米，城基宽约 14 米，城顶宽 7 米。由于城内地平面高于城外，所以不能采用城垣断口式的城门，而在城垣断口外夯筑了缓坡形门道，两侧设门卫建筑[5]。

城池的出现是人类社会发展到一定历史阶段的产物，是进入文明时代的重要标志。因为在以石器为主要生产工具的时代，修建这样一座偌大规模的城，着实不易，倘若没有严重的社会分化和激烈的冲突与战争，倘若没有一个凌驾于氏族和部落之上的权力机构的运筹和组织，是不必也不可能完成这一巨大工程的。恩格斯说："在新的设防城市的周围屹立着高峻的墙壁并非无故：它们的壕沟深陷为氏族制度的墓穴，而它们的城楼已经耸入文明时代了。"[6] 城子崖龙山文化城正是济南一带进入文明时代的一个最为显著的标志。

"筑城以卫君，造郭以守民"。城子崖龙山文化城的出现，

表明这里是海岱地区一个小区的政治、经济和文化的中心，或者说以城子崖城为中心存在着一个龙山时代的古国。田野考古调查表明，这个古国的范围南达泰山北麓，北到刁镇、白云湖一线，东抵长白山西麓，西至小清河支流巨野河附近，东西 30 公里，南北 32 公里，方圆约 25 公里，面积大约 1000 平方公里。在这个古国中心地区，分布着 40 多处龙山文化聚落遗址，依其规模大小，明显可以分为"都、邑、聚"三级结构，具体说来，城子崖城作为古国的都城，在它的周围，分布着党家乡、黄桑院、宁埠乡、马彭东南、明水镇马鞍庄、枣园镇季官庄、相公乡牛官庄和刁镇小坡等遗址，面积一般在 3 ~ 6 万平方米之间，相当于古国的二级城邑；其余 30 余处龙山文化小遗址，面积一般只有数千到 1 ~ 2 万平方米，则是古国的一般聚落。由此可见当时济南地区城乡差别、城乡对立的格局业已出现，以私有制为基础的多层次的金字塔式的社会结构已经形成了[7]。

马克思、恩格斯在《德意志意识形态》一文中指出："城市本身表明了人口、生产工具、资本、享乐和需求的集中；而在乡村里所看到的却是完全相反的情况：孤立和分散。"[8] 通过对城子崖城址的钻探发掘，我们知道，城区内文化堆积十分丰富，文化层厚者达 3 ~ 5 米，薄者也在 1.5 米左右，而且遗迹之间的打破叠压关系十分复杂。发现的遗迹主要有房基、窖穴、水井、墓葬等，出土了大量精美的陶器、石器和蚌器等文物。城区内几乎不存在空白区，有的房子紧靠城墙建造，甚至直接建在城墙上面，充分说明当时城内居住了相当多的人口，据推算，大约在 5000 人以上。这些城中居民除了农业生产者外，家庭手工业者、巫医、统治者等非农业生产者和非生产者占也占有一定的比例。

除城址外，城子崖遗址还发现数眼水井，这些水井一般深 5 米左右，修凿技术都比较讲究，形状极为规整。其中一眼水井，口呈椭圆形，长径 1.5 米，短径 1.1 米左右，深度达 7 米以上[9]。凡此证明水井的穿凿和使用在龙山文化时期，济南地区已经比较普遍了，由此也印证了"伯益作井"的古史传说并非无根之谈。水井的出现，是龙山时代先民改造自然、利用自然的一项重大成果，它使人类突破了对江河湖泊为日用水源的局限，为向平原纵深处迁移，开拓发展农业，创造了条件，因而在古代文明发展史上具有重要的意义

三 龙山文化的经济形态

龙山文化时期，济南地区的生产工具种类较多，形制复杂。质料主要有石器、骨器、角器和蚌器等。石器的制作比较严格，要经过选材、打制成坯、琢制成型、磨制成器和钻孔等生产工序才能完成，种类有加工精制的穿孔石铲、长方形双孔石刀以及斧、锛、凿、镢、镰、矛、纺轮和网坠等等。骨器主要取材

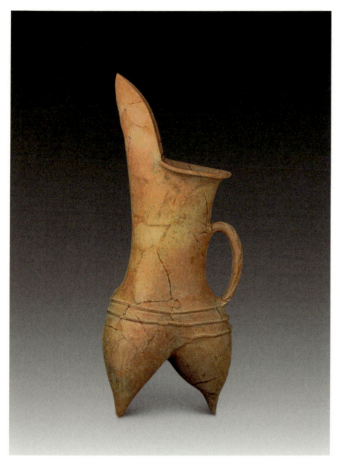

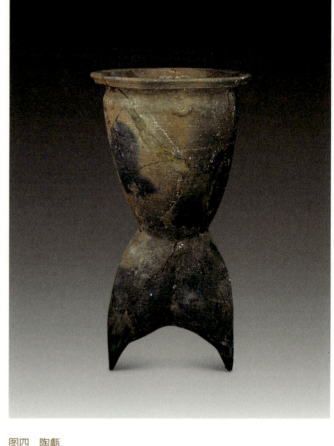

图三　陶鬶　　　　　　　　　　　　　　　　图四　陶甗

于动物的长骨，经劈、切割、刮削和打磨几道工序制作而成，器形以锥、镞、笄、针数量最多，另有铲、镰、刀、凿、鱼镖、鱼钩、匕以及装饰品等。

从以上论述看出，各个门类生产工具的制作水平是很高的，如城子崖龙山城址中出土的石质生产工具，均经过认真选材，造型特别规整，可能出自专业工匠之手，是由专门的手工业生产作坊制作出来的，其材料应该是从附近盛产石器作坊中制作出来的。

农业早已成为济南地区龙山文化时期居民的主要的经济部门，人们用长条形的石镰、扁薄梯形的单刃石铲以及骨铲和蚌铲来挖土、翻土和松土，用长条形或一端略窄的石刀和蚌刀来收获他们的庄稼，属于典型的耜耕农业。种植的粮食以粟、黍等旱地作物为主，也普遍种植水稻。城子崖遗址曾出土一个容积约为 0.5 立方米的大瓮，可能正是用来存放粮食的大型器皿[10]。

城子崖遗址中还出土相当多的兽骨、鸟骨和贝壳，兽骨种类有马、牛、羊、狗、兔、猪、獐、鹿等。其中，猪骨和狗骨数量最多，次之是马骨和牛骨，说明当时的济南，猪、狗、马、牛已成为人们饲养的家畜。家畜饲养以及渔猎作为经济生活的补充，仍是人们日常生活资料的重要来源。

四　龙山文化的制陶技术

在农业、畜牧业发展的基础上，济南地区龙山文化时期，各种手工业生产也得到快速发展，尤其制陶工艺更达到一个令后世难以企及的高度。当时以城子崖为代表的济南地区，普遍采用快轮制作技术，拉坯与车制相结合的成型方法，不仅使生产效率大幅度提高，而且生产出来的陶器造型规整，陶胎厚薄均匀，纹饰简洁，色泽纯正，表里一致，致密坚硬。对此《城子崖》一书曾有这样的描述："城子崖的陶器十四种颜色中，最能引动人之注意及艳羡者，为亮黑色。此色之陶质亮而薄，且极坚固，表面显漆黑色之光泽，故亦可称之为漆黑色。又以其轮廓之秀雅，制作之精妙，故自初掘以至今日，凡来参观者，目睹此类陶器莫不赞叹不置。"[11]

城子崖陶器制作所用的原料，均经过特殊处理，并视不同器类而采用不同原料与不同工艺。例如杯、盒类器物采用经过反复淘洗的细泥为陶土，鬶类器物多用高岭土为原料，烧成后多呈白、橘黄、红等颜色。对鬶、圈足器、三足器以及某些形态复杂的平底器等，均采用分体制作，然后对接，快轮修正。由于轮制技术比较发达，器表和器底常留有规律的轮旋纹和同

46

心圆切割痕迹。器表装饰多为素面，纹饰常见弦纹、划纹、乳钉纹、附加堆纹和镂孔，也有少量篮纹、方格纹和绳纹。

器物烧制方面，由于掌握了氧化还原技术和高温焙烧方法，生产的陶器色调基本一致，颜色多为光洁发亮的磨光黑陶，其次为灰陶、红陶，还有少量白陶等，且烧成温度高，胎质坚硬。城子崖遗址出土的薄胎黑陶，经过测定，烧成温度达到1000℃左右，已经接近了铜器1083℃的熔点[12]。

城子崖遗址出土陶器种类之多，达到空前绝后的地步，概而言之有鼎、鬶、甗（图三、图四）、罐、罍、盆、筒形杯、单把杯、豆、斝、鬲、甑、瓮、盘、尊、高柄杯、箅子和形形色色的器盖等等，其中尤以粗颈冲天流袋足鬶、三足盆、高柄杯、鸟首足鼎、袋足甗、黑陶单耳杯最富代表性。发达的耳、鼻、泥条、泥突、把手等，配置恰当，器形融实用性、艺术性于一体，美不胜收。即以城子崖遗址出土陶罍为例，其通高79厘米，口径36.5厘米，腹径66厘米，形体硕大，制作精美，被誉为颇具王者风范[13]。

当然，最能代表当时济南制陶工艺水平的陶器要数蛋壳高柄杯。这种器物，均为细泥质黑陶，不含杂质，不使用羼和料。器壁一般厚0.5毫米左右，重量多数在50～70克之间，且陶质细腻、漆黑光亮，造型优美，制作精细，敲之有金属之声，被人们赞誉为"薄如纸，硬如瓷，声如磬，亮如漆，明如镜"，堪称稀世瑰宝。蛋壳高柄杯呈盘形敞口，整个器物的重心偏上，很不稳固，显然不适合日常生活之用，而应该是权力、身份和地位的象征物，是一种典型的礼器。

龙山时代制陶技术的高速发展，同当时社会大分工的进一步深化大有关系。尤其像蛋壳陶高柄杯这样的尖端技术产品，绝对不是作为农业的副业或家庭副业所能生产出来的，它们应该是出自高度专业化的作坊和陶工，是专业化生产高度发达的标志。另外还需要指出的是，当时的陶器生产已经出现了商品生产与特供生产的分化，具体说来，日用陶器作为商品进入民间贸易的渠道，而蛋壳陶杯则从最初作为"财富"象征的商品已经变成礼制的载体，这种功能上的转换，是随着国家的形成和社会经济结构的变革以及"王室经济"的出现而逐步完成的[14]。

五　龙山文化已进入文明时代

由于农业、家畜饲养业和各种手工业生产的迅猛发展，社会分工的出现，促使物质财富迅速增加，从而为财产私有化提供了雄厚的物质基础。当时社会上一些有特殊地位的人，利用手中的权力，占有大量财富，社会产品分配的不平等加速了贫富的两极分化，出现了剥削者和被剥削者、统治者与被统治者之间的对立，社会财富占有不平等以及等级分化均达到了不可调和的程度，形成了等级分明的金字塔式的社会结构。多项文明因素或文明成果也已经基本具备，文明化程度均有了很大提高。文字的产生，铜器的使用，尤其是许多大型墓葬的发现和众多陶器、成组玉器以及成套礼器的存在，均说明龙山文化时期社会生产力水平空前发展，尤其是作为一方权力统治中心的核心城市，显然具有早期国家都城的规模和性质。这一切，充分反映，龙山文化时期在济南地区已经进入了文明时代是不容置疑的。

注 释

［1］傅斯年 李济等：《城子崖——山东历城县龙山镇之黑陶文化遗址》，中央研究院历史语言研究所，1934年。

［2］严文明：《龙山文化和龙山时代》，《文物》，1981年06期。

［3］山东省文物考古研究所：《章丘城子崖周边区域考古调查报告（第一阶段）》《海岱考古》第6辑，科学出版社，2013年。

［4］济青公路文物考古队宁家埠分队：《章丘宁家埠遗址发掘报告》，《济青高级公路章丘工段考古发掘报告集》，齐鲁书社，1993年。

［5］张学海：《龙山文化》，文物出版社，2006年。

［6］恩格斯：《家庭、私有制和国家的起源》，人民出版社，1972年，162页。

［7］张学海：《城子崖与中国文明》，《纪念城子崖遗址发掘60周年国际学术讨论会文集》，齐鲁书社，1993年。

［8］《马克思恩格斯全集》第3卷，人民出版社，1960年，57页。

［9］何德亮：《城子崖遗址与山东龙山文化》，载《史前研究》，三秦出版社，2005年。

［10］张学海：《龙山文化》，文物出版社，2006年。

［11］傅斯年、李济等：《城子崖——山东历城县龙山镇之黑陶文化遗址》，中央研究院历史语言研究所，1934年。

［12］周仁等：《我国黄河流域新石器时代和殷周时代制陶工艺的科学总结》，《考古学报》1964年1期。

［13］张学海：《龙山文化》，文物出版社，2006年。

［14］高广仁 邵望平：《海岱文化与齐鲁文明》，江苏教育出版社，2005年。

三国两晋南北朝石刻艺术转型

内容提要

三国两晋南北朝时期是汉唐之间的转型期，这一时期社会和许多方面与此前的汉代发生了很大变化，这些变化又为隋唐统一和文化繁荣奠定了基础。古已有之的石刻艺术在这一时期也发生了转型，主要变化有与佛教有关的石刻造像和刻经的出现与流行，道教造像兴起，成型墓志出现并流行。传统碑刻的字体由隶变成魏碑、楷体，雕刻技法受佛教的影响发生变化。在转型的同时，摩崖刻石、墓碑、墓前石刻等汉代已有石刻艺术被继承了下来。

关键词

三国两晋南北朝　石刻艺术　转型　造像　刻经　墓志

从 220 年曹丕代汉建立魏朝起，到 589 年隋朝统一南北，是中国历史上的三国两晋南北朝时期，这个时期有近 370 年的历史。这一时期是秦统一六国，建立中央集权的专制政权以后，中国[1]古代社会第一个大动荡时期，不仅政权更迭频繁，由于战乱等因素带来的民族大迁徙与大融合，造成了空前的思想文化交流。作为思想文化载体之一的石刻艺术，继东汉的高潮以后，在这一时期又有了新的发展。而且由于朝廷对坟地立碑的限制，特别是佛教的传播，石刻艺术在这时出现了新的变化。很多种新的石刻种类，如墓志、造像、刻经、题名等等，都正在蓬勃兴起或者固定成型，演化成石刻中的大宗。石刻文字形体的变异，也以此一阶段为最甚[2]。而这正是本文所谓的石刻艺术转型。

一　石刻艺术的新发展

中国古代石刻艺术在春秋时期就出现了，现存的石鼓文就是当时石刻艺术的代表。如果把岩画也算作石刻艺术，则中国古代石刻艺术出现的时间可以上推到新石器时代[3]。先秦两汉石刻常见的是碑刻和画像石，还有少量的神道石刻和摩崖刻石。不论是为活人，还是为死人做的石刻，它们主要是为世俗生活服务的，为宗教信仰服务的石刻极少。三国两晋南北朝时期，情况发生了变化，为宗教信仰服务，尤其是为佛教服务的石刻，特别是造像（石窟造像、摩崖造像、单体造像、造像碑）迅猛发展，成为今天我们能够见到的这一时期数量最多的石刻，也是研究者最关注的石刻。另外，在禁碑的大背景下，墓志迅速发展，并逐渐定型。除了这些内容上的变化之外，石刻艺术的形式，如碑刻墓志的字体，造像等的雕刻技法与东汉相比也发生了明显变化。

（一）石刻种类的新发展

1. 与佛教有关的石刻

与佛教有关的石刻，是三国两晋南北朝时期石刻艺术转型中最突出的一类石刻，它的主要内容有造像和刻经两类。

文／杨爱国　山东省石刻艺术博物馆

（1）造像

佛教造像的主要形式有：单体造像、石窟与摩崖造像、造像碑。其中石窟和造像碑中还有个别刻有佛典的，又把造像与刻经合二为一。

根据文献记载，佛教在东汉初年传入了中国内地。东汉中晚期在一些文物上出现了与佛教相关的图像[4]，而这些文物多是墓葬建筑，或墓中的随葬品，如山东沂南北寨村墓中室立柱上的图像[5]、四川乐山麻浩1号崖墓前室门楣上的佛像[6]、四川彭山166号崖墓摇钱树座上的佛像[7]、四川绵阳何家山1号墓摇钱树上的佛像[8]、四川资阳雁江区2号崖墓摇钱树上的佛像[9]等，它们成为东汉时期佛教参与丧葬活动的证据[10]。由于这些与佛教相关的图像都不是独立存在，而是依附于相关的建筑或摇钱树等随葬品，而与其同存的图像又多与当时的升仙思想有关，有的学者把它称为"仙佛模式"[11]。这种局面到三国时期仍未有所改变，尤其是在位于东南的吴国地区，"人们将佛教造像饰于马具中用于辔带的饰件，以及用作酒樽的附饰，甚至以佛像作为支承香薰的足，或贴饰承痰的唾壶"[12]。

到东晋南朝时期，佛教的状况迅速改变，成为自帝王至普通百姓虔信的宗教。虽然湖北鄂州塘角头4号东吴墓出土的单体陶造像[13]表明佛像可能在当时已经成为一部分人膜拜的对象，但它毕竟是墓中的随葬品，其本身不可能是墓主生前膜拜的对象，可以确定为膜拜对象的佛教比它晚数十年。今天我们能见到的最早有明确纪年的属于膜拜对象的佛教，是现藏于美国旧金山亚洲艺术馆的后赵建武四年（338年）铜佛坐像[14]。从此以后，直至隋统一之前的南北朝时期，不仅铜佛像大量铸造，单体石造像、石窟寺造像、摩崖造像等也大量出现。仅在今天的山东地区，不仅临淄、博兴的丈八大佛引人注目，诸城体育中心[15]、青州龙兴寺[16]、临朐明道寺[17]等地出土的窖藏石佛教造像更成为学人研究的热点[18]。

佛教造像碑是南北朝时期新出现的佛教供奉物品。造像碑大多树立在寺庙内外，它是摩崖造像和石窟造像的进一步简化，也是佛教艺术形式进一步汉化的结果。对碑首用各种纹样装饰是东汉以来石碑的常见情形，大量运用浅浮雕和线刻手法也是汉代美术石雕的特色。造像碑与汉代画像石的制作艺术便一脉相通，汉以后的晋当利里社残碑上还可以见到诸里正、邑老的线刻像。这些汉代石刻的格式、布局、绘画、雕刻技术与印度艺术的一些典型造型及佛教内容结合起来，便产生了盛行于北朝的造像碑[19]。造像碑在甘肃、陕西、山西、河南、河北、山东等省都有发现，尤以陕西与河北为多。在如此广阔的区域内发现的造像碑，不仅有时代特点，还呈现出一定的地方特色[20]。

（2）刻经

佛教刻经有四种形式：石塔刻经、石窟刻经、刻经碑、摩崖刻经。其中石窟刻经和刻经碑都与造像合二为一。

佛教徒们把佛典刻在石柱上、崖壁或石窟内，最早可以追溯到印度阿育王时代。阿育王是孔雀王朝的第三代国王，他在位时，为了推广佛法，在全国各地颁布了一系列法敕，并把重点文句刻在石柱、崖壁或石窟内[21]，其内容大多是提倡佛法、推行佛教、劝导行善布施的。佛教传入中国以后，从汉末到东晋十六国时期（3～6世纪），大量佛经的翻译与传诵，丰富了佛教在汉土讲经、祭祠、法会、持斋、施舍、供养等活动，促进了佛学义理的研究，也完善了佛教与汉文化融合过程中出现的各种新规制，加快了佛教在中国社会各阶层的广泛传播。佛教不但走进了人们的日常生活，而且开始影响到中国的政权与政治[22]。为了佛法的供养与传播，僧侣们不满足于佛经卷本的抄写，还将经中警句写在洞窟的崖壁上，既作为禅观时供奉，也供禅观时读诵。甘肃永靖炳灵寺169号窟内即保存了这样一篇用墨书写的佛经内容为《佛说未曾有经》。它与西秦乞伏炽磐建弘元年（东晋元熙二年，420 年）造像题记比邻[23]，年代应相仿。它是我国已知最早的石窟崖壁写经，也是后来大规模出现的石刻经之源。我国境内最早的佛教刻经不是摩崖刻经，而是 5 世纪初北凉小石塔上的刻经。大型佛教摩崖刻出现在北朝晚期的邺都近畿与山东泰峄山区[24]。

在石佛像出现的同时，石塔在河西走廊一带出现了[25]。流传至今，包括早年流失到国外的，计有 14 座，其中有纪年的 7 座[26]，它们是：敦煌口吉德石塔（干支丙寅）、酒泉马德惠石塔（承阳二年）、酒泉高善穆石塔（承玄二年）、酒泉田弘石塔（承玄二年）、酒泉白双且石塔（缘禾三年）、敦煌索阿后石塔（缘禾年）、酒泉程段儿石塔（太缘二年）。其它 7 座无纪年的石塔是：武威石塔、酒泉残塔段、敦煌沙山石塔、敦煌王口坚石塔、敦煌岷州庙石塔、吐鲁番宋庆石塔、吐鲁番小石塔[27]。这些小石塔既是河西走廊佛教文物的特色，也是北凉时期佛教文物的特色，其他地区和其他朝廷尚未见同类刻经石塔。这些石塔由基座、塔身、覆钵、相轮、定盖五部分组成，基座上刻发愿文和施主姓名，覆钵下造佛像，塔身刻有同样的经文，即《佛说十二因缘经》。这些石塔皆出自佛教寺院遗址，因此有学人认为，它们原本是寺院殿堂或禅室内的供奉之物[28]。塔是礼拜的对象，塔上精心镌刻的经文与佛像则是重要而殷实的供奉内容。这些小石塔多是当时社会下层人所供养，它们反映了北朝早期西北地区佛教活动的一些特点。

进入 6 世纪以后，北凉小石塔的刻经形式不见了，石窟刻经出现并流行。较早且重要的刻经有洛阳龙门莲花洞《陀罗尼经》和《般若波罗蜜多心经》（节文）[29]，莲花洞开凿于北魏孝明帝孝昌年间（525 ～ 527 年），是北魏晚期的大型洞窟。晚于莲花洞刻经的河南安阳善应镇小南海中窟刻经，河北峰峰矿区北响堂寺、南响堂寺洞窟刻经，河北涉县中皇山洞窟刻经等，虽然未必是同一批僧人主持雕刻，但都是同一传统的延续。

与石窟刻经出现的时间相先后，洛阳一带出现了不少造像碑刻经，其中年代最早的是洛阳古代艺术馆收藏的一件造像刻经碑，其上的造像与龙门古阳洞佛像风格相似，碑阴与碑侧刻《不增不减经》，书法风格是北魏晚期的特点，被认为是目前所见年代最早的造像刻经碑[30]。晚于该碑的东魏天平四年（537 年）山东曲阜胜果寺造释伽像碑阴刻有《金刚经》，现藏日本东京大学文学部[31]。此后北齐时期，山西、河南、山东等都有一定数量的刻经碑被发现[32]。如山东泗水天明寺北齐皇建元年（560 年）《维摩诘经》碑[33]、东平海檀寺北齐皇建年（560 ～ 561 年）《观世音经》碑[34]、巨野石佛寺北齐河清三年（564 年）《华严经》碑[35]等。

摩崖刻经是诸刻经形式中出现最晚的，但却是场面最为宏大，刻经文字最多的。目前可见的实物，摩崖刻经最早出现在北齐时期，山东东平洪顶山《法洪名赞》有北齐河清三年（564

年）的纪年，这是迄今所见摩崖刻经上最早的纪年。从此到北周末的大象二年（580 年）的近 20 年是摩崖刻经大发展的时期，在邺都近畿与山东泰峄山区都发现有摩崖刻经，其中邺都近畿多刻整部经文，而泰峄山区的刻经虽多是节文、题名等，场面却最为宏大，其中泰山经石峪所刻《金刚经》刻面最长处 52 米，短处 26.4 米，宽 32.2 米，面积 1200 平方米[36]，是世界上面积最大的露天石刻，其大字刻经的方式也是前无古人；东平洪顶山北崖上的"大空王佛"长达 9.3 米，宽 4.1 米[37]，充分体现了僧侣与社会上的佛教信徒存经与弘法的信心和决心。

2. 与道教有关的石刻

道教是中国土生土长的宗教，但它的组织、建筑、仪轨等无不受到外来佛教的影响。北魏时期佛教发展的同时，道教也得到了长足的发展，尤其是太武帝时期，为寇谦之"于代都东南起坛宇，给道士百二十余人，显扬其法，宣布天下。太武帝亲备法驾，而受符箓焉。自是道业大行，每帝即位，必受符箓，以为故事。"至北周依然，"后周承魏，崇奉道法，每帝受箓，如魏之旧"[38]。不仅北周，北齐辖境内，道教同样发达。天保五年（554 年），文宣帝诏问沙汰释、李文中说道："乃有缁衣之众，参半于平俗。黄服之徒，数过于正户。所以国给为之不充，王用因兹取乏。"[39]总之，虽然南北朝时期留下的道教文物不如佛教文物多，但从文献记载看，当年的繁荣也是相当可观。

道教造像主要是造像碑，还有少量的石窟造像和单体造像。有学者指出，最初的道教造像出现在南北朝初期，即 5 世纪初宋陆修静（406 ～ 477 年）、北魏寇谦之（365 ～ 448 年）之世[40]。虽然如此，早期的道教造像除强独乐建周文王佛道造像碑等个别道教造像出自南方外，道教造像多出自北朝辖境内[41]，最集中的地点是陕西耀县药王山[42]。从现存道教造像看，有明确纪年最早的一例是北魏始光元年（424 年）魏文朗造像碑，从它开始，道教造像的天尊多戴冠蓄髯，它们生动真实地反映了当时民间的信仰状况。造像碑中有与佛教合二为一的，陕西耀县药王山和临潼博物馆等地收藏的北朝造像碑中，就有道教天尊与释教佛陀并排刻于一碑上的情况。如北周元年（557 年）强独乐建周文王佛道造像碑，碑身下部两侧分别线刻一尊造像，左为佛像，右为道教像，有意思的是，道教像完全袭用佛像的造型，头有肉髻，圆身背光顶端略尖，双领下垂佛衣垂膝蔽手，双手作禅定印，结跏趺坐于单层仰莲圆座上[43]。北周保定二年（562 年）李昙信造像碑题记云："敬造释迦、太上老君诸其菩萨石像一区"。而造像题记中，造像人自称"弟子"、"佛弟子"、"邑子"等，可见，这些造像人主要是佛教信徒。汉魏时期，佛教多依道教生存，四百多年后，形势发生相反的逆转，在有些地方，道教反而要依佛教生存。

石窟造像与造像碑一样，多依于佛教，独立存在的道教石窟少见。如陕西鄜县石泓寺发现有北魏时期的石窟道像[44]，陕西宜君县福地水库西魏大统元年（535年）石窟道像[45]。

道教单体造像仅有个别发现。如成都西安路南北朝末期宗教造像窖藏，大部分是佛像，一件为无题记道教造像，高60厘米，主像端坐于长方形台座之上，戴莲花冠，项以上圆形头光，身着褒衣博带大袖道服，前有兽足凭几，胸前斜置麈尾，左手执柄，右手轻握麈身上部。台座四角各一立侍，座前中间一略成长颈胆瓶形博山炉，左右各一蹲狮[46]。

据张勋燎、白彬统计，考古发现和金石文献著录的北朝道教造像不下80件，其中有纪年和明确年代标志者55件[47]，这个数据虽然是不完全统计，与同一时期的佛教造像相比，实在是少得可怜。但它是这一时期石刻艺术中新出现的品类，在石刻艺术转型中具有重要意义。

3. 墓志

"墓志"一词最早出现在山东青州出土的南朝刘宋大明八年（464年）刘怀民墓志上[48]，但墓志的出现远在此之前。墓志的起源，学术界有不同的看法[49]，但都不否认，它是在东汉末年曹操禁碑，曹丕继之，西晋又继之的社会背景下发展起来的。据《宋书·礼志二》载：

汉以后，天下送死奢靡，多作石室石兽碑铭等物。建安十年，魏武帝以天下雕弊，下令不得厚葬，又禁立碑。魏高贵乡公甘露二年，大将军太原王伦卒，伦兄俊作表德论，以述伦遗美，云"祗畏王典，不得为铭，乃撰录行事，就刊于墓之阴云尔。"此则碑禁尚严也。此后复弛替。

晋武帝咸宁四年，又诏曰："此石兽碑表，既私褒美，兴长虚伪，伤财害人，莫大于此。一禁断之。其犯者虽会赦令，皆当毁坏。"至元帝太兴元年，有司奏："故骠骑府主簿故恩营葬旧君顾荣，求立碑。"诏特听立。自是后，禁又渐颓。大臣长吏，人皆私立。义熙中，尚书祠部郎中裴松之又议禁断，于是于今[50]。

碑禁之后的早期墓志仍多作碑形，只是体小且藏于墓中而已，可见人们对碑的怀念。如河南洛阳西晋太康八年（287年）王口墓志和元康九年（299年）二月五日美人徐氏之铭都做成碑形[51]；辽宁朝阳西上台北魏刘贤墓志也作碑形，其下还有座[52]。直到北齐时期，仍有作碑形的墓志，如山东济南八里洼北齐武平五年（574年）陈三墓志作圆首碑形，额刻双龙。但碑形的墓志不利于在墓中放置，可能是受到砖志的影响，刘怀民墓志就已经是方形的了，这种方形墓志后来成为墓志的主流形制，还发展出了墓志盖，上下二石组成一合，如山东黄县（今龙口市）出土北魏正光四年（523年）鞠彦云墓志、临淄北齐天统元年（565年）崔德墓志等都有盖，后代还有将它们用铁条箍在一起放在墓中的。隋以后，碑禁虽渐弛替，墓志却仍盛而不衰，一直是墓中的重要随葬品，直到民国初年。如1935

年10月黄侃死后，他的老师章太炎亲笔为他写了墓志铭。

（二）石刻艺术的新变化

1. 字体

魏晋南北朝时期石刻艺术的转型除了上述宗教石刻的突起和墓志的迅速发展外，还有一个明显的变化是文字石刻上的字体呈现出多样的形式。众所周知，东汉时期的石刻以隶书为主，还有少量的篆书。进入三国以后，在隶书和篆书继续沿用的同时，有人把更古老的文字翻了出来，还用来刻儒家经典，这就是著名的曹魏"三体石经"，石经早已被毁，从残存的石块上可以看出，当年书写者，对三体都是很认真的。进入北魏以后，"魏书"成为当时字体的主流，不论龙门造像题记、云峰刻石，还是高贞碑、高庆碑、张猛龙碑，用的都是当时流行的魏书体。到了北朝晚期，情况又有了变化，魏书体仍然在用，而山东泰峄区的佛教摩崖刻经的字体既非魏书，也非隶或篆，被学者称为刻经体。另一方面，隶书和篆书写的人又多了起来，有学者称之为北朝晚期的书法复古现象[53]。除了后来俗称的行书和草书，其他字体在这一时期的石刻上都出现了，使这一时期的石刻书法呈现出多姿多彩的局面。

2. 造型艺术的雕刻技法

东汉时期的石质造型艺术除了人们常见的画像石上采用的线刻、减地平面线刻浅浮雕、高浮雕等雕刻技法外，也有少量的圆雕，如山东省石刻艺术博物馆藏的汉人俑和胡人俑，曲阜汉魏碑刻博物馆藏的麃君亭长，嘉祥武氏墓群石刻中的石狮等，这些圆雕，以及画像石上的各种雕刻技法为三国以后的造型艺术奠定了很好的技术基础，尽管如此，三国以后的石刻艺术，尤其是佛教造像，其雕刻技法不是汉代雕刻技法的线性发展，而是在印度佛教艺术影响下发展了质的转变，现代意义上的浅雕和圆雕出现了，这一点在人物形象上表现得尤其明显。上面举例的东汉时期的石人面部较为扁平，手臂多贴在身上，虽是圆雕，立体感相对较差。佛教造像不论是单体，还是石窟造像，人体都是非常写实地雕刻出来。同时，它也影响到世俗石刻。如河南洛阳博物馆藏的北魏孝庄帝静陵神道上的翁仲不仅面部写实，衣服也立体刻出，这是汉代石人所不具备的。

二　石刻艺术的继承

上文我们对南北朝时期石刻艺术的新发展做了简要的阐述，不过，它们不是这一时期石刻艺术的全部，一些汉代流行的石刻，这一时期被继承了下来。

（一）摩崖刻石继续发展

东汉时期，在碑刻、画像石大发展的同时，摩崖石刻也较流行，著名的有保存至今的褒斜道石刻，位于陕西省汉中市褒城镇石门，集中在这一带的石刻共 45 种，属于东汉的有永平六年（63 年）汉中太守钜鹿君开通褒斜道碑、建和二年（148 年）故司隶校尉犍为杨君颂，永寿元年（155 年）李禹表、杨伯邠生平碑（无纪年）等[54]。这些石刻都是在路旁崖壁上略加修整后刻写的。除著名的石门摩崖石刻外，其他地方也有零星的摩崖石刻，如新疆拜城东北喀拉克达格沟口永寿四年（158 年）刘平国碑、甘肃成县建宁四年（171 年）西狭颂等，都是重要的摩崖石刻。山东平度天柱山上还有"中平三年弟子"，题记式的简单摩崖石刻[55]。南北朝时期摩崖石刻有了长足的发展，除了上文提到的与佛教相关的造像和刻经外，与世俗生活有关的摩崖石刻也有一定数量，其中最重要的当数分布在今山东莱州、平度、青州三市四山（云峰、大基、天柱、灵珑）与郑道昭父子有关了摩崖石刻，分属北魏和北齐，有 40 多件[56]。此外，陕西褒城的石门铭也为书法家所重。

（二）碑虽禁而犹存

上文指出，南北朝时期墓志的迅速发展与魏晋时期的禁碑有直接关系，但需要指出的是，碑是禁了，并没有禁绝，也不可能禁绝。其他的碑不提，仅以最当禁的墓碑为例，三国两晋南北朝时期就仍有雕刻，至今仍存世的也有一定数量。如吴凤凰元年（272 年）九真太守谷朗碑，晋泰始六年（270 年）明威将军南乡太守邾休碑，泰始八年（272 年）任城太守孙夫人碑，大亨四年（405 年）振威将军建宁太守爨宝子碑，南朝宋大明二年（458 年）爨龙颜碑，北魏正始八年（508 年）高庆碑，正光三年（522 年）鲁郡太守张猛龙碑，正光四年（523 年）高贞碑和根法师之碑（马鸣寺碑）等。当年实际雕刻的墓碑数量远不止这些，加上其他用途的石碑，这一时期的石碑虽然比东汉时期可能会少一些，还是相当可观的。

（三）墓前石刻在晋以后继续发展

中国古代的墓前石刻是东汉时期出现并发展起来的，山东嘉祥东汉晚期武氏墓群石刻主要是墓前石刻，有狮、阙、碑、祠等，地下的墓室虽为石造，却绝少画像[57]。东汉时期墓前石刻除了这几种较为常见者外，还有其他一些形象，如洛阳邙山发现的可能是东汉帝陵神道石刻的象[58]，山东曲阜汉魏碑刻馆藏"汉故乐安太守麃君亭长"和"府门之卒"两件神道石人，山东博物馆藏有东汉琅琊相刘君墓表、北京石景山出土东汉幽州书佐秦君墓表[59]，四川芦山县石马坝汉墓前的石羊[60]等。

魏晋时期虽然禁石碑等墓前石刻，但存留至今的墓前石刻表明，当时仍有雕刻。如洛阳邙山出土的西晋韩寿墓表[61]，河南博爱县发现的晋故乐安相苟府君墓表[62]。进入南北朝以后，帝陵前的石刻呈上升态势，尤其是南朝宋齐梁陈四朝的帝陵和一些王墓前都有数量不等的陵前石刻存世[63]，如江宁宋永初三年（422 年）武帝刘裕初宁陵前的石麒麟，丹阳齐景帝萧道生修安陵前的石麒麟，句容梁南康简王墓前的石辟邪和墓表，江宁陈文帝陈蒨永宁陵前的石辟邪[64]等。不过，从这些墓前石刻也可以看出，当时禁碑是有一定成效的，官吏墓前罕见石刻，更无论普通平民了。

（四）东汉晚期出现的石棺在北朝仍在沿用

石棺在新石器时代就出现了，但当时及以后很长一段时间内的石棺，都是用碎石块垒砌而成的，用石块雕凿或依山体雕凿石棺是东汉以后的事。目前在四川等地所见东汉时期的石棺，一般棺身为一整体，上面加一石棺盖，有的棺身外表和棺盖外面刻有画像[65]。

北魏时期的石棺则更多的是仿木结构，即用左右侧板和前后挡板，加底板和盖板组合而成。如洛阳上窑村出土升仙石棺[66]，洛阳出土元暐石棺[67]。现藏美国的北魏孝子石棺也可能出自洛阳[68]。虽然已经发现的北魏时期的石棺数量远比东汉时期的要少得多，且发现地点集中在洛阳周围，石棺的结构与东汉石棺也有明显区别，它们之间未必是线性发展而来，但北魏人用石棺当不是自己的突发奇想，而是受到前代的启发，而这个前代的启发，最有可能是东汉时期的石棺。

三 结 语

南北朝石刻艺术转型主要受到两个方面的刺激：一是佛教的迅速发展，二是禁碑令的压力。

佛教自两汉之际传入中国内地以后，始终没有能以独立的宗教形式出现，而是依附于神仙道教，与此相联系，早期的佛教艺术也不是独立存在的，直到东晋十六国时期，在今天中国的西北地区，佛教才开始以独立的宗教形式出现，佛教建筑也当已经出现，僧侣有了专门传教、布施的地方，有了自己的信众，佛教经典开始被传抄、翻译，今天我们称之为石刻艺术品的小石塔等佛教信仰物在做禅观时被供奉起来。到南北朝时期，随着佛教的迅速扩散，石窟造像、单体造像、造像碑、刻经（包括刻经碑和摩崖刻经）等佛教信仰物迅速发展起来。它们不仅在内容上对古印度艺术有继承，在雕刻技法上也有继承，而与此前的东汉时期的石刻技法明显不同，虽然还在大量使用线条，但更强调的立体的块面。

东汉末年的汉献帝时期，曹操针对当时社会凋敝的现实，下令禁碑，对朝廷的禁令一般人是不敢违抗的，一些聪明人想到应对之策，于是，原来用于志墓的石刻发展成为志人的墓志，并在南北朝时期遍及黄河上下、长江南北。到五世纪中期，"墓志"这一名称也正式在墓志上出现了。

南北朝石刻艺术的新现象不仅有上述的转型，以及由汉代石刻继承下来的传统石刻，随着外族大量拥入，佛教以外的石刻艺术也进入了传统的华夏大地，其中最典型的是粟特人的石棺床和石椁[69]，它们不仅被东来的粟特使用，还可能被个别汉人或鲜卑人使用，典型的一例是山东青州傅家北齐墓画像石[70]，据郑岩研究，它的主人就是汉人或鲜卑人[71]。类似的石刻艺术虽然不能都纳入"转型"的范畴进行讨论，但它们的确是这一时期出现的新景象。

注 释

［1］这里的"中国"是一个历史和文化概念，非政治概念。参见葛兆光：《宅兹中国》，中华书局，2011年，31～32页。

［2］赵超：《中国古代石刻概论》，文物出版社，1997年，91页。

［3］本文不讨论石刻艺术应该包括哪些内容，也不讨论中国古代石刻艺术起源问题。这里只是为了阐述三国两晋南北朝时期石刻艺术转型而简单述及早期石刻。

［4］俞伟超：《东汉佛教图像考》，《文物》，1980年5期，68～77页。罗二虎：《中国西南早期佛像研究》，《考古》，2005年6期，66～73页。

［5］曾昭燏、蒋宝庚、黎忠义：《沂南古画像石墓发掘报告》，文化部文物管理局，1956年。

［6］乐山市文化局：《四川乐山麻浩一号崖墓》，《考古》，1990年2期，111～115页。

［7］南京博物院：《四川彭山汉代崖墓》，文物出版社，1991年，37～38页；36页，图44；彩版1。

［8］绵阳市博物馆：《四川绵阳何家山1号东汉崖墓清理简报》，《文物》，1991年3期，1～8页；6页，图十九、二十。

［9］四川省文物考古研究院、资阳市雁江区文物管理所：《资阳市雁江区狮子山崖墓M2清理简报》，《四川文物》，2011年4期，10～23页；20页，图二0、图二一；图版一一1。

［10］杨爱国：《东汉时期佛教参与丧葬礼俗的图像证据》，《齐鲁文物》，（第1辑），科学出版社，2012年，6～20页。

［11］温玉成：《公元1至3世纪中国的仙佛模式》，《敦煌研究》，1999年1期，159～170页。

［12］杨泓：《跋鄂州孙吴墓出土陶佛像》，《考古》，1996年11期，28～30页。

［13］湖北省文物考古研究所、鄂州市博物馆：《湖北鄂州市塘角头六朝墓》，《考古》，1996年11期，1～27页；16页，图一六-12。

［14］金申：《中国历代纪年佛像图典》，文物出版社，1994年，图1。

山东博物馆辑刊（2015年）

历史与文物研究

[15] 杜在忠、韩岗：《山东诸城佛教石造像》，《考古学报》，1994年2期，231~262页。

[16] 山东省青州市博物馆：《青州龙兴寺佛教造像窖藏清理简报》，《文物》，1998年2期，4~15页。青州市博物馆：《青州龙兴寺佛教造像艺术》，山东美术出版社，1999年。

[17] 山东临朐山旺古生物化石博物馆：《临朐佛教造像艺术》，科学出版社，2010年。

[18] 刘凤君：《青州地区北朝晚期石佛像与"青州风格"》，《考古学报》，2002年1期，39~58页。杜斗城、崔峰：《山东龙兴寺等佛教造像"窖藏"皆为"葬舍利"说》，《四门塔阿閦佛与山东佛教艺术研究》，中国文史出版社，2005年，144~153页。李玉珉：《山东早期佛教造像考》，载颜娟英主编：《美术考古》，中国大百科全书出版社，2005年，216~298页。

[19] 赵超：《中国古代石刻概论》，文物出版社，1997年，25页。

[20] 参见本集相关专门研究论文。

[21] 相关记录参见国家文物局教育处编：《佛教石窟考古概要》，文物出版社，1993年，179~182页。

[22] 杜斗城：《北凉译经论》，甘肃文化出版社，1993年，258~277页。

[23] 甘肃省文物工作队、炳灵寺文物保管所：《中国石窟·永靖炳灵寺》，文物出版社，1989年，185页。董玉祥：《炳灵寺石窟第一六九窟内容总录》，《敦煌学集刊》总10期，148页。

[24] 赖非：《山东北朝佛教摩崖刻经调查与研究》，科学出版社，2007年。

[25] 这里所谓的石塔不是山东济南历城隋代建造的四门塔那样的石塔，而是小型可供膜拜的佛塔。

[26] 殷光明：《北凉石塔研究》，台湾财团法人觉风佛教艺术文化基金会，2000年。

[27] 以上石塔资料分别见：王毅：《北凉石塔》，《文物资料丛刊》1977年第1期，179~188页。宿白：《凉州石窟遗迹和"凉州模式"》，《考古学报》，1986年4期，435~446页。殷光明：《敦煌市博物馆藏三件北凉石塔》，《文物》，1991年11期，76~83页。殷光明：《美国克林富兰艺术博物馆藏北凉石塔及有关问题》，《文物》，1997年4期，42~45页。

[28] 殷光明：《北凉石塔研究》第五章，台湾财团法人觉风佛教艺术文化基金会，2000年。

[29] 宫大中：《龙门石窟艺术》，上海人民出版社，1981年，102页。

[30] 洛阳古代艺术馆：《洛阳魏唐造像碑撷说》，《文物》，1984年5期，44~56页。

[31] 大阪市博物馆：《中国の石仏——庄严なを祈り》，1925年，图版解说107。

[32] 赖非：《山东北朝佛教摩崖刻经调查与研究》，科学出版社，2007年，219页。

[33] 赵英祚：《泗水县志》卷十三，光绪十八年。

[34] 赖非：《山东北朝佛教摩崖刻经调查与研究》，科学出版社，2007年，160~162页。

[35] 周建军、徐海燕：《山东巨野石佛寺北齐造像刊经碑》，《文物》，1997年3期，69~72页。

[36] 赖非：《山东北朝佛教摩崖刻经调查与研究》，科学出版社，2007年，46页。

[37] 赖非：《山东北朝佛教摩崖刻经调查与研究》，科学出版社，2007年，24页。

[38] 《隋书》卷三十五《经籍志》四，中华书局，1973年，1093~1094页。

[39] 《广弘明集》。

[40] 丁明夷：《从强独乐建周文王佛道造像碑看北朝道教造像》，《文物》，1986年3期，52~62页。

[41] 丁明夷：《从强独乐建周文王佛道造像碑看北朝道教造像》，《文物》，1986年3期，52~62页。张勋燎、白彬：《中国道教考古》，线装书局，2006年，609~684页。

[42] 韩伟、阴志毅：《耀县药王山的佛道混合造像碑》，《考古与文物》，1984年5期，46~51页。韩伟、阴志毅：《耀县药王山的道教造像碑》，《考古与文物》1987年3期，18~26页。

[43] 丁明夷：《从强独乐建周文王佛道造像碑看北朝道教造像》，《文物》，1986年3期，52~62页。

[44] 陕西省博物馆、陕西省文管会：《鄠县石泓寺阁子头寺石窟调查报告》，《文物》，1959年12期，19~22页。

[45] 靳之林：《陕北发现一批北朝石窟和摩崖造像》，《文物》，1989年4期，64页，图九、十，图版肆，4。

[46] 成都市文物考古工作队：《成都市市区西安路南朝石刻造像清理简报》，《文物》，1998年11期，18页，图二一；彩色插页肆，2。

[47] 张勋燎、白彬：《中国道教考古》，线装书局，2006年，657页。

[48] 有学者认为的可能是北魏早期的刘贤墓志比刘怀民墓志要早，因此，它上面的"墓志"才是最早见得到的"墓志"。遗憾的是刘贤墓志没有纪年，目前所见，以刘怀民墓志为最早仍说得通。参见曹汛：《北魏刘贤墓志》，《考古》1984年7期，615~621页。赵超：《古

代墓志通论》，紫禁城出版社，2003年，51页。

[49] 参见赵超：《中国古代石刻概论》，文物出版社，1997年，33～40页。赖非：《齐鲁碑刻墓志研究》，齐鲁书社，2004年，191～202页。

[50] 《宋书》卷十五《礼志》二，中华书局，1974年，407页。

[51] 河南省文化局文物工作二队：《洛阳晋墓的发掘》，《考古学报》，1957年1期，169～186页。

[52] 曹汛：《北魏刘贤墓志》，《考古》，1984年7期，615～621页。

[53] 赖非：《北朝后期的书法复古现象》，《书法研究》，1994年1期，60～66页。

[54] 1970年因修褒河水库，将这批石刻移至汉中市汉台陈列。

[55] 山东石刻艺术博物馆、中国书法家协会山东分会：《云峰刻石调查与研究》，齐鲁书社，1992年，50～51页。

[56] 山东石刻艺术博物馆、中国书法家协会山东分会：《云峰刻石调查与研究》，齐鲁书社，1992年。

[57] 蒋英炬、吴文祺：《汉代武氏墓群石刻研究》，山东美术出版社，1995年。

[58] 陈长安：《简述帝王陵墓的殉葬、俑坑与石刻》，《中原文物》，1985年4期，72～77页。洛阳其他东汉时期的墓前石刻参见周到、吕品：《略谈河南发现的汉代石雕》，《中原文物》，1981年2期，34～37页。苏健：《洛阳新获石辟邪的造型艺术与汉代石辟邪的分期》，《中原文物》，1995年2期，66～71转101页。

[59] 北京市文物工作队：《北京西郊发现汉代石阙清理简报》，《文物》，1964年11期，13～22页。

[60] 陶鸣宽、曹恒钧：《芦山县的东汉石刻》，《文物参考资料》，1957年10期，41～42页。

[61] 洛阳博物馆黄明兰：《西晋散骑常侍韩寿墓墓表跋》，《文物》，1982年1期，65～69页。

[62] 刘习祥、张英昭：《博爱县出土的晋代石柱》，《中原文物》1981年1期，63页。

[63] 罗宗真：《六朝陵墓及其石刻》，《南京博物院集刊》，第一集（1979年），79～98页。

[64] 关于南朝陵前石兽与东汉墓前石兽的继承与演变参见菊地雅彦：《南朝石兽与东汉石兽比较研究》，《四川文物》，2014年1期，23～33页。

[65] 高文：《四川汉代石棺画像集》，人民美术出版社，1997年。罗二虎：《汉代画像石棺》，巴蜀书社，2002年。

[66] 洛阳博物馆：《洛阳北魏画象石棺》，《考古》，1980年3期，229～241页。

[67] 黄明兰：《西晋裴祗墓和北魏元暐两墓拾零》，《文物》，1982年1期，70～73页。

[68] 黄明兰：《北魏孝子棺线刻画》，人民美术出版社，1985年。

[69] 姜伯勤：《中国祆教艺术史研究》，生活·读书·新知三联书店，2004年。

[70] 山东省益都县博物馆夏名采：《益都北齐石室墓线刻画像》，《文物》，1985年10期，49～54页。《青州傅家北齐画像石补遗》，《文物》，2001年5期，92～93页。

[71] 郑岩：《魏晋南北朝壁画墓研究》，文物出版社，2002年，236～284页。

本文是根据2013年12月13日在山东博物馆主办的"造像碑与佛教艺术学术研讨会"上的发言整理而成。会上中国社会科学院考古研究所李裕群研究员、山东省石刻艺术博物馆的赖非研究馆员等提出很好的意见和建议。在整理过程中，曾与山东大学唐仲明、山东博物馆肖贵田、山东省石刻艺术博物馆孙洋等先生讨论过，受到很多启发，在此诚致谢意。

内容提要

概述潍坊十笏园博物馆藏原名"白描罗汉"碑与烟台市博物馆藏《古佛图轴》的渊源，并以此为该碑正名。

关键词

金农　古佛图轴　"白描罗汉"碑

"世界第一"画与"白描罗汉"碑

文／迟延璋　王申波　山东省文物保护与收藏协会

　　烟台市博物馆藏有一幅"扬州八怪"之一金农所作《古佛图轴》（图一）。该图轴曾为黄县丁氏旧藏，20世纪60年代归藏于烟台市博物馆。

　　《古佛图轴》绢本设色，纵117厘米，横47.2厘米。画面绘释迦牟尼佛像，正面全身，黑发，头顶留肉髻，身着红色袈裟，一臂坦露，拱手伫立。面部以铁线描勾出，遒劲有力；双耳垂肩，双眉呈半月形，眼目低垂，鼻翼挺阔，唇口闭敛微翘；袈裟的衣纹，以枯笔绉折画法勾勒，线条疏爽，势若风动，好似掸却世间的尘埃。释迦牟尼像两侧有长篇题记。右边题记为："十五年前曾为援鹑居士写金刚经一卷，居士刻之枣木，精装千本，善施天下名胜禅林，与伐那婆斯尊者贝叶之书争光也。即外域遐方，若高丽，若日本，若暹罗，若琉球，若安南诸国，以及小瓊岛、大西洋皆附，海舶远行，散布之地，无不知中华有心出家盦粥饭僧之柔翰矣。今年又画佛，画菩萨，画罗汉，将俟世之信心敬俸者，锓摹上石，一如写经之流传云。七十四叟杭郡金农记。"凡共146字，下钤"冬心先生"朱文印章。释迦牟尼像左侧题记为"七池无狂华，双树无暴禽，中有道场精进林。雪山白牛日食草，其粪合香为佛宝，以此涂地香不了。长者居士与导师，各具智慧千人俱，多乐少苦功德施。童男扫墠复洗墠，墠内舍利一百八，清净耳闻诸天乐。昔传佛在狮子城说法，无量度众生，能使荆棘柔软沙砾咸光明。古佛颂苏伐罗吉苏伐罗越日又书于扬州僧舍。"凡共124字，下钤"金吉金印"朱文印章。画面两则题记的书体应是金农独创的风格奇特的"漆书"。其楷隶相参，棱角分明，点画浓重，笔墨醇厚，极具金石篆刻之气，更显厚重淳古。整幅画面，敷设淡彩，人物形象丰腴圆润，神态安详而端庄，微垂的双目则更显释迦牟尼佛的灵透与肃穆。此画为金农晚年有代表性的作品，堪称书画双绝，民国时期著名的文物鉴赏大家张伯驹先生曾将此画誉为"世界第一"。此画轴左侧裱处还竖题"庚申十月山阴何澍拜观于十笏山房"，下钤"何澍印"白文印章、"仲起"朱文印章（图一）。

　　金农（1687～1763年），字寿门，号冬心，被称为"扬州八怪"之首。其博学多才，书法根底深厚，精篆刻，绘画题材广泛。诗书画式式精益，为世人所重。金农的画作常常有大段题识。观此《古佛图轴》，其题识分左右两部分，左边的"古佛颂"，为画作完成后隔日又题，似有意犹未尽之意。题识中所提"扬州僧舍"即扬州西方寺，为金农晚年寓居之所。在右边的题记中，流露出将此画"锓摹上石"，广为传播，"喜施天下

图一 古佛图轴

名胜禅林"的强烈愿望。同类题材作品，金农所作不止一件，据相关资料，天津历史博物馆亦藏有一幅。

金农老年擅画诸佛，其与佛相关的别号就有心出家盦粥饭僧、冬心居士、昔耶居士、莲身居士、金吉金、苏伐罗吉苏伐罗等，这其中既有金农对佛教的虔诚信仰，对自己作品的强烈自信，此外题诗作画为稻粱也是原因之一。

金农博学多才却一生坎坷，50岁以后寓居扬州以卖画为生。起初"四方求索如云，得之珍同拱璧"，故而卖画所得"岁计千金，随手散去"。然而这个冠绝一时的大画家当年迈力衰之际，其遭遇却甚凄楚，饱尝了艰辛、冷寂、穷困之苦。当时，扬州书画界的竞争非常激烈。据《扬州画舫录》记载，集中在扬州的名画家就有八十余人，对金农的书画识者求索的可能已满足，而世俗对金农的艺术又不能理解，故其书画的销售已很困难。有时，他的书画竟"和葱和蒜卖街头"，甚至以自己所藏陈老莲《庐同煎茶图》易米为生，只能寄居于西方寺中。金农初进西方寺时，尚能"寄食僧厨"，无衣食之虞。后来随着寺庙的颓坍，僧人的离去，西方寺出现了"无佛又无僧，空堂一盏灯……此间和所有？池上鹤窥冰。"的凄楚景象，以至于金农"月夜画梅鹤在侧，鹤舞一会清人魂。画梅乞米寻常事，却少高流送米至。我竟常饥鹤缺粮，携鹤且抱梅花睡"。正是在极度的贫困与失意中，这位志存高远、才华横溢的一代大师在创作完这幅《古佛图轴》两年以后于西方寺中结束了其命运多舛的一生。

在金农逝世一百多年以后的光绪年间，在一个北方小城，一个年轻人将此画"镂摹上石"，了却了金农的心愿。这就是现立于潍坊市十笏园假山之上蔚秀亭中的"白描罗汉"碑。此碑尺寸与原画像若，整体布局一如其旧，只是将原画中佛像的黑发改为螺髻形发式，并于碑刻的右下方加刻一个"古平寿丁毓庚敬刊"的长条印记。这一印记传递的信息使我们明了，丁毓庚及其潍县丁氏家族与金农的《古佛图轴》的收藏、流传有着密切的关系。

丁毓庚（1869～1924年），字星甫，是十笏园主人丁善宝的嗣子。十笏园为融南北建筑于一体的袖珍园林，现为国家一级文物保护单位。丁善宝于1885年始建十笏园，1886年建成。"白描罗汉碑"应当在此时或稍后刻制完成。潍县丁氏是海州丁氏后裔，自明代迁入，经几代人励精图治，至清代中期，已成潍县首富。 与此同时，同为海州丁氏后裔的黄县丁氏也因经商而快速致富，不仅置有大量的房屋、土地等不动产，而且以雄厚的财力收藏了大量的古董珍玩。潍县丁氏与黄县丁氏同祖同宗，均富甲一方，且居住地相去不远，两家互有往来应是情理之中的事。烟台市博物馆有同志认为《古佛图轴》原为潍县丁家收藏，后辗转流入黄县丁家，不知依据为何。如若仅因为图轴左侧裱处题记，即下此结论则有欠妥。因丁家园林——十笏园，除内中有"十笏草堂"称谓外，其他并无"十笏山房"名称者。"十笏山房"称谓者当时有多处，如江浙地区、四川、北京等都有。"山阴"应是今浙江绍兴一带，故而此题记中所谓"十笏山房"为浙江地区者似更妥。

虽不知丁毓庚是因自家收藏得阅，抑或是在黄县丁家鉴赏，最终丁毓庚以雄厚的财力为依托、以一百多年前的金农的原作为蓝本刻渤的这方碑，成为十笏园中有代表性的碑刻之一。但不知为何此碑却被后人误称"白描罗汉"碑。既然金农的画作，刻画的是佛的形象，那么，以此为蓝本摹渤刻制的石碑再沿用"白描罗汉"碑这一俗称就有不妥之处了。

两百多年的风风雨雨，画犹在；一个世纪的时代变迁，碑依旧。画碑遥相呼应，依然在诉说着一代书画大师的才华横溢和多舛人生；见证着一个名门望族的兴盛和衰落；展示着文化与艺术的永恒魅力。

试论山东地区北朝单体石造像的类型与渊源

文／唐仲明　山东大学历史文化学院

文／王宁　济南实验初级中学

内容提要

本文以山东地区的北朝单体石造像为研究对象，在前人研究的基础上，将单体石造像重新划分为碑碣式造像（造像碑）、背屏式造像、圆雕造像三大类型。根据各类造像的年代及分布地域，发现碑碣式造像（造像碑）受河南影响，背屏式造像受河北影响的可能性比较大。而圆雕造像则兼有本地余绪和外来影响（河北和南朝）的两个源头。

关键词

造像碑　背屏式造像　圆雕造像　渊源

一　缘　起

根据现有文献，学界一般推定大概在公历纪元前后，佛教开始传入中原汉族地区，以长安、洛阳为中心，波及彭城（徐州）等地。徐州地近山东，其地在东汉有楚王英好浮屠，三国时又有笮融大起浮屠。从考古材料来看，江苏连云港孔望山佛教摩崖刻像初步证实也属于东汉时期。从早期佛教对山东的影响来说，在山东沂南和滕州的汉画像石上即有佛教形象出现[1]，当然，这时的佛教形象还不是后世所见的成熟的佛教造像，只是对早期佛教信仰的一种"符号化"表现。从这些表现来看，山东地区很早就受到了佛教的熏陶，这也为魏晋南北朝时期山东佛教的发展埋下了伏笔。

至魏晋时期，随着统治阶层对佛教了解和接受程度的不断加深，佛教迎来了第一个大发展的时期。山东自然不会置身事外，佛教信仰高涨的一个表现就是开窟造像。按照复旦大学张伟然教授的统计，在魏晋南北朝时期，山东的45个县市都有佛教的相关遗存，在当时全国范围内是最多的[2]。但他是按照历代金石志做的统计，这些记载有些是刻经，有些造像记尚不能通过考古材料得到证实。但从他的研究中我们可以看出，山东地区佛教造像艺术的发达程度。

在南北朝时期，山东地区开窟（包括摩崖造像）的比例相对较低，大量的佛事活动是制作单体造像。所谓单体造像，即是供养在寺院、村镇附近或家庭中的，表现与佛教信仰有关形象的、材质不一的独立雕塑作品。根据现在的调查和发表的简报可知，山东地区北朝单体造像遗存数量不少，没有发表的数量肯定更多[3]。

山东北朝单体造像从质地上来说，有金铜和石质两大类。本文以山东地区现存的北朝石质单体造像为主要研究对象，就其类型、分布、源流等问题做一初步分析，抛砖引玉，就教各位方家[4]。

二　研究简史

纵观山东地区北朝单体石造像的发现与研究，可以分为三个阶段：

（一）1949 年以前

早期我国的金石学著作以著录造像发愿文为主，在著录过程中并没有区分单体造像和摩崖造像，因此其学术价值不高。具有一定考古意义的调查记录工作主要由外国人开展，如法国的沙畹[5]，瑞典的喜龙仁[6]，日本的大村西崖[7]、常盘大定、关野贞[8]等。在他们的著作中，散见一些对出自山东的单体石造像的文字与图片记录。这些记录为我们展现了山东北朝单体石造像的早期保存状态，是难得的珍贵史料。但从学术研究的角度来看，它们仍存在着记录不详细，图片不清晰，缺少尺寸、线图、造像发愿文拓片等诸多问题。

（二）1949～1979 年

1949 年以后，随着我国各项事业走上正轨，文物保护与研究工作也随着社会主义建设的蓬勃开展而发展起来。各地的文物管理机构纷纷成立，文博工作者开始把目光投向山东境内和博物馆收藏的单体石造像，并陆续刊发了一些介绍文章。如对广饶、博兴二县北朝石造像的介绍[9]，对山东省博物馆藏两身造像的介绍[10]，对原存临淄龙泉寺现藏青岛的四身北魏造像的介绍等[11]。尽管这一时期发表的关于单体石造像的文章数量开始增加，但在具体内容上仍然存在一定的不足，如介绍过于简略，仅仅配发了照片而没有实测线描图，由于印刷的原因导致照片细节模糊，在部分题材、内容的判断上也存在着问题。

（三）1979 年至今

1979 年以后，在山东地区陆续发现了多批单体石造像的窖藏，如 20 世纪 70 年代以来博兴县的多批发现[12]，1984 年临朐明道寺舍利塔地宫窖藏的发现[13]，1988 - 1990 年诸城体育场窖藏的发现[14]，1996 年青州龙兴寺窖藏的发现[15]， 2003 年济南县西巷地宫及窖藏的发现[16]等等。各地文博管理机构在开展田野考古发掘工作的同时，集中收藏了不少原来散存在各处的单体造像，使得各地文博管理机构馆藏单体石造像的数量呈现暴发式的增长。特别是临朐明道寺窖藏、诸城体育场窖藏、青州龙兴寺窖藏的发现，引起了国内外学术界的极大反响，掀起了一股研究青州造像的热潮，并有大量的研究文章面世。与此同时，随着关于山东地区单体石造像的调查简报不断面世，相关研究文章不断出现，使得山东单体石造像的研究持续向深入发展。遗憾的是，截至目前，山东境内发现的多批佛像窖藏均未出版正式的考古报告，在一定程度上制约了研究的进一步拓展。

三　类型分析

（一）前人的研究与分类

关于单体石造像的类型，许多先生做过类型划分，如李静杰就曾将单体石造像分为造像碑、背屏式造像、圆雕造像和造像塔四种基本类型[17]。王景荃将佛教造像分为背屏式造像、造像碑、单体造像三大类[18]。罗宏才将造像碑分为"扁体碑形"体造像碑和"四面体柱状"造像碑两大类，其中"扁体碑形"造像碑下又分为螭首有碑额式、圆首无碑额式、方首无碑额式、圭首无碑额式；"四面体柱状"造像碑分为有顶盖和无顶盖两式[19]。王静芬沿用了西方学者对于中国造像碑的传统分类方法，分为长方形石碑和大型三尊像或在叶形背光前高凸浮雕的单个佛像两大类[20]。在后文研究山西地区的造像碑时，她又根据造像碑的不同表现及功能，将之分为四面像碑、纪念性复式造像碑、丧葬类型的佛教造像碑[21]。

（二）本文的分类标准与目的

上述分类或针对较大范围内的单体石造像，如李静杰和王静芬的研究；或集中于某一地区，重视个案研究，如王景荃、罗宏才的研究。具体到山东地区的单体石造像，馆藏及出土的数量较大，历年来的研究也不少，但在其基本的分类与定名上，还存在着一定的混乱，不利于研究的深入。鉴于这种情况，笔者根据目前掌握的材料，借鉴前人的分类成果，结合单体石造像的基本形态，试将山东地区的单体石佛像分为碑碣式造像、背屏式造像、圆雕造像三类。

由于相当部分的单体石造像有明确纪年，因此，传统意义上类型学的主要功能之一——分期与年代判断不再占据主要位置。本文所划分的类型，也不是通常意义上考古学类型学中型和式的区分，而是较为广义上的单体石造像的类型分析[22]，或者可以称为类别。

（三）类型分析

1. 碑碣式造像（造像碑）

所谓碑碣式造像，是指其表现样式为扁长方体（碑形），或四面柱式（柱形），在其四面或一面开凿龛像的单体石造像。其造像多雕于龛内，整体并不凸出于碑面。碑碣式造像又可进一步细分为四面柱式造像碑和扁体式造像碑两个亚型。四面柱式平面基本呈方形，多四面均开龛。扁体式平面呈长方形，一般正面开龛雕像，背面线刻图像或刻发愿文。扁体式造像碑更接近我国传统的汉碑形式。在扁体造像碑中又有刻经碑这一特殊的变体，即碑体一面或两面刻写佛经经文，在碑头部分雕刻小造像龛。本文的碑碣式造像就是过去学术界通常所说的造像碑，考虑到行文的照应及符合学术界的传统，后文一律称为造像碑。

2. 背屏式造像

所谓背屏式造像，是指一铺造像背后的头光与身光处理成平面呈桃形或圭形的一个整体，在其上雕刻出高浮雕的主尊造像、胁侍造像以及浅浮雕或线刻飞天、供养人（僧）及头光身光的各圈纹饰，雕饰繁缛、华丽。背屏式造像的背屏有厚有薄，厚的厚至1米以上，薄的不过三四厘米，差距很大。过去，对于背屏较厚的这类造像，多认定为造像碑。笔者认为确定背屏式造像的主要标准应该是看造像的凸出程度，只要是造像凸出于整个背屏（碑）表面的，即可认定为背屏式造像。第二，背屏式造像均为正面雕刻一铺造像，无论是一铺一身还是一铺多身，主次很容易区分。第三，背屏上多以浅浮雕或线刻形式表

现出背光、头光、飞天、弟子、供养人等形象。

3. 圆雕造像

所谓圆雕造像，即以整体表现的形式将造像前后左右上下均雕刻出来的三维立体雕像，这类造像基本以单尊形式出现，造像下部有插榫与台座（莲座）相连。以山东地区目前出土圆雕造像来看，造像均与台座分离，台座可能单独埋藏，从而造成这类造像缺乏纪年材料支持的尴尬现状。

四　分布与渊源

（一）分布及时代变化

1. 分布

从目前发表的材料来看，造像碑（包括刻经碑）多分布在鲁中及鲁南地区（图一）。鲁中地区有博兴张官大队出土武定五年造像碑[23]。鲁南地区有鄄城县文管所藏四件造像碑[24]，临沂博物馆藏造像碑一批[25]，阳谷县关庄出土一件北魏晚期造像碑[26]。汶上县博物馆藏一件北齐《文殊般若波罗蜜经》碑[27]，巨野文管所藏一件北齐河清三年《华严经》碑[28]等。

背屏式造像多分布在以青州为中心的鲁中、鲁东部地区，鲁西不见（图二）。鲁中地区有青州龙兴寺出土的大量背屏式造像碑，其中五件有纪年[29]。除龙兴寺窖藏集中出土以外，在青州市内还出土过至少三批背屏式造像，如1994年在青州市酒厂工地出土的一件彩绘背屏式造像[30]；青州市黄楼镇迟家庄兴国寺故址出土的四件背屏式造像及残件，其中二残件上分别有天平四年和武定二年的题记[31]。2002年青州市政府西侧工地出土一件背屏式三身像的残件及一件圆雕佛像、一件圆雕菩萨像[32]。临朐明道寺窖藏出土造像300余尊，背屏式与圆雕造像各占一半[33]。博兴出土的有般若寺村北的正光六年王世和等背屏式造像[34]，兴益造像、瞳子造像、一佛二菩萨像[35]，于敬邕造像及一批背屏式造像残件[36]。广饶县东营历史博物馆馆藏6件大型背屏式造像，其中一件推断为东魏天平四年造[37]。寿光市纪台镇东方村龙兴寺遗址出土造像背屏式造像残菩萨一件，背屏式残块一宗[38]。安丘市红沙沟镇郚城遗址出土背屏式造像残菩萨二身，镂空背屏式背光上部一件[39]。惠民县惠民镇沙河杨村出土一批背屏式造像，计有东魏纪年造像三件、北齐纪年造像四件，另有无纪年背屏式造像三件，背屏残件五件[40]。昌邑市塔尔堡镇高阳村保垛寺故址出土造像一批，其中背屏式造像残件8件，1件有东魏兴和二年纪年[41]。阳信文化馆收藏的武定五年背屏式造像[42]，无棣县水湾公社于何庵大队一次出土七件背屏式白石造像，四件有北齐纪年[43]。1976年高青县出土的一批造像中，有背屏式造像四件，其中两件有纪年（东魏武定四年和北齐武平五年），一件为背屏式造

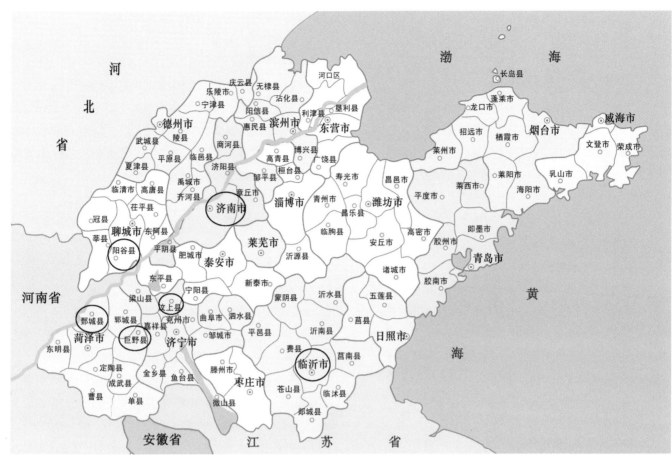

图一　山东造像碑分布图

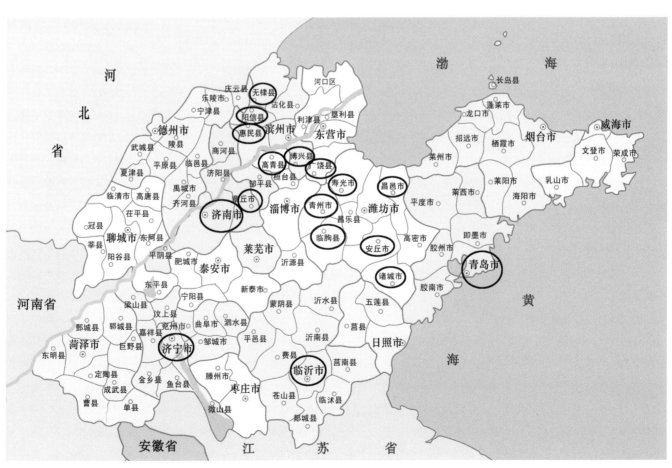

图二　山东背屏式造像分布图

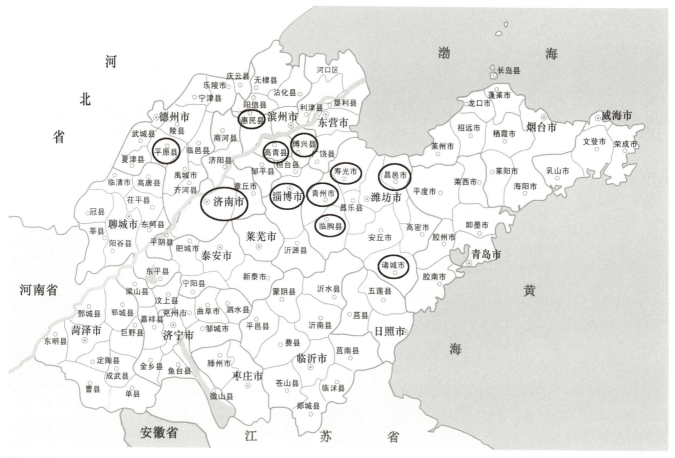

图三　山东圆雕造像分布图

像残存的左胁侍菩萨[44]。章丘发现一件东魏兴和三年背屏式造像[45]，济宁市博物馆所藏两件北朝晚期背屏式造像[46]，分别有北魏太延五年和北齐武平二年的纪年。青岛征集的一件北魏正光二年背屏式造像[47]。

圆雕造像则多出现在鲁中和鲁东地区，如青州、诸城、济南等地（图三）。青州市有青州龙兴寺出土一大批圆雕佛像和菩萨像，另有至少一批零散出土的圆雕造像，有菩萨像和佛像各一件，均彩绘[48]。博兴出土三件北齐圆雕大像[49]，另有圆雕菩萨像、佛像等。寿光市纪台镇东方村龙兴寺遗址出土造像残件一批，以圆雕佛头像为主。惠民县惠民镇沙河杨村出土两件圆雕石灰岩造像。昌邑市塔尔堡镇高阳村保垵寺故址出土圆雕佛像 7 件，质地有石灰岩和白石两种。平原县坊子乡东高村出土一身圆雕天保七年太子思惟像[50]。临朐明道寺出土圆雕造像一百多件。此外，临朐县博物馆还征集了一批佛教造像，其中圆雕造像 10 余件[51]。高青县出土造像中，有佛头像两件，可能为圆雕造像的遗存。

2. 时代变化

从纪年造像所反映的时间上来看，造像碑多为北魏中晚期，从造像碑的基础上发展起来的刻经碑则是北齐时期的。背屏式造像多在北魏晚期到东魏、北齐时期。其中大型背屏式造像多

为北魏晚期到东魏时期，如青州龙兴寺所出造像；小型背屏式造像，均为曲阳风格，则涵盖东魏和北齐时期。圆雕式造像因与造像座分离，没有纪年，但从造像样式上来分析，当为东魏到北齐时期的造像。

概言之，北魏中晚期，三种造像类型造像碑、背屏式造像、圆雕造像均出现并流行于各地。东魏时期，延续了北魏中晚期的传统，三种类型都有发现。北齐时期，出现了造像碑的变体——刻经碑，传统型造像碑不见。背屏式造像以小型为主，样式则为曲阳风格，山东本地的大型背屏式造像消失。圆雕造像数量大增，基本占据了单体造像的主流。是为一个明显的变化。

（二）各类造像的形制渊源

造像碑多分布在鲁中、南地区，而以鲁南地区为多。以博兴为例，背屏式造像、圆雕造像占绝对多数，造像碑只有武定五年造像碑和兴国寺故址四面碑两件。而临沂博物馆现藏北朝单体造像，则以造像碑为多数。其他如阳谷、汶上、郓城、巨野等地所出，皆为造像碑。因此，从地域上看，越接近河南的鲁西南地区，造像碑占比越多，因此其样式应当在一定程度上受到了河南北朝造像碑的影响[52]。

小型背屏式造像，皆为白石造像，因为这类石质山东地区

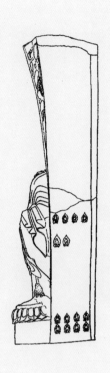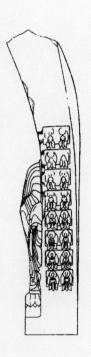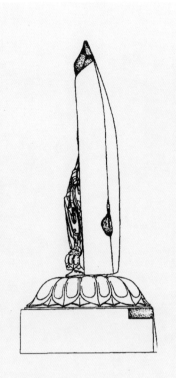

图四　广饶背屏式造像发展演变图
左：广饶皆公寺造像　　中：广饶张淡造像（孝昌三年，527年）　　右：广饶永宁寺造像（天平四年，537年）

不见，加上造像呈现典型的曲阳样式，那么它们很可能是直接自河北地区输入。从博兴发表的造像题记上来看，有的标有明确的地望"乐陵县人"[53]，似不能排除山东人通过某种渠道从河北订制的可能性。

　　大型背屏式造像的出现，受外来影响的可能性比较大。山东地区北魏时期不流行背屏式造像，从鲁中所见多身圆雕丈八佛可见一斑。北魏末至东魏时，开始出现背屏式造像，其体量都较大，通高1米多至2米，可能是丈八佛的余绪。前文提到小型背屏式造像可能是从河北地区直接输入，那么大型背屏式造像受到河北影响的可能性也是存在的。目前山东发现的最早的背屏式造像是正光六年的王世和造像，其时代要远远晚于河北地区的背屏式造像，如北魏太平真君五年朱业微造像[54]。梳理广饶几件背屏式造像的样式，似乎可以看到背屏式造像的背屏从厚向薄发展的一个变化趋势（图四）。或者可以这样说，山东地区背屏式造像可能就是在外来因素的影响下，自主发展起来的。

　　圆雕造像的发展，可能受到多方面因素的影响。一方面是山东本地的因循。山东北魏晚期有造圆雕大像的传统，即丈八佛。但到东魏北齐时，圆雕造像数量呈现爆发式增长，究其原因，可能是受到了外来影响的刺激，新风尚新样式的流行。这一点，在此时期山东造像样式上与前期的截然不同也可见一斑。有学者认为，其可能是受到了南朝，甚至是域外新样式的影响[55]。从目前发现的材料来看，西安地区在北周时期也流行圆雕大像，那么从印度传来的新风，有可能从东、西两个方向影响到了山东地区。

注 释

[1] 俞伟超：《东汉佛教图像考》，《文物》，1980年5期，68～77页。

[2] 张伟然：《南北朝时期的佛教文化区域》，载周振鹤主编：《中国历史文化区域研究》，复旦大学出版社，1997年，82～104页。

[3] 山东省博物馆肖贵田先生主持的"山东佛教造像碑调查"项目对此有更为详细和精确的统计。本文仅以公开发表的简报和本人的部分调查材料为依据，疏漏很多，敬请谅解。

[4] 相比石造像而言，山东地区金铜造像发现的地点和出土数量都要少得多。主要发现的地点有鲁中的博兴、惠民，鲁东的诸城、莱州，鲁中南的曲阜、邹城、枣庄等地。有关金铜造像的情况，容另文讨论。

[5] Edonard Chavannes, Mission Archeologique dans la Chine Septentrionale, Paris:E. Leroux, 1913–15.

[6] Osvald Siren, Chinese Sculpture: from the 5th to the 14th Century, Orchid Press, 2006.

[7] 大村西崖：《支那美术史雕塑篇》，国书刊行会，昭和四十七年（1972年）。

[8] 常盘大定、关野贞：《支那佛教史迹》，佛教史迹研究会，大正十四年（1925年）—昭和二年（1927年）。

[9] 王思礼：《山东省广饶、博兴二县的北朝石造像》，《文物参考资料》，1958年4期，41～43页。

[10] 山东省博物馆：《北魏正光六年张宝珠等造像》，《文物》，1961年12期，52页；山东省博物馆：《东魏武定二年路文助造像》，《文物》，1961年12期，53页。

[11] 时桂山：《青岛的四尊北魏造像》，《文物》，1963年1期，65页；孙善德：《对青岛的四尊北魏造像一文的补充意见》，《文物》，1964年9期，56页。

[12] 常叙政、李少南：《山东省博兴县出土一批北朝造像》，《文物》，1983年7期，38～44页；博兴县文管所《山东博兴县出土北朝造像等佛教遗物》，《考古》，1997年7期，27～34页。

[13] 临朐县博物馆：《山东临朐明道寺舍利塔地宫佛教造像清理简报》，《文物》，2002年9期，64～83页。

[14] 诸城市博物馆：《山东诸城发现北朝造像》，《考古》，1990年8期，717～726页；杜在忠、韩岗：《山东诸城佛教石造像》，《考古学报》，1994年2期，231～261页。

[15] 青州市博物馆：《青州龙兴寺佛教造像窖藏清理简报》，《文物》，1998年3期，4～15页。

[16] 高继习：《济南县西巷佛教地宫初论》，香港大学饶宗颐学术馆，2010年。

[17] 李静杰：《佛教造像碑》，《敦煌学辑刊》，1998年1期，81～86页。

[18] 王景荃主编：《河南佛教石刻造像》，大象出版社，6页。

[19] 罗宏才：《中国佛道造像碑研究——以关中地区为考察中心》，上海大学出版社，2008年，116～127页。

[20] 王静芬著，毛秋瑾译：《中国石碑——一种象征形式在佛教传入之前与之后的运用》，商务印书馆，2011年，13页。

[21] 见前揭王静芬书，129～146页。

[22] 李静杰已经做过非常详尽的关于北朝造像碑的考古类型学分析，参见李静杰：《佛教造像碑的分期与分区》，《佛学研究》，1997年，34～51页。

[23] 见前揭常叙政、李少南文。

[24] 路明：《山东鄄城发现一批北朝造像残碑》，《文物资料丛刊》，第10辑，194～196页。路维民：《鄄城县文物管理所收藏四块北齐造像残碑》，载刘凤君、李洪波主编：《四门塔阿閦佛与山东佛像艺术研究》，中国文史出版社，2005年，289～295页。

[25] 材料未发表，具体数量不详。

[26] 聊城地区博物馆：《山东阳谷县关庄出土北朝造像碑》，《考古》，1987年1期，92页。

[27] 胡广跃：《山东汶上水牛山北朝佛教遗迹调查与研究》，载中国古迹遗址保护协会石窟专业委员会、龙门石窟研究院编：《石窟寺研究》第二辑，文物出版社，2011年，34～41页。

[28] 周建军、徐海燕：《山东巨野石佛寺北齐造像刊经碑》，《文物》，1997年3期，69～72页。

[29] 参见前揭青州市博物馆简报及青州市博物馆编：《青州龙兴寺佛教造像艺术》，山东美术出版社，1999年。

［30］青州市博物馆：《山东青州发现北魏彩绘造像》，《文物》，1996年5期，68页。

［31］夏名采、庄明军：《山东青州兴国寺故址出土石造像》，《文物》，1996年5期，59～67页。

［32］青州博物馆：《山东青州出土北朝石刻造像》，《文物》，2005年4期，88～92页。

［33］参见前揭临朐县博物馆简报。山东临朐山旺古生物化石博物馆：《临朐佛教造像艺术》，科学出版社，2010年。由于临朐明道寺造像尚未出版正式报告，许多残块尚未拼对完成，造像具体数量不详。

［34］参见前揭王思礼文。

［35］参见前揭常叙政、李少南文。原文将这三件均称为造像碑，按本文分类，归入背屏式造像。

［36］参见前揭博兴县文物管理所文。博兴县博物馆馆藏背屏式造像残件不少于10件，未全部发表。

［37］赵正强：《山东广饶佛教石造像》，《文物》，1996年12期，75～83页。

［38］富德杰、袁庆华：《山东寿光龙兴寺遗址出土北朝至隋佛教石造像》，《文物》，2008年9期，65～70页。

［39］刘冠军：《安丘市博物馆藏北朝佛教石造像》，《文物》，2008年10期，92～94页。

［40］惠民县文物事业管理处：《山东惠民出土一批北朝佛教造像》，《文物》，1999年6期，70～81页。

［41］王君卫：《山东昌邑保埃寺故址出土石造像》，《文物》，1999年6期，82～81页。

［42］常叙政、刘少伯：《山东阳信县征集一件东魏佛像》，《考古》1985年11期，1046～1047页。

［43］惠民地区文物管理组：《山东无棣出土北齐造像》，《文物》，1983年7期，45～47页。

［44］常叙政、于丰华：《山东省高青县出土佛教造像》，《文物》1987年4期，31～35页。

［45］宁荫堂：《山东章丘市发现东魏石造像》，《考古》，1996年3期，93页。

［46］济宁市博物馆：《三尊佛造像》，《文物天地》，1986年6期，23页。

［47］孙善德：《青岛市新征集一件北魏石造像》，《文物》，1985年1期，47页。

［48］夏名采、刘华国、杨华胜：《山东青州出土两件彩绘石造像》，《文物》，1997年02期，80～81页。

［49］博兴博物馆展出，资料未发表。

［50］张立明、蔡连国：《山东平原出土北齐天保七年石造像》，《文物》，2009年8期，69～71页。

［51］官德杰：《临朐县博物馆收藏的一批北朝造像》，《文物》，2002年9期，84～92页。

［52］关于河南北朝造像碑的情况，可参见王景荃前揭书，6～19页。

［53］博兴县文物管理所：《山东博兴县出土北朝造像等佛教遗物》，《考古》，1997年7期，27～34页。

［54］刘建华：《河北蔚县北魏太平真君五年朱业微石造像》，《考古》，1989年9期，807～810页。

［55］姚崇新：《青州北齐石造像再考察》，《艺术史研究》，第7辑，309～342页。

青州市博物馆馆藏北朝碑式造像

文／王丽媛　李亮亮　青州市博物馆

内容提要

青州市博物馆所藏北朝时期佛教造像中有一类碑式造像特征较为突出，且占有一定的数量，可细分为两类三式。第一类是柱状碑式造像，第二类是扁平状碑式造像。柱状碑式造像又见两种形式，一种为规则的方柱形四面造像，另一种形制为六边形，四面有造像，一面有铭文。第二类为扁平状造像，均为背屏式。从造像的内容来看，基本上与这一时期古青州地区其他造像一致；从艺术特色和表现手法看，与龙兴寺造像存在一定的联系，尤其是背屏式的碑式造像，与龙兴寺背屏造像特征极为接近，但在细节方面也存在一定的差异。经过仔细地辨认和识别，我们在造像背面、侧面发现了大量的线刻佛像及题记，为我们下一步的研究工作提供了方向和思路。

关键词

北朝时期　柱状碑式造像　扁平状碑式造像

佛教造像是青州市博物馆馆藏文物中较为丰富的一类。其中最有名的莫过于青州龙兴寺佛教窖藏造像，以这批造像确立的"青州风格"一直是学术界关注的焦点。长期以来，相关研究著述不断，积累了丰富的成果。除了龙兴寺窖藏佛教造像外，青州市博物馆还有一批其他类型的造像，与龙兴寺窖藏造像相比关注度较低，相关研究成果较少。但是从古青州地区佛教研究，尤其是南北朝时期佛教和佛教艺术研究的角度来说，这批资料的重要性并不亚于龙兴寺造像。在这批资料当中，碑式造像的特征较为突出，且占有一定的数量，从细节方面还能找到与龙兴寺造像相类似的地方，对于"青州风格"的形成和传播也是极好的补充。

青州市博物馆馆藏北朝时期碑式造像可分为两种类型，一类是柱状碑式造像，一类是扁平状碑式造像。

一　柱状碑式造像又见两种形式

第一式为四面造像，编号445，青州市高柳镇南石塔村出土。该造像每面高浮雕佛像一尊，碑身下部残缺，高度仅存146厘米，每面宽度基本相同，约60厘米。

第一面为一立佛（图一），残高92厘米。肉髻低矮，五官破坏严重，不能辨识；佛像内着僧祇支，胸前结带，下着长裙。外着双领下垂式袈裟，右领襟甩搭左臂。衣裙下摆外侈。手施无畏、与愿印。腿部以下残缺。内凹桃形背光。头光分三层，最内侧为双重莲瓣纹，莲瓣外为放射状光环，最外侧为忍冬纹环。

第二面为一立佛（图二），位于残碑的上部，通高70厘米。佛像磨光高肉髻，面部残缺。内着僧祇支，胸前结带，下着长裙。外着双领下垂式袈裟，右领襟甩搭左臂。衣裙下摆外侈。手施无畏、与愿印。跣足立于覆莲台座之上。饰舟形背光，重环身光，最外侧为束莲。头光分三层，最内侧为双重莲瓣纹，莲瓣外为同心圆，最外侧为莲花忍冬纹环。佛像左侧残留一莲花化生形象，头顶一片倒垂的莲叶。

莲座下部为造像题记，多数字漫漶不清，依稀可辨识：像主邓□林□□二年造／像主邓□□□□头□命造／像主邓……／像主邓□之……／……府……张……／……／邓僧□□主邓□□□□面／邓□□□像主邓□□□面／……／……／永进侍佛／石□德命

图一

图二

□……/……/……/……/……

　　第三面为一立佛（图三），胸部以下残缺，残高55厘米。磨光高肉髻，五官残缺。内着僧祇支，胸前结带。外着双领下垂式袈裟，由残缺部分可知右领襟甩搭左臂。手施无畏、与愿印。饰桃形背光，桃形头光，头光外侧一层为忍冬纹。身光为三层，最外层刻束莲纹。背光其他区域内刻火焰纹。桃形背光尖部上方浮雕正面盛开莲花一朵，莲花两侧为化生童子，有头光和背光。莲花下方疑有两只展翅飞翔的鸟。

　　第四面为一立佛（图四），佛下半身残缺，残高105厘米。佛像磨光高肉髻，面部残缺。内着僧祇支，胸前结带。外着双领下垂式袈裟，右领襟甩搭左臂。手施无畏、与愿印。佛像头光分2层，最外侧为忍冬纹。舟形背光上端浮雕一条倒悬龙，龙头在下，龙身向上，龙口中吐出的水柱与佛像头光外侧的忍冬纹带相衔接。龙身右侧残留飞天2身，左侧残留1身，衣裙飘举，姿态轻盈。

　　在舟形造像外侧，左右两角各雕刻佛像一尊，结跏趺坐，饰舟形背光。

　　第二式为邓声闻等六面造像（图五），编号108，青州市高柳镇北马兰村出土。该造像四面有造像，一面有铭文。高162厘米，宽78厘米。

　　造像正面高浮雕坐佛一身，结跏趺坐。面部残缺。着通肩袈裟。头光中心为释迦多宝，最外层饰忍冬纹；身光共有六层，最外层内饰束莲纹。舟形背光上端浮雕一条倒悬龙，龙两侧分别雕刻飞天四身，飞天下方是化佛两尊，化佛下方雕刻供养人两尊，左侧刻有供养人姓名"□□□佛时"。背光外浮雕手执日、月的二天神。佛左手侧立面雕刻两列8行坐佛15尊，着通肩袈裟，背后有圆形头光，界格上有"妻李转"等人名七处（图六），第五行佛像中间界格上有一线刻的站立女供养人像，身着长裙。佛右手侧立面雕刻两列七行坐佛14尊，着通肩袈裟，背后有圆形头光，界格上有"田石头"、"邓声闻"等人名六处。右侧斜面尚有一尊坐佛，凿出桃形身光，线刻三层圆形头光，四层身光。造像背面上部正中为线刻佛像一尊，由于破坏严重，仅能辨别出桃形背光。中部以下为四行56个供养人姓名，可辨认的有李文秀、王文殊、李德进、王林生等。

二　第二类为扁平状造像，均为背屏式。

1. 北魏孝昌三年（527年）邑义造像（图七）

　　该造像通高210、宽125厘米、厚53厘米。原藏朱良镇良孟村重兴寺。造像整体呈圭形。正面高浮雕一铺三身像。佛

图三

图四

图五

图六

图七

图八

居中，头部残缺。内着僧祇支，胸前结带，下着长裙。外着双领下垂式袈裟，右领襟甩搭左臂。衣裙下摆外侈。双手残缺。二胁侍菩萨头部残缺，均着长裙，裙摆外侈。右胁侍菩萨右手、左胁侍菩萨左手均提善锁。佛、菩萨均跣足立于覆莲基座之上。主尊头光均饰重环纹，最内侧为双层莲瓣纹，外侧为忍冬纹；身光饰重环纹，最外侧由束莲纹装饰。主尊与二胁侍菩萨之间的空间内线刻火焰纹。造像舟形背光上端浮雕一条龙，龙头在下，龙尾向上，龙口衔花束，有一小环挂于主尊佛头光最外侧一层。两侧下方各雕刻伎乐飞天三身，穿着轻薄的衣裙，衣带飘举。右侧飞天一身执扇，一身吹竖笛，一身打细腰鼓；左侧飞天一身弹阮咸，一身吹横笛，一身因有残缺乐器不明。造像上端两角雕刻日、月天神半身像，长髻，手托日月，丰面含笑。

造像背面顶部中央线刻坐佛一尊，带身光。右侧飞天一身。下部右侧题记从右至左为（据光绪《益都县图志》记录）：大魏孝昌三年岁次丁未，八月辛卯朔十三日癸卯。

青州齐郡临淄县

夫玄寂渐奥，非枯源能测。大□匿影，则悸根难拔。是以恢廓无方，挺然常湛。咨八浪以荡烦，悕常住之□乐。□□素□自□□□之高，愧一志持神，叩心稽颡。是以邑义六十人等，合率捨琛，尊祇三宝，□造如□□□佛一躯。上乘法理，道凝钟心，莫欲洪，扇玄风，广济群，品普矜，等滋灾。同庆于斯矣。

乃作铭曰：□□□□，□□圣容。隶拯常轨，凝性自邝。湛若无为，万品祇宗。篔稟金兰，玉体神朗。如彼□真，如□□□。□□玄冥，黎庶钦仰。清趣渐广，绝坟陵汉。法理常居，明素自烂。玄□垂海，□测其岸。

线刻坐佛下部为比丘尼姓名，自右至左依次为三名昙字辈、一名僧字辈、一名昙字辈。再左为九名供养人姓名。题记左侧为八行126个供养人姓名，可辨认的有孙银、梁锦、孟文贵、孟平、比丘尼昙空、张金英、王妍、徐润香等。

在佛像正面基座上还残留一处题记（图八）："庆历五年/八月十五日重/塑碑佛三坐/都维那邓明/邓用孟真/孟方张克明齐则/夏禹锡齐忠齐秀/……"记载在北宋庆历五年（公元1046年）八月十五日，"都维那邓明"等四十余人捐资重塑像碑的情况。

2. 北魏永熙二年（533年）佛菩萨三尊像（图九）

高178厘米、宽113厘米、厚50厘米。佛居中，头部残缺。内着僧祇支，胸前结带，下着长裙。外着双领下垂式袈裟，右领襟甩搭左臂。衣裙下摆外侈。双手残缺。头光内侧饰双层莲瓣纹，最外侧为忍冬纹环，重环身光，最外侧为束莲。二胁侍菩萨头部、双手残缺，均着长裙，裙摆外侈。可见左胁侍菩萨右手提善锁。佛、菩萨均跣足立于覆莲基座之上。舟形背光上部浮雕一条龙，龙头在下，龙尾向上。下侧左右各雕刻伎乐飞天三身，龙与六身飞天只见轮廓，面目已被毁。

造像基座正面题记：大魏永熙二年岁次□□□初□日□清□□□……玄妙……为……石像……在者……止为□同斯福。左侧尚有供养人姓名孔周、孔端、邢世等共三行56个。

造像右侧面有三层线刻，皆为一佛二供养人形式。第二层有"□信主□为亡父母造"题刻一处，最底层有"比丘尼普土为父母造像一□"、"□佛□□□□□"题刻两处。

造像左侧面靠近底部刻有一尊佛像，立于莲座之上，有身光。佛像下面有两个供养人，供养人右侧有"□丑春□□□□母□□生存之日青州刺史广陵王政皂服□孔惠恩侍佛时"题记，左侧有"金□"、"惠□侍佛时"题记。

造像背面为礼佛图（图十），靠近底部依次有三层线刻。第一层为一坐佛像，坐于莲座之上，有身光和头光，头光共有5层，着双领下垂式袈裟。第二层共有四尊坐佛，最大一尊位于上一层坐佛之下，其左侧有三名供养人，其余三尊位于

图九

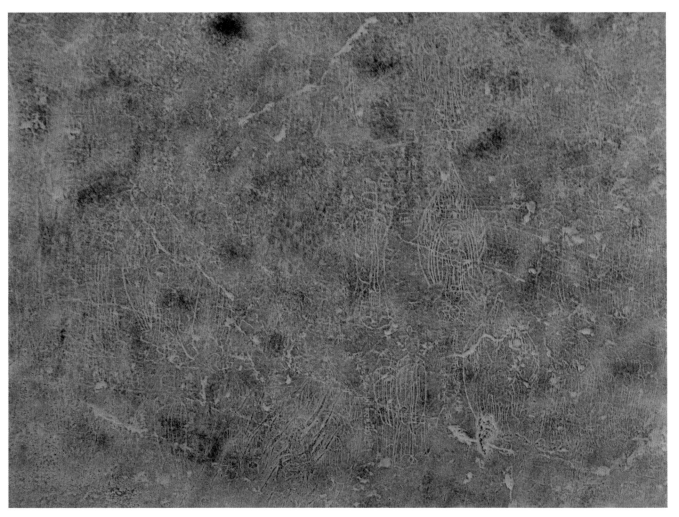

图十

其右侧，各有一名供养人。供养人身边共有"清□□□□□侍佛"、"清□□□侍佛"、"清□□□□□侍佛"等题记三处。第三层共有坐佛三尊，供养人九名，有"清信□孔永为亡父母造像一□□家眷属侍佛"、"比丘僧智□身造像一"、"比丘□□□□□□"、"法信主孔□□□"、"清□□"、"清□□"、"清□□"等题刻七处。

3. 北魏张万岁等佛菩萨三尊像（图十一）

宽 88 厘米，长 152 厘米，厚 21 厘米。东夏石佛寺出土正面原应为一佛二菩萨式造像，依稀可见主尊佛头光，顶部有飞天，右侧飞天有浮雕与线刻两种，惜现已被毁。造像右侧不全，应还有一部分。背面分十一层，各层高浮雕坐佛十一至十三尊，每身佛像高约 10 厘米，共 137 尊，并留有四尊的位置未进行雕刻。有的坐佛右侧刻有供养人姓名，如张万岁像等，共计 117 处。

造像右侧线刻供养坐佛十层 25 尊，并刻有供养人姓名。

4. 北齐临淮王像碑（图十二）

该碑通高 444 厘米，宽 160 厘米，厚 19 厘米。青石质，原碑座已佚，现有碑座为后配。

碑额作半圆形，高 129 厘米，以高浮雕技法刻两条俯首盘旋的巨龙，在两条龙的龙身下方，题额两侧各开一龛，内有坐佛一尊（图十三），着通肩袈裟，有头光，尖形龛

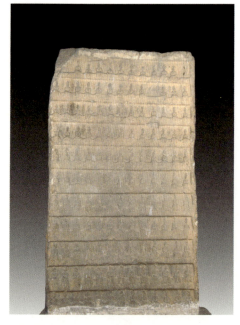

图十一

图十二

图十三

眉饰火焰纹。

中题阳文篆书"司空公青州刺史临淮王像碑"3行12字，字径17厘米，中有界格。碑的正文为隶书，29行，满行158字，原文共1635字。现存1500字。碑阴刻"龙兴之寺"四个大字，字径67厘米，正书，原系唐代李邕书青州龙兴寺寺额，金皇统六年（公元1146）摹刻于碑阴。左方有济南孙愨题跋，已漫漶不清。

以上两类三式共计六件碑式造像基本上涵盖了青州市博物馆藏碑式造像的全部类型。从造像的内容来看，基本上与这一时期古青州地区其他造像相一致；从艺术特色和表现手法看，与龙兴寺造像应当存在一定的联系，尤其是背屏式的碑式造像，与龙兴寺背屏造像特征极为接近，但在细节方面也存在一定的差异。经过仔细地辨认和识别，我们在造像背面、侧面发现了大量的线刻佛像及题记，这些都为我们下一步的研究工作提供了方向和思路。由于笔者水平有限，不足之处还望方家指正。

济南市神通寺遗址2013年考古勘探及发掘简报

内容提要

2013 年 5 月至 12 月，济南市考古研究所对神通寺遗址进行了勘探和发掘，共发现房址 15 座，绝大多数仅存最下部墙体或部分墙基，个别有台基、月台等附属设施。出土较多瓦当、滴水、砖雕构件等器物。这次发现的房址应为现存神通寺遗址的主体建筑，基本遵守了中轴对称的布局设计，中轴线上自南至北共发现 F4、F3、F1、F8、F11、F13 等六座建筑，其中前三者应分别为山门殿、天王殿、大雄宝殿，后三者可能分别为千佛殿（或罗汉殿）、方丈、法堂。F4 西侧之 F5 可能为鼓台（或鼓楼之台基），F1 东南之 F2 应为伽蓝殿、西南之 F15 应为祖师殿，F13 东侧之 F12 可能为其配殿，东南之 F10 可能为其厢房(两者亦可能为文献所载斋廊等建筑的东半部分)。推测现存房址多为明代所建、后又经多次重修。

关键词

神通寺遗址　建筑基址　寺庙布局　明代

文／济南市考古研究所　四门塔文物保护管理所

神通寺遗址位于济南市历城区柳埠镇东北约 2 公里的琨瑞山金舆谷中（图三，4、5），东为青龙山、西为白虎山、北为通天峪和黑风口、南隔锦阳川支流与金牛山相望（图一，1）。

据相关史料，神通寺历史可以追溯至十六国时期，由著名僧人朗公所建，原称朗公寺，是山东地区开创年代最早的一处佛教寺庙，隋文帝时改名神通寺[1]。从文献记载和现存碑刻可知该寺大致经历了十六国北朝、隋唐、宋金、元代、明清等五个兴盛阶段，至民国时彻底废弃，延续时间达 1500 余年[2]。遗址内房屋建筑的地上部分大多已荡然无存，

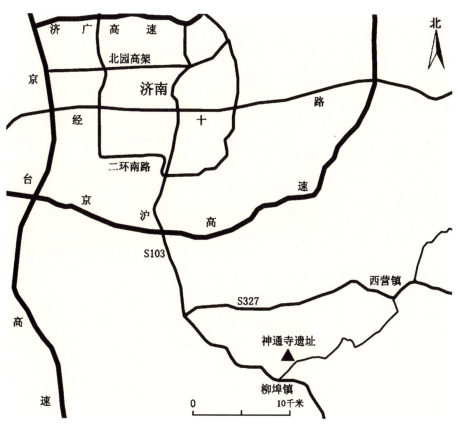

图一　1.神通寺遗址位置图

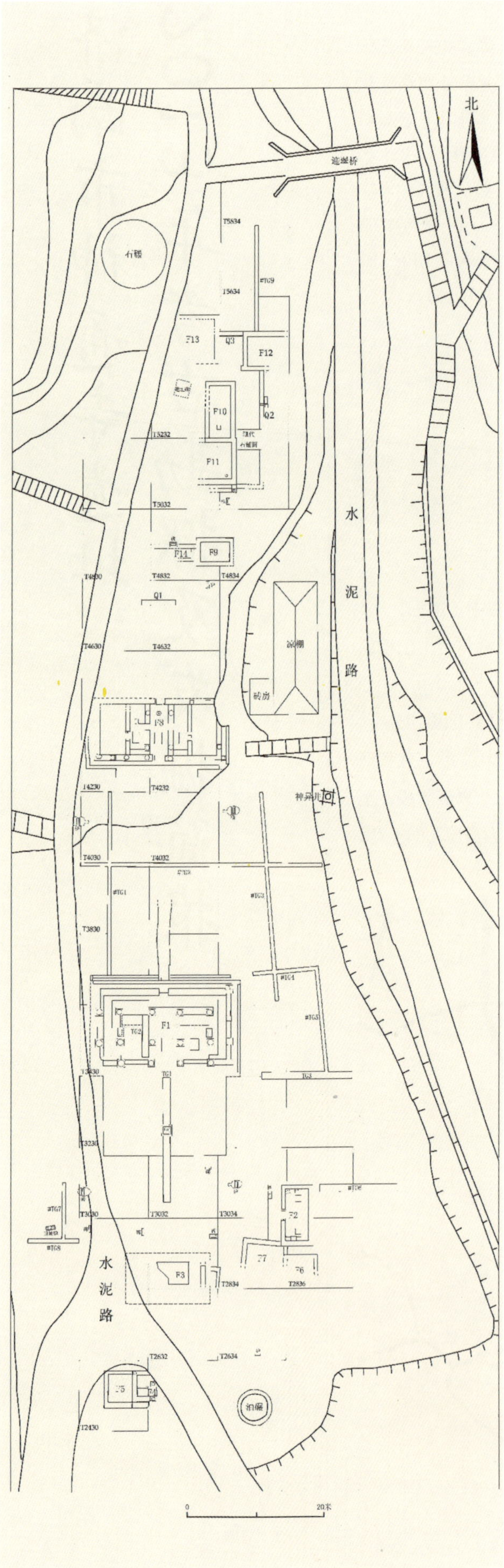

图一　2.神通寺遗址2013年勘探及发掘总平面图

仅残余数根石柱；但尚有诸多隋唐至明清时期的佛塔、造像和碑刻，其中四门塔、龙虎塔、千佛崖造像均为全国重点文物保护单位。

为配合四门塔景区管委会对神通寺遗址的保护、展示规划工作，经国家文物局批准，2013年5月至12月，济南市考古研究所和四门塔文物保护管理所联合组队对遗址中部进行了勘探和发掘[3]。具体工作范围北至迎翠桥、南至断崖、东至断崖、西至水泥路（局部至白虎山麓），基本上属于遗址核心区域。发现并清理出房址、墙体等遗迹；出土较多建筑材料，少量陶片、瓷片和铜钱，零星石刻、造像等遗物。现将此次工作情况简报如下。

一　建筑基址

工作区域一直为树林、灌木和草丛所覆盖，清理掉灌木、草丛和表土后，房址面貌即显露出来。其中南部部分房址所在处为高出地面的台子，房址上部及四周均覆有土层；其余房址则在覆盖地表之下。经勘探和发掘，共发现房址15座、墙体3条（图一，2）。其中F1早年曾经发掘[4]、此次重新清理，F15未予清理。整体布局较为规整，坐北朝南，正南北向（个别房址略有倾斜），基本按照中轴对称的布局设计（只是F8及其以北的北半部中轴线较南半部稍向西偏移）。中轴线上自南至北有六座房址，个别设有配殿或厢房。房址绝大多数仅存最下部墙体或部分墙基，少数残留有室内设施；部分房址有台基、月台等附属设施。

F1位于工作区中部略偏南，为遗址内面积最大、等级最高之房址，下有大型台基，南有大型月台，北有高台甬路。坐北朝南，方向180°，平面呈长方形，室内东西宽17.86、南北进深9.22米，面阔五间、进深三间，南北两侧均设门址。仅存台基主体、墙体下部和部分室内设施。

台基：平面呈长方形，方正石台明。北侧保存相对完整，残存大部分台帮及少量阶条石；东侧残存部分台帮；西侧仅存零星石块；南侧余少部分石板、砖面。推测台基东西长22.58、南北宽13.92、高1.17米（含土衬石及阶条石）。

台帮由两层大型条石砌成，条石除面向台基内部的一面未经加工，其余各面大多加工规整。北台帮底部未见规整的土衬石，仅局部以较小的不规则石块衬垫，使条石上部平整。东台帮下垫有较为规整、厚约10厘米的石板作为土衬石，宽出台帮约18厘米。残存阶条石位于北台帮中部偏西的位置，厚15～25厘米（外侧薄、内侧卡在台帮之内的部分较厚），低于室内地面约10厘米。

北侧台帮外另有一排与之形制相同的大型条石，高约0.53、外缘宽出台帮0.46～0.72米（东西两侧因石块外倾、台帮石块内倾而导致较宽；中部相对较直），上表面与台帮下底面相平。条石与台帮之间为黄褐色土；局部缺失条石之处填含大量紫褐色碎石片的黄褐色土，土质较硬。

台基内部填土未见夯打痕迹，由多层土及碎石片层逐层堆积而成，各层大体较平，较为纯净，仅见很少量残砖、瓦片及零星瓷片[5]。

柱础：F1 现残存柱础 21 个，计有檐柱础 13 个，金柱础 8 个，大多残裂，个别局部残缺。其中东檐柱础 3 个（北起第 2 础缺失，其位置南侧有一大型方石）、后檐柱础 4 个[6]均为素平柱础，除后檐东起第 2 础为圆形外，其余为大型方石或较大石块拼砌。

西檐柱础南北两个缺失；北起第 2 础为单层覆莲牡丹础，莲瓣及柱础盘上均浅浮雕牡丹花（图二，1）；北起第 3 础为单层叠压曲线覆莲础，柱础盘上浅浮雕牡丹花。两柱础覆盆部分的东西两侧均被凿直。

前檐柱础西起第 1、4 础为单层覆莲础，破损严重；第 2 础为单层双包瓣覆莲础（图二，2），第 3 础为单层叠压曲线覆莲础。柱础盘上均浅浮雕牡丹花，其中第 1、4 础外侧的花纹被凿去。

前金柱西起第 1 础为单层双包瓣覆莲础；第 2 础为重层双龙覆莲础，上层为双包瓣覆莲，下层浮雕双龙戏珠，南侧中部偏东处刻有题记"泰安州 / 善人崔三 / 龙顶妙端"（图二，3）；第 3 础形制与之相近，惟双龙作回首状；第 4 为重层龙凤狮覆莲础，上层为双包瓣覆莲，下层浮雕龙、凤、狮各一，西侧中部凤上部有题记"济南□□□ / 善□□□共 / ……妙…… / 龙顶一□□"（图二，4）。

后金柱 4 础均为素面覆盆础。

另在台基北外侧中部偏西处、前檐西起第 4 础南侧各发现一覆莲幢础，覆莲部分稍高。

墙体：底部均铺有一层厚约 10 厘米的石板，其上砌墙，残存最高 0.7 米。内外两侧用较大石块或石板（长方形及不规则形）垒砌，中部填充小石块及土。仅南墙保存相对完整，两稍间处宽约 0.8 米，内侧为大石块、外侧为较宽石板；两次间处宽 0.5 米，内外两侧均为较宽石板；明间处为正门，无墙体。推测其余三面墙体内外两侧均为较大石块，现仅余内侧砌石，据残存铺底石板等迹象，判断墙宽均约 0.87 米。

门址：南北两墙明间处均设门，南门位于明间两檐柱之间，宽 3.44 米，仅存石质门槛，残高 20、厚约 14 厘米。北门位于北墙中部，宽 2 米（含两侧门枕石），门枕石仅残存底部，西侧长 86、宽 25、残高 15 厘米，东侧残长 69、宽 25、残高 21 厘米，北面及面向门道的一面均有刻花；石质门槛残高 12、厚约 14 厘米。

室内影壁墙、台基及拜石：室内沿后金柱砌影壁墙，长 12.66、宽 1.04、残存最高 0.5 米（室内底面之下另有 0.14 米）。主体部分由石块砌筑，宽 0.72 米，内外两侧为较大石块、中部填充小石块及土。其北顺铺一列长方形青砖，多处残余 3 层，高 0.18 米，下两层紧贴南侧石墙，最上层向外宽出 4 厘米；砖多断裂且上层砖外缘多残失；所用青砖均素面，长 40、宽

20、厚 8 厘米。

影壁墙南侧贴砌一长方形台基，破坏严重，长 12.94、宽 1.74、残存最高 0.31 米。台基外侧砌一周砖墙，长方形青砖错缝顺砌；内部填土浅灰褐色，土质略硬，含较多白灰粒、少量残砖瓦。

该台基南侧东西两端各砌一近方形小台基，外围用单砖顺砌，内部填土略同大台基。东侧小台基长 1.2、宽 0.92、残高 0.31 米。西侧仅存最下层部分青砖，推测形制与东侧一致。

室内依东西山墙及南北墙两端各有一凹字形台基。台基外侧用石块砌墙，大多不甚规整，墙外侧平整、内侧不平，其与山墙之间填土，黄褐色，土质略松，含少量白灰粒、小石块、残砖瓦。东侧台基残存最高 0.35，中段宽 1.16，北段长（不含中段之宽度，下同）5.42、宽 0.78，南段长 1.28、宽 0.76 米；西侧台基残存最高 0.5，中段宽 1.18，北段长 5.44、宽 0.76，南段长 1.4、宽 0.76 米。

明间及两次间中南部均置一长方形大石板，依其位置当为拜石，均已残裂，中部下凹。明间拜石长 1.96、宽 1.52 米，西石长 1.7、宽 1.44，东石长 1.7、宽 1.2 米。三拜石南侧的石板上均錾刻有两箕形浅槽，最深 3 厘米。明间北侧亦置一拜石，东西长 1.47、南北宽 1.24 米。

室内地面：与墙底石板上表面相平。明间及两次间自金柱南侧的大台基，向南至拜石、东西分别至小台基处用青砖铺地，局部残失。明间两排南北向、一排东西向长方形砖，再向南与拜石之间为石板；东次间三排南北向长方形砖，一排方砖；西次间仅存零星砖，北侧长方形、南侧方砖。长方形砖与影壁墙用砖基本一致，方砖边长 42、厚 8 厘米。其余地面除均用大小不一的长方形石板铺地，大多错缝排列，无明显规律。石板长 44～116、宽 27～60、厚 4～6 厘米。

月台：平面长方形，石板贴砌台帮。西侧残存较多最下一层石板，东侧仅存两石板，南侧被破坏成斜坡状，表面未见铺地设施。推测东西长 17.66、南北宽 11.6、残高约 1 米（据台帮砌石计算）。西侧台帮南北残长 9.4 米，北端由较为粗糙的大石板和石块砌成，长 1.62、残高 0.75 米；其南由规整的长方形石板贴砌，上表齐平、底部略有不平，未见规整土衬石，仅局部垫有不规则小石块，高约 0.54 米。东侧台帮残存两立石板长 1.7、高 0.52 米。内部填土未见夯打痕迹，由多层土及残碎石片层逐层堆积而成，较为纯净，仅见很少量残砖、瓦片及零星瓷片[7]。

月台表面中南部残存两长方形石雕覆莲座。其一位于月台正中偏南，底部垫有长方形石板，南北长 1.52、东西宽 1.46、厚 0.18 米；另一座位于其东南侧，断裂成三块，残缺较多。两莲座形制基本一致，可分三层，下层东西长 1.26、南北宽 1.04、高 0.14 米，四周刻有壶门图案；中层高 0.14 米，高浮雕单瓣覆莲；上层东西长 0.74、南北宽 0.52、高 0.08 米，錾刻阴线；上层中

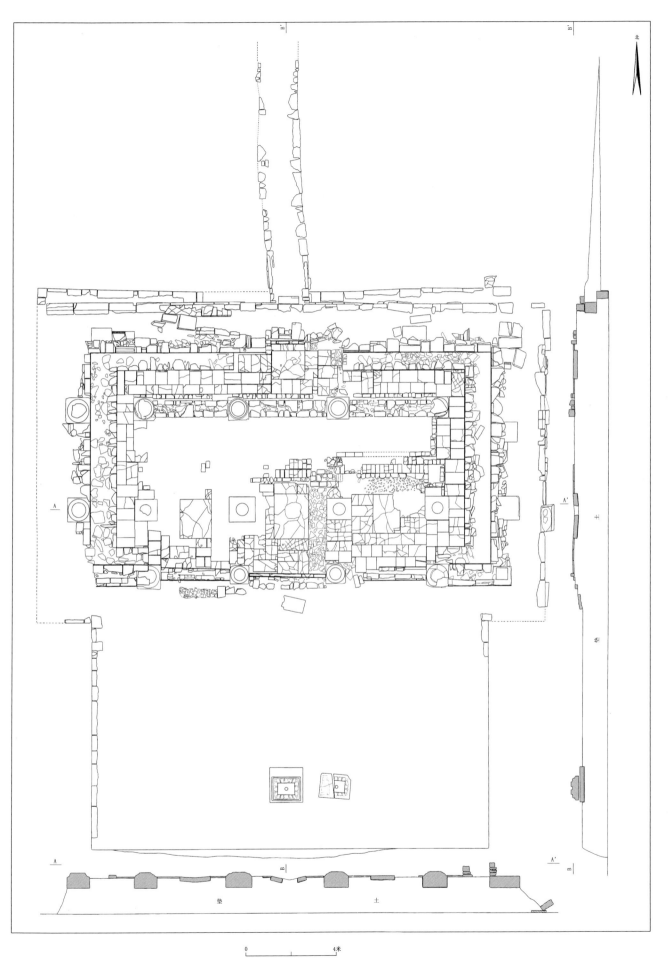

北

图一　3．F1平、剖面图

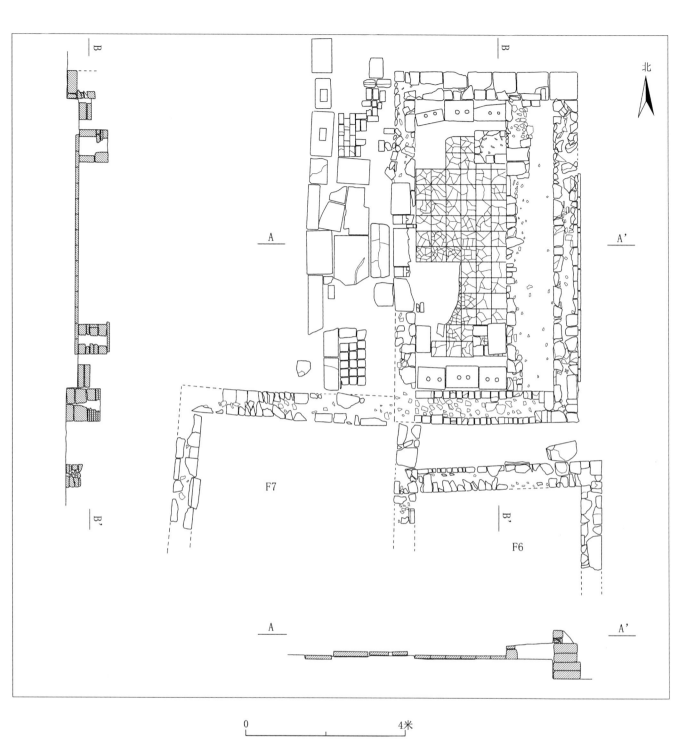

图一 4. F2、F6、F7 平、剖面图

0   4米

部有一圆形榫眼，直径 12、深 8 厘米[8]。

月台东北角外侧发现一带方形浅槽的条石，应为原东侧台阶之砚窝石。

甬路：自北台帮中部向北置一高台甬路，略向西北倾斜。底部两侧用不规则石板作为土衬石、其上侧立长方形石板、中部填土、顶部再平铺一层石板构成路面。残长 10.48、宽 1.74（含两侧条石）、高 0.7 米（含土衬石）。仅南端保存较为完整，叠压在北台帮北侧的大型条石之上。土衬石厚约 10、两侧宽出

路面 4 ~ 12 厘米；长方形石板高 0.4 米；填土黄褐色，略硬，含大量碎石片、小石块。路面石板仅存南端中部贴近台帮的一块，长 0.9、宽 0.32、厚 0.2 米，低于阶条石表面 0.31 米。北侧大部分甬路仅残存土衬石（图一，3；图三，1）。

F2 位于工作区东南部，仅存下部墙体及室内设施。坐东朝西，方向 270°，平面长方形，室内南北长 7.14、东西宽 3.5 米，西墙中部设门。

墙体：房址的东、南、北三面地势较低，西面略高，且西

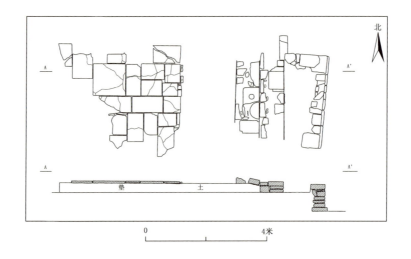

图一 5.F3 平、剖面图

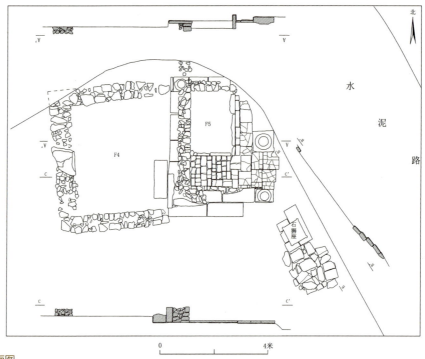

图一 6.F4、F5 平、剖面图

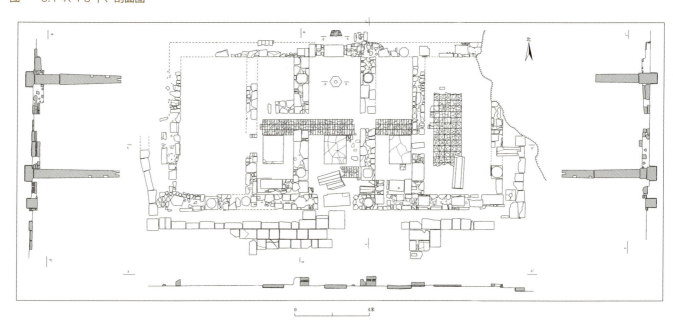

图一 7.F8 平、剖面图

山东博物馆辑刊（2015年）

历史与文物研究

80

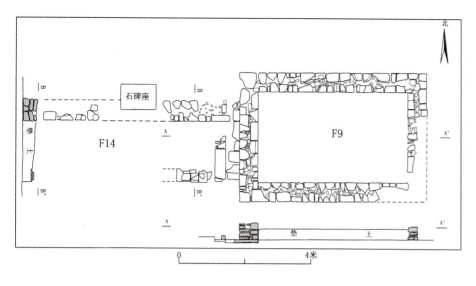

图一 8. F9、F14 平、剖面图

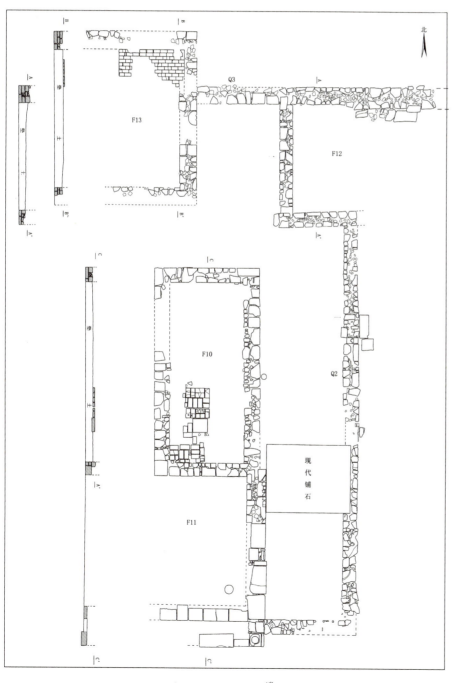

图一 9. 遗址北部房址平、剖面图

图二　1. 单层覆莲牡丹柱础

图二　2. 单层双包瓣覆莲柱础

图二　3. 重层龙、凤、狮覆莲柱础

图二　4. 重层双龙覆莲柱础

墙外设有青砖、石板铺地，故西墙底部砌法不明。东、南、北三面墙体底部用较大长方形石块砌筑，其上用较小不规则石块及青砖垒砌墙体内外两侧、中间则填充乱石及残砖。其中东墙上部外侧为石块，内侧下为砖、上为石块；南墙上部外侧主要用砖，内侧仅上表两层砖、下为石块；北墙外侧残失，内侧多为石块。西墙除门口两侧置两大型石块外，其余同其他三墙上部，外侧残失，内侧为石块。墙体石块之间黄泥黏结、内外两侧抹有白灰。所用青砖长38、宽18、厚6厘米。东墙残存最高，高1.2（室内地面之上残高0.64）米；东、南、北、西墙分别宽0.6、0.76、0.68、0.5米。

室内地面：主要由边长38、厚8厘米的方砖铺成，仅西南部为一长方形石板[9]。

门址：西墙中部设一门，宽1.52米。仅存两门枕石及槛垫石。北侧门枕石残长54、宽23、高20厘米，南侧残长40、宽24、高20厘米。槛垫石长94、残宽44、厚11～15厘米，高出室内地面15厘米。

室内台基东墙砌下贴一长方形台基，与南北墙相接，宽1.2、高0.85米，仅北端一少部分保存完整。台基外侧用不规则石块

及残砖砌成厚度不一的窄墙；其内填充大量残瓦、少量残砖、陶瓷片；顶部用大石板平铺。

南北墙下分别贴砌一长方形台基，东接东墙下台基，西靠西墙。结构一致，均由两层石板组成，每层石板用三块长方形石板拼砌。每块石板中部均有东西并列、直径10厘米的圆形孔洞。长2.3、宽0.64、高0.26米。

东墙下长台基西侧、南北两端分别贴砌一近方形小台基，结构一致，叠压在铺地砖之上。南侧较为完整，其外围用较为规则的石块砌成，有少量大石板；内部填土灰褐色、含残砖瓦；顶部覆以大石板；东西长0.84、南北宽0.74、高0.8米。北侧台基边长0.8、残高0.74米。

室外设施：西墙外约2.06米宽的区域用青砖、石板铺地，自东向西略有倾斜。中部为长方形大石板；北部为长方形青砖，主体南北向错缝平铺；南部外侧铺石板、内侧仅余残砖。石板加工较为平整，长58～148、宽30～86、厚13～20厘米。青砖长28、宽14、厚6厘米。

北侧铺地砖之西南北并置两长方形碑座。南侧长1.1、宽0.44米，中部长方形榫眼长30、宽17厘米；北侧长0.74、宽0.39米，

图三　1. F1 航拍照（南－北）

图三　2. F2 航拍照（西－东）

图三　3. F8 航拍照（东－西）

图三　4. 工作区全景航拍照（南 - 北）

图三　5. 神通寺遗址远景（南－北）2

中部长方形榫眼长30、宽18厘米（图一，4；图三，2）。

F3位于工作区南部，被严重破坏，仅存台基中东部、东墙底部中段及中部部分铺地石板。推测原平面为长方形，方向180°。

台基东西残长7.06、南北残宽3.56、现地表之上高0.4米。仅东侧台帮残存部分砌石，多为小型不规则石块，最上层有个别较平整石板，残长约3.3、宽0.8米。其余三面台帮均被破坏无存。内部垫土为含大量紫褐色碎石片的褐色土，质较硬，未见夯筑痕迹。

东墙仅余最下层石板，个别形制较规整，残长2.3、宽0.8、残高0.16米。

室内铺设一层大小不一、厚约6厘米的长方形石板，大者长104、宽52，小者长60、宽50厘米。残存范围长4.12、宽3.6米。残存部分的西部偏北处有一近方形石板，长110、宽102、厚约6厘米，可能为拜石。

台基东外侧接有一曲尺状石墙，方向略偏西南，由东西向和南北向两段墙体组成。均用近长方形石块砌成、黄泥粘接，外侧平直，内侧不平，与台基之间为含较多碎砖瓦的灰褐土。东西长1.5、南北长3、残高1.72米（图一，5）。

F4位于工作区南端，被严重破坏，仅存最西侧一间的墙体下段及室内设施，其东侧之南残存部分南北向台阶。坐北朝南，方向180°。推测原平面为长方形，现室内南北宽3.44、东西残长3.3米，进深2间。

墙体：底部均铺一层厚约0.17米长方形大石板，其上砌墙，残存最高0.5米。内侧用较大不规则石块砌筑（多为未经加工的较大砾石）；外侧再侧砌长方形石板（仅存西墙南端和南墙西端各一）；中部填土及小石块，黄泥黏结。南墙残长3.06（不含西墙宽度）、宽0.8米；北墙残长1.7（不含西墙宽度）、宽0.5米；西墙宽0.84米。西墙北端、残南墙东端及其北1.34米处各存一鼓镜式柱础。

室内台基：室内西北角贴砌一长方形台基，长2.34、宽1.66、残高0.24米。东、南两侧均砌大小不一的侧立长方形石板；西、北两侧贴墙，未再砌石。内部填土黄褐色，质略硬，含较多小石块、少量白灰粒、碎砖瓦。

室内地面：与墙底石板上表面相平。台基之南南北向错缝平铺长方形青砖，长28、宽13、厚6厘米；台基之东铺方砖，边长48、厚8厘米；其余部分铺大小不一长方形石板。

散水：南墙外侧用长方形石板铺设为散水，与墙底石板上表面相平。残长2.8、宽0.3米。

台阶：北端与房址相接处被破坏，中部被一石狮[10]所压，残长 1.92、残宽 1.64 米。依山势而建，北高南低，残存部分相对高差 0.5 米，残存最低点低于室内地面 0.9 米。主体由不规则石块铺砌。东侧残存 3 块较规则石板，略成三级台阶；其西部分无法分级，为天然石如意踏跺的形式（图一，6）。

F5 位于工作区南端，东接 F4。仅存最下部墙体，且西北角被破坏。平面长方形，方向为 175°，室内南北长 4.06、东西宽 3.66 米。东墙可能借用 F4 西墙，南、北墙分别自与 F4 南、北墙延出而略向南倾。墙体用不规则石块砌筑（部分为未经加工的较大砾石），黄泥黏结。南北墙内外两侧石块较大，中部填土及小石块；西墙主要用小石块垒砌。残存最高 0.45 米，南、北墙均宽 0.6、西墙宽 0.7 米。室内填土为黄褐色，土质略硬，含少量白灰粒、碎瓷片，较多石块、残砖瓦等，应为室内垫土（图一，6）。

F6 位于工作区东南部，北距 F2 约 1 米，西北处打破 F7 东墙。仅存北侧少部分墙体。推测原平面为长方形，方向为正方向。室内南北残长 2、东西宽 4.16 米。

残存墙体主要用大小不一的不规则石块砌筑（个别较大且加工规整，另有少量残砖），内外两侧用石块垒砌，中部填土及少量碎石块，黄泥黏结。残存最高 0.9、北墙宽 0.58、东西墙均宽 0.52 米。

室内填土可分 3 层，第 1 层厚约 40 厘米，灰褐色，夹大量白灰粒、小石块、残砖瓦，部分砖雕构件，少量瓷片等，应为房屋被破坏后，倾倒建筑垃圾所为；第 2 层厚约 30 厘米，深黄褐色，较松，夹较多石块、少量残砖瓦、白灰粒等，似为墙体倒塌后的堆积；第 3 层厚约 10 厘米，黄褐色，较硬，较为纯净，含少量白灰粒，当为室内垫土（图一，4）。

F7 位于工作区东南部，东北角接 F2，打破 F2 西侧砖铺地，东墙被 F6 打破，仅存北侧少部分墙体。推测原平面长方形，方向北偏东 4°。室内南北残长 2.9、东西宽 4.9 米。

东、北墙分别接 F2 西、南墙延出，但方向略倾斜。墙体建筑方式同 F6，残存最高 0.7、北墙宽 0.6-0.7、西墙宽 0.54 米。

室内填土可分 2 层，第 1 层厚约 40 厘米，灰褐色，夹大量白灰粒、小石块、残砖瓦，部分砖雕构件，少量瓷片等，应为房屋破坏后，倾倒建筑垃圾所为；第 2 层厚约 20 厘米，黄褐色，较硬，夹较多白灰粒，少量小石子、烧土粒等，当为室内垫土（图一，4）。

F8 位于工作区中部，仅存房址最下部。坐北朝南，方向 180°，平面长方形，室内东西宽 16.8、南北进深 7.3 米，面阔七间、进深三间，南北两侧均设门址。因房址处树木较多及安全因素，仅清理至室内地面高度，其下未做解剖发掘。

墙体及室外石板：墙体主要由长方形石块、石板及不规则石块砌筑，夹杂少量青砖，部分石块加工规整。内外两侧用大石块或侧立大石板垒砌，中部填充小石块及土，黄泥黏结。残

存最高 0.5 米，东、南、北墙分别宽 0.62、0.8、0.78 米；西墙未见完好墙体，残存石块均向两侧倾斜，最宽处 1 米。

东、南、西三墙的外侧均铺一排近长方形石板，大多较平直，其外缘分别宽出对应墙体 1.2、1.06、1.14 米（西侧按最宽处）。南侧石板保存基本完整，东西两侧均仅存南半段，东侧残长 4.34、西侧残长 4.3 米。除明间南侧中部石板较大、靠近墙体之外，其余绝大部分石板与墙体之间相距约 0.5 米。紧贴南侧石板外缘、两稍间中部之间的范围内还存有南北两排石板（中东部因树未能清理），东西残长 11.34、南北残存最宽 1.36 米。

门址：南、北墙明间处均设门。南门宽 1.9 米，仅存一槛垫石，长 1.04、宽 0.68、厚 0.22 米。北门宽 1.82 米，残存两长方形门枕石及槛垫石，门枕石形制基本一致，凿有长方形凹槽及海窝，长 0.58、宽 0.24、高 0.27 米；槛垫石长 1.04、宽 0.62、厚 0.12 米。

石柱、柱础：明间处现竖立 4 根石质八棱金柱，下有柱础（北侧 2 柱因下端包砌石墙残存较高，柱础情形不明）。其中西南柱为一整柱，其余下部均垫有高矮不一、平面圆形或圆角长方形的短石柱，东南柱断为两截；除东北柱上部残失外，其余顶端均有榫卯结构、且近顶部向外的一面有上下两个长方形榫眼。东南柱上段南侧面刻有题记，仅可辨"……寿广县……"。石柱高度分别为东北柱上段 2.36、下段室内地面之上 0.6 米；东南柱上段 4.24、下段 0.36 米；西南柱 4.6 米；西北柱上段 3.3、下段 1.34 米。

明间内南部尚有两段类似残柱，东稍间与东尽间之间亦存一南北向平置的残石柱，东稍间西北角另有一带榫卯结构的残柱头，东墙外侧中南部之外存一东西向平置的残柱，北墙之次间处立一残石柱。

F8 现清出柱础 15 个。其中檐柱础 12 个，计有东檐柱南部 2 础、西檐柱南端 1 础、后檐柱东部 3 础、前檐柱 6 础，均为素面础，其形制有长方形或近方形石块、近圆形石板、圆形石柱、带柱础盘的圆柱础；后檐柱东起第 3 础尚未清出；其他位置檐柱础缺失。

金柱础 2 个，明间东南础为单层叠压曲线覆莲础（柱础盘上浅浮雕牡丹花），明间西南础为单层双包瓣覆莲础；中部其他 6 金柱础位置因有石墙包砌，尚未清出；东西两侧 4 金柱础缺失。

拜石及室内地面：明间及两次间南半部的中间均铺一长方形大石板，应为拜石，形制基本一致，长 1.52、宽 1 ~ 1.18、厚 0.18 米。明间中部东西向错缝平铺一层长方形青砖，长 28、宽 13、厚 6 厘米；拜石南侧及东侧亦残有少量铺地砖；北部铺地砖无存。东西次间中部铺地砖同明间。东稍间中部铺方砖，边长 30、厚 7 厘米，南北两侧无存。其余各间铺地设施已被破坏无存。

明间北部中央有一六边形斗状、侧面雕饰如意云纹的莲花座，高32、底径42、上径62厘米，中有一直径16、深10厘米的榫眼。

室内墙体及台基：明间、次间、稍间之间均有墙体隔开，并设门道相通。各墙叠压在铺地砖之上，主要由石块砌成，另有少量青砖，多数石块加工规整。内外两侧用大石块或砖垒砌，中部填充小石块及土，黄泥黏结。明间东墙宽0.8、残高0.6米，中部有0.8米宽的门道。明间西墙宽0.8、残高0.66米，中部有0.9米宽的门道。东次间东墙宽0.66、残高0.3米，中部偏南有宽1.04米的门道，门道北侧残留一门枕石，残长28、宽22、高26厘米。西次间西墙宽0.6、残高0.3米，中部偏南设有宽1.2米的门道，两侧残存门枕石，形制基本一致，长38、宽18、高25厘米。

西次间内北部有一道东西向石墙，东接明间西墙，残长1.4、宽0.68、残高0.2米，由石块砌成。

东、西次间内南墙下均用大石块、石板贴砌台基状遗迹，东西两端至墙，宽约80、残高分别为16、34厘米（图一，7；图三，3）。

F9位于工作区中北部偏东，打破F14，仅存最下部墙体。平面长方形，方向为正方向。室内东西长4.56、南北宽2.7米。墙体用长方形及不规则石块砌筑，内外两侧用较大石块垒砌，中间填充小石块，黄泥粘接。墙宽均为0.57、残存最高0.6米。填土黄褐色，质略松，含较多白灰粒，很少小石子、碎砖瓦，当为室内垫土（图一，8）。

F10位于工作区北部，13东南部，北距F13约2.6米。仅存最下部墙体及少量铺地砖。平面长方形，方向为正方向。室内南北长7.5、东西宽3.18米。

四周墙体除西墙北段部分残失外，均有不同程度残留。主要用不规则石块夹少量残砖块垒砌。外侧石块较大，内侧较小，中部填土及碎石块，黄泥粘接。残存最高0.5、北墙宽0.6、南墙0.54、东、西墙均宽0.64米。墙体西南角有一近方形石板，长62、宽58、厚约12厘米。

室内垫土黄褐色，质较硬，含较多白灰粒，少量小石块、碎砖瓦，厚32厘米，南半部分保存较好。其上铺一层长方形青砖，仅存西南部一少部分，大体用顺砖与丁砖交错平铺。砖均素面，长38、宽20、厚5.5厘米，个别略小。中部两砖上分别刻有"王"、"内"两字。室内南侧中部偏西还铺有一石板，与西南角墙上石板基本一致，长62、宽56、厚11厘米，此两石板可能有柱础之用（图一，9）。

F11位于工作区中北部，北侧紧挨F10，仅存东半部的最下部分墙体。平面长方形、南侧带前廊，方向为正方向。室内东西残长3.94、南北宽5.34米。F11东墙与F10东墙、南墙交接处砌石相互衔接，应为同时起建，其北墙即为F10之南墙。东、南墙底部铺一层大石板，其上再用长方形及不规则石块砌筑，

黄泥粘接。仅东墙北端保存较高，残高0.5、宽0.8米，墙体石块中还夹杂一莲花柱础残块。南墙残长3.74、宽约0.64米。前廊东、南外侧用规整的长方形石块砌筑，残长2.74、宽1.02米，东南角残存一鼓镜式柱础。室内未见门道、铺地等设施，东南部有一圆形石板，直径36、厚12厘米（图一，9）。

F12位于工作区东北部，西距F13约3.48米。仅存西部的最下部墙体。平面长方形，方向为正方向。室内东西残长6、南北宽4.5米。墙体用长方形及不规则石块砌筑，内外两侧用较大石块垒砌，中间填充小石块，黄泥粘接。北墙东段有向南倒塌的迹象。残存最高0.5、北、西、南墙分别宽0.7、0.56、0.6米。室内垫土黄褐色，质较硬，含较多白灰粒、小石块及少量残砖瓦，残厚26-40厘米（图一，9）。

F13位于工作区北部，仅存东部最下部分墙体及少量铺地砖。平面长方形，方向为正方向。室内东西残长4.2、南北宽5.72米。墙体用长方形及不规则石块砌筑，内外两侧用较大石块垒砌，中间填充小石块，三合土粘接。残存墙体仅东墙较为完整，最高0.38米，底宽0.72、上部宽0.54米；北墙仅余外侧较大石块，宽0.76米；南墙仅余内侧石块，推测宽约0.72米。室内垫土黄褐色，质较硬，含较多白灰粒，少量小石块、碎砖瓦，厚38厘米，北半部分保存较好。其上错缝平铺铺一层长方形青砖，仅存东北部。砖均素面，长28、宽14、厚5厘米（见图一，9）。

F14位于工作区中北部，东侧被F9打破，北墙东部被"重建七佛神通寺碑记"石碑打破。仅存北墙最下部及其南侧少部分遗迹。北墙主要用不规则石块砌筑，内外两侧用较大石块垒砌，中间填充小石块，黄泥粘接。残长6.5、宽0.62、残存最高0.5米。北墙南侧东部残存一南北向窄石墙和一段东西向窄砖墙，据其形制推测为一置佛像的残台基，原贴北墙而建，外围三面砌窄墙，内侧填土，顶部再平铺砖或石板，上置佛像。东西残长1.48、南北宽1.82米。填土为黄褐色，土质较松，含较多白灰粒，夹有较大石灰块。台基东侧残存零星不规则铺地石板，厚约10厘米（图一，8）。

二 出土遗物

寺庙基址内出土了较多瓦当、滴水、板瓦、筒瓦、芭砖、砖雕、脊兽等建筑材料，少量陶片、瓷片、铜钱，零星石刻、石造像等遗物。

（一）建筑材料

出土数量较多，但完整者很少，绝大多数为泥质灰陶，有零星琉璃瓦当、滴水和钉帽。

1. 瓦当

绝大多数为各种形制的盘龙纹，有少量兽面、莲花、卷草、

图四 1. A 型盘龙纹瓦当（F2 南墙外②: 2-1）

图四 2. B 型盘龙纹瓦当（F2 ②: 8-1）

图四 3. C 型盘龙纹瓦当（F2 南墙外②: 1-1）

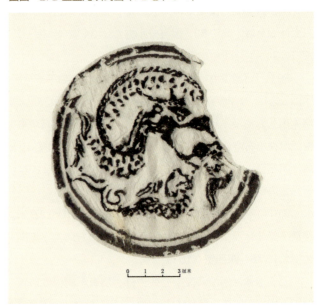

图四 4. D 型盘龙纹瓦当（F8 南墙外②: 4-1）

图四 5. E 型盘龙纹瓦当（F4 南墙外②: 1-1）

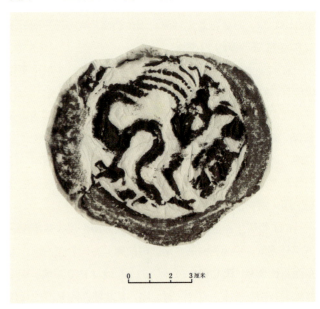

图四 6. F 型盘龙纹瓦当（F4 南墙外②: 3）

图四 7. G 型盘龙纹瓦当（F2 北墙外②：7）

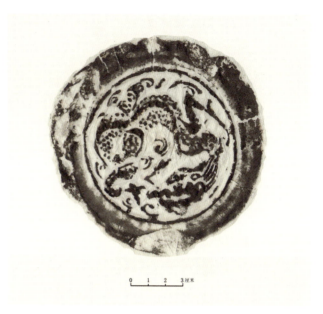

图四 8. H 型盘龙纹瓦当（F8 南墙外②：7-1）

图四 9. 兽面纹瓦当（F2②：10）

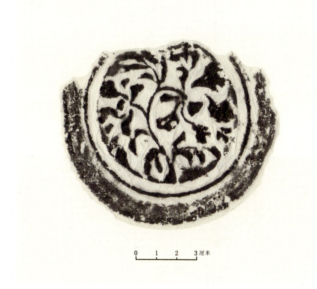

图四 10. 缠枝花纹瓦当（F2②：9）

图四 11. 卷草纹瓦当（采集：1）

缠枝花等纹饰，计有标本 29 件。

盘龙纹瓦当，根据首尾方向、具体形象，分为八型。

A 型 7 件。龙首居左、向右，尾居上、向右；鳞甲明显，鬃毛下垂，胸部一短翅。边轮较宽。F2 南墙外②：2-1 直径 11.5 厘米（图四，1）。

B 型 5 件。形制与 A 型较为相似，鬃毛向后飘起。F2②：8-1、2 直径均 10.8 厘米（图四，2；图五，1）。

C 型 2 件。龙首居左、向右作回首状，尾居下、向左；鳞甲不明显，无鬃毛，胸部一短翅。龙外一周凸棱。边轮较宽。F2 南墙外②：1-1 直径 13 厘米（图四，3；图五，2）。

D 型 3 件。龙首居右、向右，尾居下、向左；鳞甲明显，龙角向后。龙外一周凸棱。边轮很窄。F8 南墙外②：4-1 直径 12

图五　1. B 型盘龙纹瓦当（F2②：8-2）

图五　2. C 型盘龙纹瓦当（F2 南墙外②：1-1）

图五　3. D 型盘龙纹瓦当（F8 南墙外②：4-1）

图五　4. E 型盘龙纹瓦当（F4 南墙外②：1-1）

图五　5. G 型盘龙纹瓦当（F2 北墙外②：7）

图五　6. H 型盘龙纹瓦当（F8 南墙外②：7-1）

图五　7. 兽面纹瓦当（F2②：10）

图五　8. 缠枝花纹瓦当（F2②：9）

图五　9.卷草纹瓦当（采：1）

图五　10.莲花纹瓦当（采：2）

厘米（图四，4；图五，3）。

E 型 2 件。龙首居上、向左，尾居下、向左；鳞甲明显，胸部短翅不明显。边轮较宽，其上一周连珠纹。F4 南墙外②：1-1 直径 11.5 厘米（图四，5；图五，4）。

F 型 1 件。龙首居右、向下，尾居下、向下；无鳞甲、胸部一短翅。边轮较宽。F4 南墙外②：3 直径 10.5 厘米（图四，6）。

G 型 2 件。龙形居中，极度简化。其外一周凸圈带。宽边轮。F2 北墙外②：7 直径 12.8 厘米（图四，7；图五，5）。

H 型 2 件，均绿色琉璃质地。龙首居右下、向左，尾居左下、向右；鳞甲明显。龙外一周凸棱。边轮较宽。F8 南墙外②：7-1 直径 13.7 厘米（图四，8；图五，6）。

兽面纹瓦当，2 件，形制相同。兽顶毛发直立，双角短细，双层眉毛，圆眼，鼻孔外张，张嘴露齿，颌下有须。其外一周凸棱。边轮较窄。F2②：10 直径 7 厘米（图四，9；图五，7）。

缠枝花纹瓦当，1 件。F2②：9，当面饰一缠枝花卉，其外一周凸棱。边轮较宽。直径 10.6 厘米（图四，10；图五，8）。

卷草纹瓦当，仅见 1 件，系采集品。采：1，中部一周凸棱，其内七个小乳钉，其外饰五组卷草纹，最外一周连珠纹。宽边轮。直径 15 厘米（图四，11；图五，9）。

莲花纹瓦当，仅见 1 件，系采集品。采：2，仅余三个较肥莲瓣，宽边轮。残长 11.3 厘米（图五，10）。

2. 滴水

形制复杂多样，以龙、凤、朱雀纹饰最多，其他纹饰较少，计有标本 29 件。

飞龙纹滴水，4 件。饰一龙自右向左腾云飞行，鳞甲明显，龙身弯曲。F8 南墙外②：12 残宽 16.2、高 10 厘米（图六，1；图七，1）。

回首飞龙纹滴水，标本 1 件。F4②：4，一龙自右向左飞行，龙首在下方向右回转。残宽 13.6、高 8.6 厘米（图六，2；图七，2）。

飞凤纹滴水，8 件。其中灰陶 5 件，饰一凤自左向右展翅飞翔，头较大、细颈、长尾。F2 西墙外①：6-2，残宽 17、高 9.5 厘米（图六，3）；F4②：5 残宽 13、高 9.5 厘米（图六，4；图七，3）。绿色琉璃质 3 件，形制相近，凤头较小。F8 南墙外②：8 残宽 18、高 11.5 厘米（图六 5；图七，4）。

朱雀纹滴水，5 件。饰一回首步行朱雀，长翎、细颈、双翅合于背、长尾上翘。F3 东墙外②：20 残宽 11、残高 9.5 厘米（图六，13）；F7②：1 残宽 15.8、残高 5.5 厘米（图七，5）。

菊花纹滴水，4 件。中部饰 3 朵盛开的菊花，两边饰绿叶。F2②：4 残宽 14.5、高 8.8 厘米（图六，6，图七，6）。

莲花纹滴水，3 件。其中灰陶 2 件，饰 1 朵盛开的莲花，F2 北墙外②：5 残宽 14、高 5.8 厘米（图六，7）。琉璃质 1 件，F7②：5，纹饰一致，残宽 8.6、高 6 厘米。

婴戏纹滴水，2 件。饰一婴孩攀折缠枝花卉。F2②：13 残宽 8、残高 11 厘米（图六，8；图七，7）。

飞马纹滴水，1 件。F8 南墙外②：6，饰一飞马于云中回首反顾，残宽 15.5、残高 6 厘米（图六，9；图七，8）。

立鸟纹滴水，1 件。F2 西墙外①：4，饰一立鸟口衔卷草，残宽 17、残高 8.2 厘米（图六，10；图七，9）。

重唇滴水，2 件。F2②：14-1，重唇较宽，唇面交错饰有两条绳纹、三条粗带状纹，唇沿捏做波浪形，残宽 15.7、高 5.7 厘米（图六，11；图七，10）。F2②：14-2，重唇较窄，唇面饰两条绳纹夹一条凸弦纹，唇沿捏做波浪形，残宽 17、高 5 厘米（图六，12）。

3. 钉帽

数量较多，形制多样，计有标本 9 件。根据大小和形式分为四型。

A 型 5 件，其中琉璃质 2 件。整体呈博山形，中部较高，周围五峰饰有竖向凹槽。F2②：1 底径 7、高 7.5 厘米（图八，1）；F4②：2 底径 7、高 6 厘米（图八，1）。

B 型 1 件。整体呈毡帽状，中部一周竖向凹窝。F8②：1

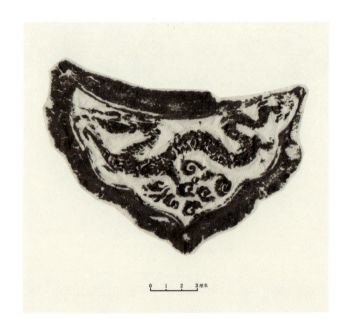

图六　1. 飞龙纹滴水（F8 南墙外②：12）

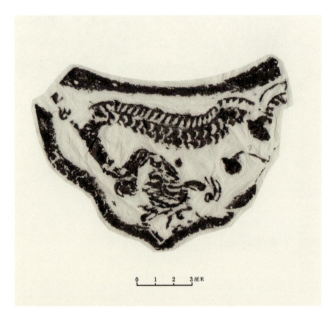

图六　2. 回首飞龙纹滴水（F4②：4）

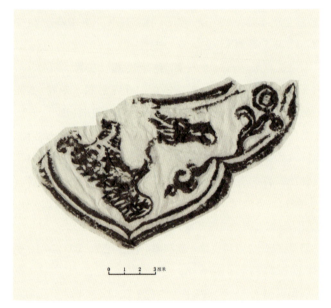

图六　3. 飞凤纹滴水（F2 西墙外①：6-2）

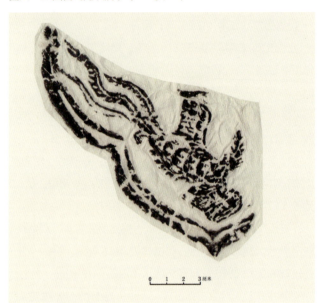

图六　4. 飞凤纹滴水（F4②：5）

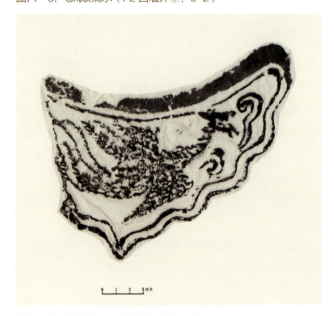

图六　5. 飞凤纹滴水（F8 南墙外②：8）

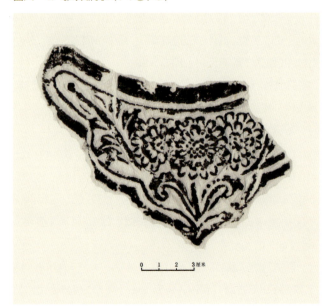

图六　6. 菊花纹滴水（F2②：4）

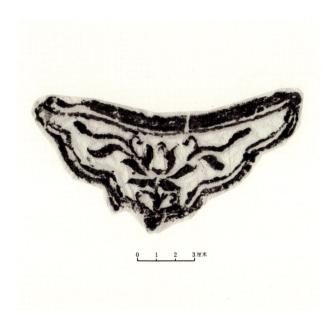

图六 7. 莲花纹滴水（F2 北墙外②：5）

图六 8. 婴戏纹滴水（F2②：13）

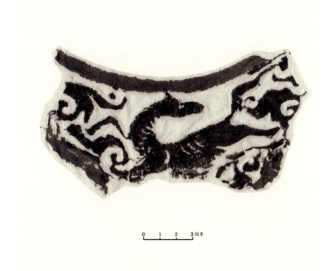

图六 9. 飞马纹滴水（F8 南墙外②：6）

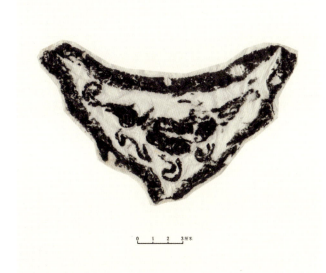

图六 10. 立鸟纹滴水（F2 西墙外①：4）

图六 11. 重唇滴水（F2②：14-1）

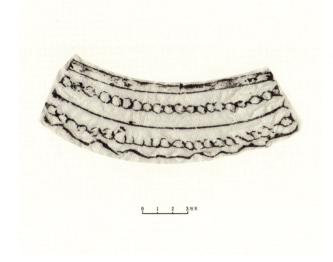

图六 12. 重唇滴水（F2②：14-2）

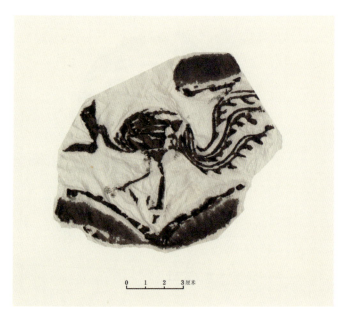

图六　13. 朱雀纹滴水（F3东墙外②：20）

底径 8.5、高 5 厘米（图八，1）。

　　C 型 2 件。整体近圆柱形，顶中部略突起，周身饰有竖向凹槽。F8 南墙外②：1 底径 5.5、高 5.5 厘米（图八，1）。

　　D 型 1 件。整体近钟形，顶中部略突起，周身饰有竖向凹槽。F2②：2 底径 5.5、高 5.5 厘米（图八，1）。

　　4. 板瓦

　　数量较多，均泥质灰陶，素面，平面呈梯形，有大小两种。大者长 29.5、上宽 17.5、下宽 21、厚 2 厘米，小者长 27.5、上宽 17、下宽 21.5、厚 1.6 厘米。

　　5. 筒瓦

　　数量较多，均泥质灰陶，素面，断面呈半圆形，长 33、直径 15、榫头长 4.2、厚 2 厘米。

　　6. 芭砖

　　数量较多，均泥质灰陶，素面，长方形，有大小两种。大者长 24、宽 19、厚 3 厘米，小者长 23、宽 17、厚 2.7 厘米。

　　7. 砖雕

　　数量较多，完整者很少，多为各种形式的卷草纹、草叶纹。标本 F2 北墙外②：6，长方形，一面印有卷草纹，长 33、宽 13.8、厚 6 厘米（图八，2）。

　　8. 脊兽

　　数量较少，均残，标本 5 件。F7②：1，龙形，四肢残缺，残长 27 厘米（图八，3）。F7②：2，马首形，存头颈部，残高 10 厘米（图八，4）。

　　9. 鸱吻

　　数量很少，均残。标本 F7②：7，龙口大张、上唇翘起、圆眼、尖牙，残长 38.3、残高 23 厘米（图八，5）。

　　10. 套兽

　　数量极少。标本 F8 南墙外②：9，龙形，略残，口微闭、圆眼、尖牙，顶部较平、中有一圆孔，后侧面一方孔。残长 18.5、高 14 厘米。

　　11. 掌纹砖

　　数量较少，各种形式的青砖上均有少量印有手掌纹，深浅不一。标本 F2 西墙外①：7，长 24、残宽 15.5、厚 3.6 厘米（图八，6）。

　　石刻及石造像

　　出土数量极少，个别墙体内嵌有废弃石刻，主要为柱础、石座、构件残块，造像仅见 1 件，计有标本 2 件。

　　采：1，石刻莲花座残块，青石质，制作规整。中部一凹窝，上表平、刻有浅云纹，外围刻有仰莲瓣。残余部分平面呈弧形，余 4 个莲瓣，底残。残长 16、宽 8、厚 9 厘米。

　　F12②：1，小佛头，砂岩质，圆雕，制作较粗糙。螺发，肉髻低平，面部长圆，下颌丰满，双目微闭，眉及鼻部不清，双唇合拢，嘴角呈微笑状，双耳较长。高 6 厘米（图八，7）。

　　（二）陶、瓷片

　　陶片数量很少，可辨器形有盆、罐等。

图七　1. 飞龙纹滴水（F8 南墙外②：12）

图七　2. 回首飞龙纹滴水（F4②：4）

图七　3. 飞凤纹滴水（F4②：5）

图七　4. 飞凤纹滴水（F8 南墙外②：8）

图七　5. 朱雀纹滴水（F7②：1）

图七　6. 菊花纹滴水（F2②：4）

图七　7. 婴戏纹滴水（F2②：13）

图七　8. 飞马纹滴水（F8②：6）

图七　9. 立鸟纹滴水（F2 西墙外①：4）

图七　10. 重唇滴水（F2②：14-1）

图八　1. 钉帽（上排自左至右依次为 F2②：1、F4②：2；下排自左至右依次为 F2②：2、F8 南墙外②：1、F8②：1）

图八　2. 砖雕 F2 北墙外②：6

图八　4. 脊兽（F7②：2）

图八　3. 脊兽（F7②：1）

图八　5.鸱吻（F7②：7）

图八　6.掌纹砖（F2西墙外①：7）

图八　7.小佛头（F12②：1）

图八　8.青瓷碗底（TG1：1）

瓷片有零星白瓷、青瓷，少量酱釉、青花瓷片，器形有碗、盘等。标本TG112：1，青瓷碗底，黄褐胎，豆青釉、圈足无釉，底下凹，底外侧墨书"神通寺"三字。圈足内径5.1厘米（图八，8）。

（三）铜钱

出土数量很少，仅5枚，有元祐通宝、圣宋元宝、乾隆通宝鹅眼钱各1枚，道光通宝2枚。另采集有开元通宝、元丰通宝、光绪通宝等铜钱10枚。

三 寺庙基址布局及时代推断

（一）历代寺庙布局及碑文、文献中所载神通寺布局

佛教自汉代传入中国，其寺庙不断接受中国本土建筑的影响，布局也在不断演变。目前汉代寺庙形制已不可考，一般推测为按照汉代官衙形制建造。三国魏晋南北朝时期的寺庙主要有塔庙、石窟寺、宅第三种形式。隋唐寺庙建筑布局开始向多建筑群演化，功能更加复，塔逐渐退居次要地位，殿、堂成为寺院的主体建筑。据唐初道宣所著《关中创立戒坛图经》分析当时寺院布局为以方格网道路为平面骨架，中轴对称的中院为核心，布置主要佛殿、佛塔、戒坛等；周围设立大量别院，负担各种其他功能。宋代佛寺基本延续了唐代的传统，分区分院布局，祖堂与伽蓝堂置于法堂两侧的格式形成，同时还存在东钟楼、西经藏相峙的格局。明代以后僧堂分解为寮舍（一说为禅堂）和斋堂，鼓楼取代藏经楼和钟楼对立，中轴线建筑更加丰富宏大，制度隆重。由于诸宗合一的影响，戒堂、念佛堂、禅堂常常共同出现于一寺之中。清代寺院布局延续明代，基本形成定式：中轴线上为主体建筑，自南向北依次为山门殿、其左右为钟鼓，向北是天王殿，再后依次为大雄宝殿、法堂、藏经楼，两侧廊庑；正殿两侧有伽蓝、祖师等配殿；有些大寺院设有罗汉殿；寺院的东侧为生活区、西侧为接待区[11]。

遗址内现存碑刻十余通，多为记述寺庙重建及纪念高僧大德之碑，时代为元明清时期。其中明弘治十年张天瑞撰《重修神通寺记》碑文对当时重修后的寺庙布局有较为详细的记载，寺中有"大殿二，一以供佛及十八罗汉二十四诸天，一以供五百阿罗。天王殿四楹，伽蓝祖师二殿亦如之。殿之后方丈凡五间，左为禅堂。又其后为法堂，两廊翼列。方丈之左右皆以延宾客居徒众"。

目前所见记载神通寺布局的古籍文献较少，其中乾隆版《历城县志》[12]直接引用上述碑文，另外比较详细的有《泰山道里记》[13]，文中描述神通寺"其制门阁两重，北为大雄殿，东曰伽蓝殿，西曰达摩殿，有元至治邢天佑兴公道德碑，明弘治张天瑞重修寺碑。北为千佛殿，圮，有元大德智京云公碑，明成化僧太初寺外护碑，嘉靖重修千佛殿碑。北为方丈，东为禅堂，又北为法堂，两翼斋廊……寺西地敞豁，旧有藏经堂，转轮藏、钟鼓楼，圮。又有一台，有四门塔，极崇丽，皆石为之。"

（二）寺庙基址布局及时代推断

根据历代寺庙布局、碑文内容和文献记载，结合所发现房址的形制、位置、出土器物，初步推测除F6、F7、F9、F14外的其他房址和墙体应为现存寺庙基址的主体建筑，其布局基本清晰，部分房址的性质得以明确，时代多为明代所重建、后经多次重修。

中轴线上自南至北共发现F4、F3、F1、F8、F11、F13等六座建筑，其中前三者应分别为山门殿、天王殿、大雄宝殿，后三者可能分别为千佛殿（或罗汉殿）、方丈、法堂。F4西侧之F5可能为鼓楼（或鼓台），F1东南之F2应为伽蓝殿、西南之F15应为祖师殿。F13东侧之F12可能为其配殿、东南之F10可能为其厢房（两者抑或为斋廊等建筑）。

F4位于工作区最南端，也是整个谷底平地的南端，其南侧即为坡地。残存的天然石如意踏跺形式的台阶亦表明该房址应位于寺庙最外侧，而其又处于中轴线上，故推测为山门殿。F4内柱础为明清时期常用的鼓镜式柱础，结合出土器物推测其上限为明代。

F5残存墙体较高，室内垫土较高，未见室内地面、门道等；且其西侧即为山脚，不宜再有建筑，故推测为鼓楼（亦可能为小型寺庙的鼓台）。F5依F4而建，不早于F4。

F3为进山门后第一座大殿，从其残存部分来看，原规模应较大，推测为天王殿。其建筑方式与F1、F3基本一致，时代或相近，建于明代、后有重修。

F1为所发现的最大房址，依其位置、规模和形制，推测为大雄宝殿。殿内雕饰繁复之柱础或可早至唐宋，影壁墙内之素面覆盆式柱础或为元代，未见明清之鼓镜式柱础。台基探沟第3层出土零星白瓷片、钧釉瓷片，可能为元代。结合碑文推测F1可能重建自明代，其台基探沟内下部地层出有唐宋时期瓷片、及殿内早期柱础或许表明该大殿始建年代较早。

F2与F15对称，同为F1的配殿。其西墙外发现"神通寺重建伽蓝殿记"碑首，F15东侧有"神通寺重建祖师殿记"、"重修达摩祖师堂碑记"两碑。据此F2当为伽蓝殿、F15为祖师殿。F2西墙外残碑首所刻字形与成化十四年的"神通寺重建祖师殿记"一致，则F2或为成化年间重建，其后屡有重修。

F8规模仅次于F1，应为中轴线上另一重要建筑，依其位置、规模，F8可能早期为供五百罗汉之殿或千佛殿，重建于明代；残存石柱直径与底部柱础之比例不协调或表明其曾经重修；晚期室内加筑石墙，或改作他用。

F11、F13残存的东半部分位于中轴线东侧，应是中轴线上的建筑，根据前述碑文及文献，推测F11为"方丈"、F13为"法堂"。F10可能为F13的厢房、F12可能为F13的配殿（两者亦可能为文献所载的斋廊等建筑的东半部分）。F12北墙压在其北侧探沟第4层之上，而该层土出土零星宋元时期白瓷片，则F12上限为元代，结合碑文推测可能建于明代。

三条单独墙体与房址墙体的建筑方式一致。Q1呈东西向，位于F8与F11之间的中轴线上，且其两端完整，似为一影壁墙。Q2呈曲尺状，连接F11东南角与F12南墙西部，其北段中北部设一门、门南有门枕石、东外侧有一石板，则Q2似为基址北部院落的一重院墙。Q3自F12北墙延至F13东墙中北部，

山东博物馆辑刊（2015年）

历史与文物研究

亦应为一院墙。

从打破关系看，F6、F7 当晚于 F2，而其位置与整体布局似不相符，且破坏严重，故其性质不明，可能为较晚时期寺庙衰败后所建。F9 位于 F11 南侧东部，若为禅堂，规模或显较小，其性质有待进一步研究；室内垫土出道光通宝 1 枚，时代当在此之后。F14 被 F9 及成化二十年所立的"重建七佛神通寺碑记"石碑打破，故最迟在成化二十年被破坏，其时代应早于作为基址主体的其他房址。

四 结 语

本次勘探和发掘，对神通寺遗址现存建筑基址有了初步认识，不仅为保护方案的编制提供了重要依据，为下一步的继续发掘提供了借鉴，而且为研究历史时期的寺庙发展、建筑方式等提供了一批重要材料。

由于此次工作是为了配合遗址的保护、展示，故所有房址均清理至室内地面的程度，未再进一步发掘。对遗址内其他区域也仅是做了数条探沟了解地层堆积，且探沟地层较单一、多为垫土、出土遗物很少，对各房址具体时代的推定还需进一步研究。另据文献记载，神通寺创建较早，但此次发掘的基址时代较晚，未见早期房址，早期建筑构件也只有零星几件，其原因可能：一是早期房址多被破坏殆尽或埋藏较深；二是寺庙发展中各建筑的历次重建多是在原址上所建，或叠压早期建筑、或利用早期建筑基础；三是工作区域内可能只有晚期基址，早期寺庙基址或许不在此区域之内，但也应距此不远。因此在今后工作中不但需对遗址其他区域发掘，还要对已发掘房址进行解剖，对周边地区进行详细调查，以寻找早期遗迹。

发掘：郭俊峰、房　振、邢　琪、邓文山、刘保福、徐桂云、于贺昌、王孟晨

绘图：邓文山、邢　琪、王孟晨

拓片：邓文山

照相：郭俊峰、房　振

整理：郭俊峰、房　振、邢　琪

执笔：房　振、郭俊峰、邢　琪、李　铭、王　峰

注　释

[1] 关于神通寺十六国至隋代的历史文献中记载较多，重点有：

　　（梁）释慧皎撰，汤用彤校注：《高僧传》，卷五《竺僧朗三》，中华书局，1992年。

　　（唐）释道宣：《续高僧传》，卷十《隋西京胜光道场释法瓒传十三》，上海书店，1989年。

[2] 关于神通寺唐代及其以后的历史几乎没有文献记载，仅是到了清代，有学者开始记述寺庙布局及碑刻、造像等遗存。相关历史文献、部分碑刻内容可参见刘继文先生主编的《济南神通寺》，山东友谊出版社，2005年。郑岩、刘善沂两位先生曾对神通寺历史进行综述，详见郑岩、刘善沂编著《山东佛教史迹——神通寺、龙虎塔与小龙虎塔》，法鼓文化事业股份有限公司，2007年。

[3] 此次工作的主要目的是为了配合遗址的保护、展示，寻找寺庙建筑基址，因此主要发掘任务是根据勘探结果清理房址，对其他区域仅是选取个别地点通过发掘探沟了解地层堆积。据探沟，遗址内各处地层主要是长时间以来不断垫土形成的，有含少量碎砖瓦、白灰粒的土层、也有纯净的碎石片层，各层出土遗物极少。而房址的清理由于室内室外堆积不同，对其内外地层分别独立划分。

[4] 王建浩：《山东济南市神通寺殿堂遗址的清理》，《考古》，1996年1期。

[5] F1室内做一南北向探沟，因安全因素，未清理至山体岩层，现最下层为含大量较大砾石及粗砂的褐色砂土层（南高北低，南段深1.24、北段深2.4米），根据与周边山体地层情况对比，该层之下即为山体岩层。由此可推测，台基所在之地原本地势不平，是在将原地面填平之后，再逐层堆筑台基。

[6] 为计数方便，前、后檐柱东、西两端的柱础分别计入东、西檐柱础中，其余房址同此。

[7] 月台探沟与F1室内探沟同样未清理至底山体岩层，现深1.2米，最下层亦为大量较大砾石及粗砂的褐色砂土层。

[8] 荆三林等先生早年调查时所拍照片上此两莲座尚且完整，完整覆莲座之上有一方形石柱相连，其上再另置一莲座（其榫眼向下，当为仰莲座）。其性质或为一"供台"，或为其他建筑之基座。详见荆三林、张鹤云：《神通寺史迹调查记略》，《文物参考资料》，1956年10期。

[9] 据F2东墙室内外高差，其室内铺地砖之下可能有厚约48厘米的填土，因未作解剖，其情形不明。

[10] 据上述刘继文先生主编《济南神通寺》，此石狮与其东侧相对的另一石狮系1972年由山东省政府门前迁至此处。据郑岩、刘善沂编著《山东佛教史迹——神通寺、龙虎塔与小龙虎塔》，两石狮系1971年由省政府门前迁至此处。

[11] 本段主要参考袁牧：《中国当代汉地佛教建筑研究》第2章《历史：汉地佛教建筑的演变》，清华大学博士论文，2008年。赵文斌：《中国佛寺布局演化浅论》，《华中建筑》1998年1期。

[12] 《历城县志正续合编》编委会：《历城县志正续合编》，济南出版社，2007年。

[13] （清）聂鈫：《泰山道里记》，商务印书馆，1937年。

济南市博物馆藏汉代侯邑封泥考释

内容提要

1960年，济南市博物馆自济南市历下委托店价购入藏一批古代封泥，时代自战国、秦至两汉。经过我们的整理拓印和初步对照研究后发现，此批封泥的部分曾先后著录于罗振玉《齐鲁封泥集存》和周明泰《再续封泥考略》。今我们择选其中涉及汉代封国制度的侯邑封泥试以考释，以供学者深入研究。

关键词

馆藏　汉代　侯邑　封泥

西汉初年，汉高祖刘邦为加强和巩固其封建政权，在实行郡县制的同时，又实行封国制度。封国包括王国和侯国，是两汉地方政府的一项重要制度。汉初列侯，大体继承秦制，不同的是侯国有封户。《汉书·高惠高后孝文臣表》："（汉五年，刘邦）即皇帝位，八载而天下乃平，始论功而定封。讫十二年（公元前195年），侯者百四十有三人。时大城名都民人散亡，户口可得而数裁什二三，是以大侯不过万家，小者五六百户。……逮文、景四五世间，流民既归，户口亦息，列侯大者至三四万户，小国自倍，富厚如之"。刘邦封功臣为侯，目的也是为拱卫朝廷。"刘邦之后，每代皇帝在位时期，都要封一批列侯，其中有以军功封者，有以儒显仕宦封者，有以宗室王子封者，有以外戚恩泽封者，在列侯不断涌现的同时，又有大批的列侯因各种原因而被削爵。总的看来，西汉侯国虽然很多，但列侯有封户不治民，没有政治权力，不为士民所尊，势与富室无异，最终是趋于没落"。（白寿彝主编《中国通史》第5册）西汉时期，封侯众多，这在《汉书》各表中有其详细记载。

关于邑丞，孙慰祖先生在《中国古代封泥》（上海人民出版社2002年版）中考证认为：《百官表》亦未见……至于无"侯"字的印文，又有一定规律，即"邑丞"前之地名皆为双音节词，印文多无"印"字。按汉印四字印文实质性官名不省的习惯，"侯"为省略……邑丞应属列侯封地所在县邑的行政佐贰。汉代列侯"所食国令、长名相"，《百官表》载仅及原县之令长改曰"侯相"，令、长的副佐丞、尉呢？没有说。邑丞当即是原县令、长之丞。因为侯相对列侯不称臣，只是食邑所在县令、长的异名，受朝廷（郡）节制，属于独立的行政系统，那么它以下的官属当与县同。西汉末邑丞似改曰"国丞"，东汉又有"国尉"，传世"国丞"印章、封泥均属西汉晚期而早期只有"邑丞"。

1960年，济南市博物馆自济南市历下委托店价购入藏一批古代封泥，计397枚，时代自战国、秦至两汉。经过我们的整理拓印和初步对照研究后发现，此批封泥的部分曾先后著录于罗振玉《齐鲁封泥集存》和周明泰《再续封泥考略》。然而，自两书出版后这批封泥如何被历下委托店所购得以及其间的流传过程，虽经多方了解也未能搞清。今我们择选其中涉及汉代封国制度的侯邑封泥试以考释，以供学者深入研究。

文/李晓峰　杨冬梅　济南市博物馆

魏其邑丞

黄褐色，近圆形，直径 3.1 厘米，背有宽平痕。泥面钤正方形印，边长 2×2 厘米。

《汉书·地理志》："琅琊郡，秦置。莽曰填夷。属徐州。县 51……魏其，侯国，莽曰青泉……"西汉前后曾有两个魏其侯国：一为西汉开国将军周定。从刘邦定天下有功，高祖六年（公元前 201 年）六月，封魏其侯。魏其侯国都在今山东临沂市区东南。高后五年（公元前 183 年），子周闲继位。景帝前元三年（公元前 154 年），侯周闲反，国除。二为窦皇后从兄之子窦婴。文帝时曾为吴相，景帝时官詹事，又以大将军主持平定吴楚七国之乱的军事，景帝前元三年（公元前 154 年），封魏其侯。后官太子傅，武帝建元元年（公元前 140 年）任丞相，二年后罢相家居，因同武帝母王太后之弟丞相田蚡争势失和，于元光四年（公元前 131 年）被陷害处死。国除。魏其侯国都在今山东临沂市区东南。

宁俟邑丞

黄褐色，不规则形，上部及左下部、右下角皆残，现长 2.4、宽 1.9 厘米，背有绳痕。泥面钤正方形印，边长约 1.7 厘米。

《汉书·地理志》："上谷郡，秦置。莽曰翔调。属幽州。……县 15……宁，西部都尉治，莽曰博康"。故城在今北京昌平区西 17 里。西汉将军魏选，随刘邦平定天下有功，高祖八年（公元前 199 年）四月封宁侯置宁侯国。宁侯国传三世：庄侯魏选——恭侯魏连——侯魏指。景帝前元四年（公元前 153 年），侯魏指坐出国界，获罪，宁侯国除。

梧邑丞印

红褐色，不规则形，上部与右侧皆残，现长 2.4、宽 2.5 厘米，背平。泥面钤正方形印，边长 2 厘米。

《汉书·地理志》："楚国，高帝置。宣帝地节元年更为彭城郡，黄龙元年复故。属徐州。……县 7……梧，莽曰吾治。"国都在今安徽省淮北市杜集区石台镇。据《史记·景惠间侯者年表》载：高后元年（公元前 187 年）四月乙酉，封功臣阳城延为梧侯，高后七年（公元前 181 年）阳城延儿子阳去疾嗣，为梧敬侯；景帝中元三年（公元前 147 年）阳偃嗣，封梧靖侯；武帝元光三年（公元前 132 年）阳戎奴嗣；武帝元狩五年（公元前 118 年），梧侯戎奴坐使人杀季父，处死刑，弃市，梧侯国除为县。

曲周邑丞

灰黑色，近长方形。长 3.1、宽 2.4 厘米，背宽平。泥面钤正方形印，四角及四边磨抹，现边长 2×2 厘米。

曲周，县名，汉侯国。《汉书·地理志》："广平国，武帝征和二年置为平千国，宣帝五凤二年复故。属冀州。……县 16……曲周，武帝建元四年置"。《高惠高后文臣列表》：汉高祖六年（公元前 201 年）郦商从征燕王臧荼有功封为涿侯，十二年改封曲周侯，除前封，实封 5100 户。景帝中元二年（公元前 148 年）侯寄时，侯国除为县。故城在今河北省曲周县东北 20 公里。

阜陵邑印

灰黑色，近圆饼形，左上角残，宽 3.1 厘米，最厚处 0.75 厘米，背竹皮纹。泥面钤正方形印，边长 2.1×2.1 厘米。

《汉书·地理志》："九江郡，秦置。高帝四年更名为淮南国。武帝元狩元年复故。属扬州。……县 15：……阜陵，莽曰阜睦。"阜陵侯国，西汉置。汉文帝八年（公元前 172 年）五月丙午，封淮南厉王六长子刘安为阜陵侯。阜陵侯国立国 8 年，汉文帝十六年（公元前 164 年）四月丙寅，改封为淮南王，阜陵侯国除为县。国都在今安徽省全椒县陈浅乡。

乐成邑丞

红褐色，近圆饼形，宽 2.2 厘米，最厚处 0.9 厘米，背宽平痕。泥面钤正方形印，四角及四边已磨抹，边长 1.8×1.7 厘米。

《汉书·地理志》：河间国下有乐城县。秦时河间郡治即在乐城。西汉高祖六年（公元前 201 年）八月，刘邦封功臣丁礼为乐成侯，传四世，节侯丁礼……夷侯丁马从……武侯丁客……侯丁义。侯丁义坐言五利侯不道，弃市，国除。国都在今河北省沧州市献县河城街村南。

阳陵邑丞

灰黑色，近圆饼形，右侧及右下部残，宽 2.8 厘米，最厚处 1 厘米，背宽平痕。泥面钤正方形印，现边长 2×2 厘米。

《汉书·地理志》："左冯翊，故秦内史，高帝元年属塞国，二年更名河上郡。……县 24：……阳陵，故弋阳，景帝更名。"傅宽在秦汉统一战争中战功卓越，位列汉朝 18 位开国功臣的第 9 位，被刘邦封为阳陵侯，食邑 2600 户。阳陵侯国共传四世至傅偃，前 123 年，汉朝廷借口傅偃于淮南王谋反，处死了傅偃，阳陵侯国被撤销。国都在今陕西咸阳县东。

吕成邑丞

灰褐色，近圆饼形，宽 2.9 厘米，最厚处 1.4 厘米，背凹槽痕。泥面钤正方形印，右下角磨抹，边长 2×2 厘米。

吕后四年（公元前 184 年）四月，吕后封兄弟子吕忿为吕成侯，置吕成侯国。八年（公元前 180 年），侯吕忿坐吕氏事诛，国除。国都在江苏省徐州市东南。

台矦邑丞

灰褐色，近圆饼形，宽 2.5 厘米，最厚处 1 厘米，背竹签痕。泥面钤正方形印，右侧磨抹，边长 1.9×1.9 厘米。

《汉书·地理志》："济南郡，故齐，文帝十六年别为济南国，景帝二年为郡。属青州。县 14：……台，莽曰台治"。汉高祖六年（公元前 201 年）八月，刘邦封戴野为台侯，置台侯国，传二世。前元三年（公元前 154 年），侯戴才参加七国之乱被杀，国除。国都在今山东济南市历城区东北 15 公里。

赤泉邑丞

灰黑色，不规则形，左侧残缺，长 3、宽 2.4 厘米，最厚处 1.2 厘米，背竹签痕及横向绳痕。泥面钤正方形印，右侧上下角磨抹，现边长 2.1×1.9 厘米。

《史记·高祖功臣侯者年表》：赤泉侯杨喜，高祖七年封，景帝六年免。西汉大将杨喜，以郎中骑汉王二年从起杜，属韩信，后从灌婴共斩项羽。七年高祖七年（公元前 200 年）正月封赤泉侯。传三世：庄侯杨喜－定侯杨殷－侯杨无害。元光二年（公元前 133 年），侯无害获罪，国除。国都在今河南鲁山县。

定陵邑丞

灰褐色，近圆饼形，宽 2.6 厘米，最厚处 0.8 厘米，背宽平及横向绳痕。泥面钤正方形印，四角及四边磨抹，现边长 1.8×2 厘米。

《汉书·地理志》："颍川郡，秦置。高帝五年为韩国，六年复故。莽曰左队。属豫州。……县 20：……定陵，有东不羹。莽曰定城"。汉成帝元延三年（公元前 10 年），封外戚侍中尉淳于长为定陵侯，绥和元年（公元前 8 年）淳于长犯"大逆"之罪被杀，定陵侯国废除。国都在今河南省舞阳县北 7.5 公里。

郊矦邑丞

黄褐色，下部及左侧残，长 2.3、宽 2.6 厘米，最厚处 0.75 厘米，背绳纹。泥面钤正方形印，现边长 1.8×1.8 厘米。

《史记·惠景间侯者年表》载，高后元年（公元前 187 年）封吕产为郊侯，六年（公元前 182 年）改封产为昌王。八年产以昌王为汉相，谋为不善，大臣诛产，随灭诸吕。地理位置不明。

都昌邑丞

灰褐色，近圆饼形，宽 3 厘米，最厚处 1 厘米，背绳纹。泥面钤正方形印，上两角磨抹，边长 2×2 厘米。

《汉书·地理志》：北海郡下有都昌，设有盐官。都昌县，春秋齐邑。汉为侯国，后为县。汉高祖六年（公元前 201 年）三月，刘邦封功臣朱轸为都昌侯。都昌侯传五世，庄侯朱轸——刚侯朱率——夷侯朱讪——恭候朱偃——侯朱辟强。景帝中元六年（公元前 149 年），辟强死，无后，都昌侯国除。国都今山东省潍坊市昌邑市。

阳都邑丞

灰褐色，近椭圆形，长 3.1、宽 2.6 厘米，最厚处 1.15 厘米，背竹签痕及横向绳纹。泥面钤正方形印，四角及右边磨抹，边长 2×2 厘米。

《汉书·地理志》：城阳国，故齐。文帝二年别为国。莽曰莒陵。属兖州。县 4：……阳。汉高祖六年（前 201 年）正月，刘邦封将军丁复为阳都侯，食邑 7800 户。传三世，敬侯丁复——趮侯丁宁——侯丁安成。景帝前元二年（公元前 155 年），侯丁安成有罪，阳都侯国除。国都今山东省沂水县南。

武城邑丞

灰褐色，近圆饼形，宽 2.7 厘米，最厚处 1 厘米，背绳纹。泥面钤正方形印，四角及右边磨抹，边长 1.9×1.9 厘米。

汉文帝四年（公元前 176 年）五月，封齐悼惠王子刘贤为武城侯，置武城侯国。十六年（公元前 164 年），刘贤进封为菑川王，武城侯国除。国都在今山东省费县西南。

彭侯邑丞

黄褐色，近圆饼形，长 2.8、宽 2.45 厘米，最厚处 0.8 厘米，背宽平。泥面钤正方形印，四角磨抹，现边长 2×1.9 厘米。

高祖八年（公元前 199 年）三月封将军秦同为彭侯。传三世：简侯秦同－戴侯秦执－侯秦武。景帝后元元年（公元前 143 年），秦武有罪，国除。彭侯国都在今江苏北部。

辟阳邑丞

灰褐色，近圆饼形，长 2.9、宽 2.8 厘米，最厚处 1 厘米，背横向绳纹。泥面钤正方形印，左下部残缺，四角磨抹，现边长 2×1.9 厘米。

《汉书·地理志》："信都国，景帝二年为广川国，宣帝甘露三年复故。莽曰新博。属冀州。……县 17：……辟阳，莽曰乐信"。汉高祖六年（公元前 201 年）刘邦封审食其为辟阳侯，置辟阳侯国。审食其死后子审平嗣。公元前 154 年，审平坐反，国除。国都在今河北省冀县东南 15 公里。

德侯邑丞

灰褐色，近圆饼形，长 3、宽 3.1 厘米，最厚处 1.4 厘米，背竹签痕及横向绳纹。泥面钤正方形印，左下角残缺，四角及四边磨抹，现边长 2×2 厘米。

高祖十二年（公元前 195 年）11 月，汉高祖刘邦封其二哥刘仲的儿子刘广为德侯，置得侯国，传四世。至武帝元鼎五年（公元前 112 年），汉武帝刘彻颁布了削藩的诏令，德侯国因"酎金"事件被撤销。地理位置不明。

博阳邑丞

黄褐色，近圆饼形，长 3.3、宽 3.1 厘米，最厚处 1.5 厘米，背竹签痕及横向绳纹。泥面钤正方形印，下、右两边及四角磨抹，现边长 2×2 厘米。

高祖六年（公元前 201 年）十二月，刘邦封将军陈濞为博阳侯，置博阳侯国。文帝后元三年（公元前 161 年），陈濞去世，儿子陈始继立。景帝后元元年（公元前 143 年），陈始有罪，博阳侯国除。国都在今河南省商水县东南。

东武邑右尉

红褐色，近方形，长 2.6、宽 2.85 厘米，最厚处 0.7 厘米，背交叉绳纹。泥面钤正方形印，上部及左上侧略残，现边长 2.2×2.2 厘米。

《汉书·地理志》："琅琊郡，秦置，莽曰填夷。属徐州。……县51：东武，莽曰祥善"。高祖六年（公元前201年）正月，刘邦封将军郭蒙为东武侯，置东武侯国。高后六年（公元前182年），侯郭它继位。景帝前元六年（前151年），侯郭它有罪，东武侯国除。国都在今山东省诸城市治。

南宫侯相

黄褐色，上部残缺，现长2.8、宽2.8厘米，最厚处1.1厘米。背宽平痕。泥面钤正方形印，左边及下两角磨抹，现边长1.45×1.7厘米。

《汉书·地理志》："信都国，景帝二年为广川国，宣帝甘露三年复故。莽曰新博。属冀州。……县17：……南宫，莽曰序下"。汉文帝前元十六年（公元前164年），封功臣张偃的儿子张欧为南宫侯，传三世，哀侯张欧——侯张生——侯张广——侯张昌。太初三年（公元前102年），侯张昌为太常，乏祠，国除。国都在今河北省南宫县西北。

菅侯相印

灰黑色，近长方形，上部右侧及右侧部分残，长3.3、宽2.5厘米，最厚处0.7厘米，背绳纹。泥面钤正方形印，边长2.2×2.2厘米。

《汉书·地理志》："济南郡，故齐。文帝十六年别为济南国。景帝二年为郡。莽曰乐安。属青州。县14：……菅，朝阳，侯国。"汉文帝四年（公元前176）五月，封齐悼惠王子刘罢军为菅侯。传二世：恭侯刘罢军－侯刘戎奴。景帝三年（公元前154），侯戎奴参加吴楚七国发动的叛乱。国除。国都在今山东省章丘市西北。

内容提要

随着社会的发展，尤其是商品经济的繁荣发达，宋代社会平民阶层的经济实力得到发展，对社会的影响逐渐扩大，也反映到丧葬礼俗制度方面，这一时期的壁画墓，由于社会背景、墓主身份地位及分布区域等不同，在墓葬形制、壁画内容等方面也存在差异。本文结合胶东地区考古发现的宋代壁画墓，对其墓葬形制、壁画内容等探讨，抛砖引玉，引起学者对该地区壁画墓的重视。

关键词

胶东地区　宋代墓葬　壁画墓

试论胶东地区宋代壁画墓

文／闫红　山东省栖霞市牟氏庄园管理处

文／闫勇　赵娟　山东省烟台市博物馆

胶东地区最早发现的宋代壁画墓是 1965 年发现于现在莱州市东小宋村。多年来，随着各种动土工程建设的增多，许多未见记载的壁画墓又陆续发现，尤其是莱州市南五里村宋代纪年壁画墓的发现，为本地区壁画墓提供了可靠的时代依据，笔者结合胶东地区考古发现的宋代壁画墓，对其墓葬形制、壁画内容等探讨，抛砖引玉，引起学者对该地区壁画墓的重视。

一　考古发现宋代壁画墓概述

自 1965 年胶东地区在现莱州市东小宋村首次发现壁画墓，至今，该地区共发现宋代壁画墓共计 12 座（图一），其中栖霞慕家店慕伉壁画墓、莱州南五里村和西山张家壁画墓有明确纪年。

（一）南五里村壁画墓[1]

2012 年 11 月，莱州市文昌街道办事处南五里村旧村改造工程建设中，发现古墓葬一座，该墓是胶东地区首次发现有明确纪年的宋代壁画墓。

1. 墓葬形制

南五里壁画墓是一座仿木结构的砖室墓，坐北朝南，由墓道、墓门、封门、甬道和墓室组成。

墓道位于甬道的南端，阶梯式土圹结构。墓门为仿木门楼式建筑，由立颊、门额、上额、槫柱和门楼等组成。封门，封门砖呈外弧状。甬道位于墓室南壁正中，为砖砌单层拱顶。墓室，先挖一近似方形的土圹，然后用砖砌筑墓室，用黄土抹口。墓室四壁采用单砖三顺一丁的砌筑方法。墓室内单砖顺砌铺地，高出甬道地面 0.2 米，形成"凹"字形台面，在其上砌筑棺床，棺床北紧靠墓室北壁，东、西两侧留有过道，前面空地。墓室内壁四角连接处砌有倚柱，柱顶有半朵斗拱。墓顶为穹隆顶式。

2. 壁画

墓葬壁画主要绘制在墓门、甬道东、西两壁及墓室四壁，其中甬道两壁壁画分为上下两层，墓室壁画分上、中、下三层。色彩主要有土黄、土红、赭石、黑、靛青、绿和

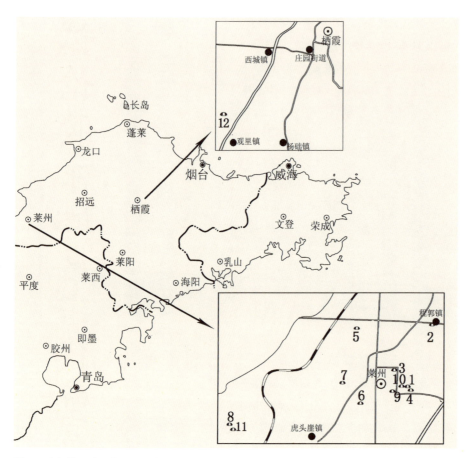

图一 胶东地区壁画墓分布示意图

1. 南五离村壁画墓 2. 西程壁画墓 3. 塔埠壁画墓 4. 东三岭子壁画墓 5. 菱花味精厂壁画墓 6. 五里侯旨壁画墓 7. 西山张家村壁画墓 8. 西大宋村壁画墓 9. 东南隅壁画墓 10. 御龙居壁画墓 11. 东小宋村壁画墓 12. 慕优壁画墓

粉红等。从整体上看色彩以土红、黄色为主，但在局部处理上富有变化。

墓门正面墙体上涂刷一层白灰，立颊绘土红和土黄彩带装饰，门额内顶部两侧绘缠枝牡丹图案。甬道东壁，上层为墓志，下层为出行图。墓甬道西壁，上层为题记；中部为"时在元丰七年"行楷纪年，下部为出行图。墓室内的壁画画面可分为三层，中间为仿木建筑结构，斗拱上绘制缠枝牡丹，上层穹隆顶下部为祥云纹，下层为壁画。墓室内的壁画上层、中层内容一致，下层壁画内容有区别。

甬道东西两壁壁画内容：东壁上层为墓志铭文，下层为出行图，绘制一匹土黄色的黄骠马，马身高大，昂首面南，右前侧有一马夫，马的右侧后立二人。西壁下层出行图绘有一匹枣红马，马夫三人，内容与东壁相似，上层的题记等。

墓室东壁画面为青龙、备宴图。青龙为墨线绘制，头向南；备宴图，主要为厨房内情景。画面为八个侍女在厨房内筹备酒席的场面。中间有两张方桌相连，桌上放着盛满瓜果和面点的盘子，水果有桃子、梨、石榴、橘子等，食品有寿桃、饽饽等，此外，有九个侍女头梳高髻用彩色包巾，端盘、洗碗等，各尽其职。

桌后中间一侍女，圆脸尖额，头梳高髻包红色发巾，形态威严，面向左前方平视，左手握红色纸卷，右手做指点状，正在分配各种工作。一侍女手端一把茶壶，头梳高髻，身着窄袖长裙，露双鞋，插步摇，一侍女头梳高髻，包红色发巾，身着白衣长裙露双鞋，双手端着食盒，插步摇，二人侧面对视，相互交流。一侍女双手端一圆形高瓶，似酒瓶，插步摇，一侍女双手拿着正往一盘食品上放，以保温，一侍女在后厨右手拿一空盘，左手拿一洗巾做擦抹状；桌上已有洗好的三组盘子；一侍女头梳高髻，包有红色发巾，身着窄袖花衣裙，手持团扇，上书"金车入门"楷书字样，躬身在一火炉旁做煽火状，炉中放满木材，炉火正旺，上放置一把酒壶，正在煮酒，一侍女身着长裙，头梳高髻包黄色发巾，站立，露双鞋，双手持扇，上书"富贵日兴"楷书字样。壁画为写意，国画画法，以墨勾线。

墓室南壁因甬道，分为东、西两侧，其东侧画面为侍女图，画面为四个侍女，中间一女头梳高髻带花冠，身着黄色窄袖长衣裙，双手抱一围棋盘，插步摇；后一侍女梳高髻，围黄发巾，身着黄色窄袖长裙，披粉红色绶带，右手拿一土黄色瓷枕，目前视，插步摇；右一侍女头梳高髻，插花簪，身着窄袖粉红色衣裙，披绿色绶带，双手捧一酒坛，目前视，插步摇；前一侍女头梳高髻，围红色头巾，身着黄色窄袖衣裙，怀抱一把带套琵琶，回首，插步摇。四侍女形态自然，动感飘逸。南壁西侧画面为舞蹈图，画面绘制一缠枝牡丹图案的地毯，一乐伎头梳高髻，包红色发巾，身穿红色长袖衣裙，跳舞，一乐伎在侧面站立。

墓室西壁画面为猛虎图、伎乐图。猛虎图，画面以墨线勾勒一只昂首翘尾的猛虎，头向南，昂首翘尾，目视前方，做奔跑状；伎乐图画面为八个乐伎，梳高髻，垂带或包髻，着交领窄袖长裙，身前后均垂带，分别手持不同乐器正在演奏的场面，乐器主要有鼓、笛子、笙、琵琶、管、拍板等，此外，一乐伎梳高髻，面正，身着窄袖花裙，露双鞋，双手执一团扇，残，仅余"齐寿"二字。

墓室北壁画面为题写四首词，用土黄色边框将四首词分隔为四组，从右至左排列，虽文字脱落，经查阅资料考证文字如下：① 宋代诗人魏野的《寻隐者不遇》词：寻真误入蓬莱岛，香风不动松花老；采芝何处未归来，白云遍地无人扫；② 男儿未遇福如何，落日烟村信聘驰，唯有深思与旧恨，翻峰未肯等闲君？；③ 青荫荫里一声新，风薄轻轻力未匀，莫道闻时尽惆怅，有愁人有不愁人；④ 忽闻梅福来相访，笑看荷衣出草堂，儿童不惯见车马，走入芦花深藏处。字体为行楷，书写流畅，章法合理。

（二）西山张村壁画墓[2]

西山张村壁画墓位于永安路街道办事处西山张家村东，2008 年 5 月，西山张家村村民在施工建设中发现，编号 M1；2014 年 4 月，在西山张村南约 500 米处一处高台地上，又清理一座壁画墓，编号 M2。

1. 墓葬形制

M1 是一座仿木结构砖室墓，坐北朝南，墓向南。平面略呈方形，自墓四直壁上部逐渐内收形成攒尖顶。墓室仿木结构，直壁上部砖砌斗拱建筑图案，墓室的转角处砌有倚柱，并绘朱色底菱形墨线图案。墓室直壁部分先在墓壁上涂刷白灰，然后在其上绘壁画。

M2 为仿木结构砖室墓，坐北向南。墓葬由墓道、墓门、封门、甬道和墓室组成。甬道，位于墓室南壁正中，墓门位于甬道南侧。甬道地面为沙土面，两壁涂抹白灰。封门、墓门及券门均用砖镶嵌于墓门及券门，墓室先挖一近似圆形的土圹，然后用砖砌筑墓室，墓室平面呈圆形，靠北壁处用砖砌筑一棺床，棺床南沿呈须弥座造型。墓室直壁部分，内容为砖砌门窗、桌椅等浮雕壁画。

2. 壁画

M1 甬道西壁画面为题记，墨书，可以辨认："宣和二年八月八日葬……边……西边……母于氏"等字样。

墓室西壁画面为彩绘砖雕桌椅图，绘有一桌二椅，方桌上置有茶盏器具，桌左右两侧各绘一椅，桌面下部有二横撑，左侧高椅之上搭披朱色织锦，椅子后绘一侍女，低眉朱唇，面颊淡红，低髻，发系一红色带巾挽于脑后，身着红色窄袖褙子，内着白色团领衫，束抹胸，下身着白裙，双手抄于袖中；右侧椅子上搭朱色织锦，椅子后绘人物，由于脱落，头部不清，从服饰可辨绘一青衣男子形象。

墓室北壁画面中间绘一朱色门，黑色门框，左右门扇上饰黑色门钉。在门的东西两侧分别绘一青龙、白虎形象，白虎是蹲伏地上。

M2 壁画主要绘制在墓室的直壁立面，其采用先涂刷白灰后彩画的绘制方法，桌椅、门窗等采用砖砌筑，一般高出墓壁；壁画使用的颜色有褐、红、黑、黄、白等。

上层的建筑图案主要有倚柱红色底子上绘白色几何对称图案，此外，有普拍枋、铺作、栌斗及泥道拱等，下层的生活场景壁画为灯檠、桌子图及门窗图等。

东壁壁画画面为灯檠、桌子图。壁画位于两倚柱之间，画面北为砖砌一浮雕桌侧面，南为砖砌一灯檠；灯檠位于方桌的南侧，仿木结构，浮雕，呈"品"字形，共由三支灯台组成，中间一直灯，又从其两侧对称弯曲又分出各一支，檠端有托台，用单砖镶嵌入壁内凸出半截，一半嵌进墓壁，一半凸出墙面，灯檠通体以墨色为主。

西壁壁画画面为桌椅图。壁画位于两倚柱之间，画面正中砖砌浮雕一桌两椅，桌两侧砌一对靠背椅，椅的两腿间为单直帐，桌、椅通涂褐红色。桌面之上放置一执壶、一罐。右侧椅后置一曲棍型器物，通体涂红色，上部呈长板状，颈部弯曲与一细长杆连接，杆粗 1.5 厘米，此物造型与古代"捶丸"运动中使用的球杆极为相似。

北壁壁画画面为门窗图。壁画位于两倚柱之间，画面砖砌浮雕兼彩绘门、窗。壁画正中为一假门，门两侧砌筑立颊、槏柱。绘黄色门扇，其上绘黑色门钉 5 排，门扇之间有一浮雕门闩，其上涂抹墨色。门额浮雕彩绘圆形花瓣门簪一对。大门两侧各砖砌浮雕窗一个，均为单砖侧立窗棂三根。

南壁壁画画面为门、窗图。壁画位于两倚柱之间，与其他壁画不同的是：门为甬道内的券门，在券门的东西两侧，分别砖砌浮雕窗，其略呈正方形，单砖侧立窗棂五根。

（三）东小宋村壁画墓[3]

东小宋村位于莱州市区西南 15 公里的虎头崖镇。1965 年 8 月，莱州（原掖县）东小宋村生产队队员在兴修水利时在该村后的山坡上，发现了一座大型壁画墓。

1. 墓葬形制

东小宋村壁画墓是一座仿木结构建筑砖室墓，坐北面南，呈南北向。墓葬由墓道、甬道、墓门、前室、后室和东、西耳室组成，前、后墓室及前墓室与东、西两耳室之间均有过道相连。墓道为土质，呈阶梯状，具体长度不明；墓室仅残留东室与后室。前室平面略呈方形；后室平面近正八角形；东耳室平面为正方形；西耳室平面呈长方形。

2. 壁画

东小宋村墓葬的壁画主要绘制在墓室四壁及一些仿木结构的建筑构件上，建筑构件上一般绘制红、黄、黑、白等颜色的图案，壁画绘制在墓室的四壁上，其中以东耳室南壁、东耳室北壁和后室西壁的侍女图像最为生动。画面中的侍女皆体态丰腴，高髻，内着圆领衫，外着长袍。其中东耳室南壁的侍女手捧一长方体物品，疑似为画盒；东耳室北壁的侍女两臂置于胸前，双手置于胸前，抄手而立；后室南壁的侍女手捧一托盘，盘中间放置一高足碗，其两侧各放一较矮的高足小碗。

（四）栖霞慕家店慕伉壁画墓[4]

慕伉壁画墓位于栖霞市观里镇慕家店村东，1982 年发掘。

1. 墓葬形制

编号 M3 为圆形穹隆顶砖砌单室墓，由墓道、甬道、墓室组成。墓门设置于墓室的南壁，门顶为砖砌单券。墓室平面呈圆形，斜坡土质墓道。墓室内有八条立柱，上端砖雕二层斗拱。墓室内北部砌筑棺台，高 40 厘米。据出土墓志记载，墓主慕伉死于北宋政和四年，葬于政和六年（1116 年），为有明确纪年的北宋壁画墓。

2. 壁画

墓室内壁多绘有壁画。系先在内壁抹白灰，再上施彩绘。惜年久受潮大部分已脱落，但山水、人物画的墨线线条较清晰。墓门两边绘花卉，上部绘一条波浪纹、四组云纹和三幅花卉。

（五）东南隅壁画墓[5]

东南隅壁画墓位于莱州市文昌路街道办事处东南隅村东南，2010 年 1 月在建筑施工过程中发现。

1. 墓葬形制

东南隅壁画墓是一座仿木结构砖室墓，坐北向南。墓葬由墓门、甬道和墓室组成。封门，由砖砌封堵成。甬道，位于墓室南壁正中。甬道东、西两壁及顶部涂抹白灰，同时，在东、西两壁均绘制有壁画。甬道门内以砖墙封堵。墓室先挖一近似方形的土圹，然后用砖砌筑墓室，平面略呈方形。砖室仿木结构，墓室内壁位于墓室的转角处砌有倚柱，为单砖侧立，无柱础，立于四角的地面上，柱头有转角铺作，直壁上单砖砌筑逐渐内收为覆斗状墓顶。墓室内单砖顺砌铺地，在靠北壁中间砌筑棺床。

2. 壁画

壁画主要绘制在甬道及墓室四壁，采用先涂刷白灰后绘制壁画的方法。墓室东壁在建设施工时已挖掉损毁，仅余部分壁画。墓室顶部无壁画。墓室内的壁画画面可分二层画面，上层为斗拱建筑结构图案，主要为斗拱、普拍枋、阑额及缠枝牡丹等装饰图案，布局对称。下层主要为家居、人物生活场景。

甬道内两侧壁画，甬道内上方起券部分壁画可分为二层，上层绘一周红色"～"形条带装饰图案，下层绘白底墨线缠枝牡丹图案。东侧绘一男仆，浓眉大眼，体态健壮，头戴白巾与褐色斗笠，上身着红褐色右衽交领窄袖短衣，两袖挽起，上衣下襟掖起，系于腰间，露出白色围裙与绿色腰带，下身着紧腿白裤，脚穿白色布鞋，右手扶斗笠，左

山东博物馆辑刊（2015 年）

历史与文物研究

手持一扁长形工具，似"戥"类之物，回头作趋步状，画面右上题红色"利市"二字；西侧绘一男仆，头戴黑色无脚幞头，上身着红褐色右衽交领窄袖袍，腰系白底绿花带，露出褐色短内衣，下身着紧腿白裤，足穿白布鞋，双手捧一带盖白瓷瓶，作急行走状，画面左上方题红色"大吉"二字。

西壁壁画夫妇对坐图，画面正中砖砌一桌，桌面下有一横撑，直足。桌两侧砌靠背椅各一，两腿间为单直枨。桌、椅表面通敷褐色，桌面下彩绘褐色齿状牙条。桌面上摆托盏、碗碟、果盘，盘内盛满各种食物，桌旁对坐夫妇二人。右侧男主人头戴褐色无脚幞头，身着团领褐色窄袖袍，束腰带，双手持一注子。左侧女主人头梳高髻，插步摇，簪饰，面颊红润，点朱唇，身着褐色褙子，面带微笑与男主人作对视状。男主人身后绘一男仆，头戴白色无脚幞头，身着红色右衽交领窄袖长衫，腰系褐色布带，腰际两侧开襟处露出绿色内衣，下身着窄腿白裤，足穿白布鞋，两袖挽起，双手握一扫把作扫地状。

北壁壁画门窗图，画面正中用砖砌筑一门框和门簪，绘朱色，同时，绘一朱色大门，门左右两侧各砖砌一曲棂窗户，绘朱色。左侧窗旁绘一女仆，低髻，发挽脑后，插头饰，面颊淡红，上身着白色碎花褙子，内着白色团领衫，束白色抹胸，下身着白裙，腰垂两条绿色布带，足穿白色布鞋，双手端一盏托，上置酒杯，面东侍立。

东壁壁画仅余一砖砌方桌及一灯檠，为方桌、灯檠图，敷褐红色，方桌，桌面下有一横撑，桌面与撑之间绘菱形装饰图案及牡丹图。

（六）御龙居壁画墓 [6]

御龙居壁画墓位于莱州市文昌街道办事处御龙居小区院内，2013年1月，在小区建设施工过程中发现。

1. 墓葬形制

御龙居壁画墓为一座仿木砖结构砖室墓，坐北朝南，墓向南。墓葬由墓门、甬道和墓室三部分组成。封门用单砖平铺形成菱角牙子。甬道，券顶。墓室平面呈八角形，攒尖顶。墓室用单层青砖铺地，高出甬道地面约0.35米，形成"凹"字形棺床。

2. 壁画

壁画采用墓壁先涂刷白灰，后绘制壁画的方法，同时，采用了砖雕与绘画相结合的方法，可见到三个层次，自下而上，第一层次：为花卉图及起居图、伎乐图等；第二层次：斗拱建筑图案，砖雕二层斗拱，斗拱正面外缘套黑框，白底敷褐红色，侧面土红色，拱间彩绘黑底折枝牡丹花卉与黑底黄色卷草纹，阑额、普拍枋彩绘黑底白花兼浅红色卷草纹图案等；第三层次墓室的顶部为云鹤图，八面分别彩绘八只白鹤，仙鹤展翅高飞。

墓室南壁甬道两侧的壁画，甬道上方起券部饰绘红色牡丹宝相花外缘绘黑色边框，甬道两侧部分绘褐红色似卷云纹装饰图

案，脱落较严重。

东南壁画面为侍宴图。画面中有四位侍女正在筹备酒食。靠右中间处绘二张褐红色条案，直足，双直枨，案面摆满各种餐具，有碗、执壶、果盘、托盏、食盒等，餐具中盛食品点心，桌旁还有一正在燃烧的烛台，案前绘三侍女，中间一女梳高髻裹白巾，面颊淡红，点朱唇，身着深红色窄袖褙子，束红色抹胸，下身着白色长裙，双手捧一瓜棱大碗，内盛食物，面向东；左侧一女梳高髻裹白巾，面颊淡红，点朱唇，身着朱红色窄袖褙子，束红色抹胸，下身着白色长裙，脚穿红色尖鞋，双手捧圆盘，盘内盛藕饼点心，面东侍立；最右侧一女梳高髻裹白巾，面颊淡红，点朱唇，身着灰黄色窄袖褙子，束红色抹胸，下身着粉红色长裙，双手握一提梁小罐置于胸前；左侧一女低髻，插头饰，身着碎花青衣，手捧一摞长条状物件，似为织锦布料，回头与中间侍女作对话状。众侍女后绘一橘红色隔扇门。

西南壁画面为伎乐图。画面共绘四人，左前一男，脸色红润，头戴黑色无脚幞头，身着圆领青紫色窄袖短袍，腰系白带，下身着白色窄腿裤，脚穿白布鞋，双手握拍板。画面最右侧绘一男，头戴黑色无脚幞头，脸微红色，上身着圆领白色窄袖短袍，腰系红带，下身着白色窄腿裤，扎裤腿露出脚踝，脚穿黑色布鞋，双手握铙钹侧身回首作拍打状。壁画中间绘一女，高髻裹巾，面颊淡红，上身着红领白色褙子，下身着粉红色长裙，足穿深红色尖头靴，身微屈面向西，身前有一架子鼓，双手握鼓棒作敲击状。壁画东侧绘一女，高髻插头饰步摇，面颊淡红，上身着红色直领对襟窄袖褙子，内着白色圆领衫，束红色抹胸，下身着红色长裙，足蹬红帮尖头靴，双手捧一似笙、竽状乐器。

西南壁、西北壁、东南壁与东北壁四面的画面为花卉图，均绘黑色边框，框里均绘有三朵粉红色牡丹花，除花卉外，其他部分脱落严重，漫漶不清。

北壁画面为起居图。画面绘朱红色横帐，下为卷起的窗帘竹帐，再往下为已开启的褐红色百格门扇与红色幔帐，幔帐里为床榻，之上放有叠好的红色衣物，门扇一边露出一女子，高髻，低眉，面颊微红，小口点朱唇，上身着直领对襟白色窄袖褙子，内着红色直领衫，束红色抹胸，面朝南。

墓室顶部画面为仙鹤图。墓室顶部为八面，每个画面均绘一只在祥云中翻翔的白鹤，姿态各异，惟妙惟肖。

（七）塔埠壁画墓 [7]

塔埠壁画墓位于莱州市区东北文昌路街道办事处塔埠村西部，该墓发现于1990年4月。

1. 墓葬形制

塔埠壁画墓为一座仿木结构砖室墓，坐北朝南，墓向南。墓葬由墓门、甬道和墓室三部分组成。墓门为木质门扉，门扉外再用砖墙封堵。甬道券顶，墓室平面呈八角形，攒尖顶。

2. 壁画

甬道东西两侧壁画分别绘轿、马及男仆。壁画可见到三个层次，自下而上，第一层次：七面墓壁彩绘捧物众女侍和男童仆，及衣食、床帏；第二层次：斗拱建筑图案，砖雕二层斗拱，彩绘变形云纹、折枝牡丹等；第三层次：墓室的顶部，八面分别彩绘八只白鹤，每组一鹤回首与后面一鹤成相呼应状。

（八）东三岭子壁画墓[8]

东三岭子壁画墓位于文昌路街道东三岭子村东南约500米处。该墓发现于1991年4月，先后发现两座壁画墓，分别编号M1、M2。

1. 墓葬形制

M1是一座仿木结构的砖室墓，坐北朝南，墓向南，墓葬由墓门、甬道和墓室三部分组成。墓门为砖雕门楼式，券顶，两侧竖砖框浮雕缠枝花草纹，门上雕门簪、斗拱及瓦檐。甬道券顶，墓室平面呈长方形，券顶。M2墓葬形制与M1基本相同，砖砌墓壁抹白灰底，当调查时已被彻底损毁。

2. 壁画

M1甬道券顶，东西两壁白描二官差，分执棍棒、长柄瓜鎚徒步奔行状。墓室内壁白灰抹面后绘制壁画，有隔扇门、床帏及枕被、侍童，摆设官服、薰香炉、笏板、腰带、熏炉、长巾，另有桌椅及笔墨砚印文房四宝、文册，众男女婢仆烧灶、捧物侍奉、挑灯、抬食以及花卉盆景及双轿等。墓顶彩绘日、月、星辰、祥云。

M2仅残存一壁画局部，此壁画脱落较严重，漫漶不清。壁画高0.78、长1.00米，其上彩绘三侍女，皆头梳高髻，插头饰，柳眉凤眼，朱唇小口，从右至左分别身着白、红、黄色褙子，三侍女双手捧器物于胸前，分别为执壶、瓷瓶、食盒等，人物画面后绘隔扇门窗。

（九）五里侯旨村壁画墓[9]

五里侯旨村壁画墓位于永安路街道办事处五里侯旨村一建筑工地，该墓发现于2006年10月。墓葬仅存甬道两侧的壁画。

1. 墓葬形制

五里侯旨村壁画墓为一座仿木结构砖室墓，坐北朝南，墓向南，墓葬由墓道、墓门和墓室三部分组成。墓室平面略呈圆形，穹隆顶。在墓室的北侧，紧靠北壁，有一砖砌棺床，四壁墓葬直壁与顶部连接处砌筑砖雕斗拱、阑额等，斗拱间彩绘花卉图案。壁画采用先在墓壁上涂抹白灰面，然后再绘壁画的方法。壁画画面有彩绘的人物、花卉等内容。

2. 壁画

仅存的壁画是绘制在甬道东西两侧。东侧壁画画面：绘一门神及一男仆，前者为门神，横眉竖目，表情威严，双手竖握

兵刃，头戴兜鍪，上有缨子，两旁有护耳，内穿黑色窄袖衣，外穿宽绣袍，腰束带，足登黑色长布靴；后者绘一男仆，头戴瓦楞帽，内着红色窄袖衣，外着白色半臂长袍，腰束带，足部漫漶不清，双手捧一盏托内置一酒杯于胸前侍立。西侧壁画画面：绘一门神及一女仆，前者为门神，横眉竖目，表情威严，八字须，双手竖握兵刃，头戴兜鍪，上有缨子，两旁有护耳，内穿黑色窄袖衣，外穿宽绣袍，腰束带，足登黑色布鞋；后者绘一女仆，高髻，插头饰，身着黑披肩、半臂短衫，下身着襦裙，腰系打结绶带，手捧一酒壶侍立。

（十）西大宋村墓[10]

西大宋村墓群位于虎头崖镇西大宋村西南50米，莱州市的西南。

1. 墓葬形制

西大宋村墓为一座仿木结构的前、后两墓室及西耳室的砖室墓，坐北向南，墓向南，墓葬由墓门、甬道和墓室三部分组成。墓门位于前墓室的南壁正中，券顶。封门砖为单砖平铺，用砖镶嵌于墓门和甬道之间，呈菱角牙形。前、后墓室平面略呈四方形，墓室四壁四面逐渐内收向上内收呈穹隆顶；前、后墓室之间有一通道，西耳室与后墓室亦有一通道相连。

2. 壁画

前墓室的壁画，由于制作粗糙，漫漶不清。采用先在墓壁上用泥抹墙，后涂刷白灰，再进行彩绘的方法。根据现场，可以辨别墨线彩绘的宝相花、牡丹、云纹、条形纹等图案及人物、门窗等内容。后墓室无彩绘壁画，四壁皆用砖镶嵌，高出墙面。北壁正中砖砌假门；西壁为桌椅图，中间砖砌一方桌，桌子的两侧砌一靠背椅。墓室仿木结构，砖砌阑额、普拍枋，四壁转角处砖砌斗拱等。西耳室平面略呈方形，顶部呈穹隆顶。

二 胶东地区壁画墓特征

（一）胶东地区发现壁画墓的区域特征

两宋时期的墓葬，一般分为中原北方地区、长江中下游地区、湖广地区、赣闽地区和川贵地区等5个区域[11]，山东应属于中原北方地区，目前，山东地区发现的壁画墓时代最早的是现东平县梁山后银山东汉壁画墓，这一时期发现的壁画墓数量较少，主要分布于山东内陆地区。胶东地区发现的最早的壁画墓是现莱州市南五里村宋代纪年壁画墓，相对山东内陆地区发现宋代壁画墓主要分布于济南地区，聊城、淄博也有个别发现。[12]胶东地区发现的宋代壁画墓主要分布于胶东地区的西部的现莱州市区及周边区域，此外，在现栖霞市发现一座，其他区域发现的宋代墓葬均为砖室墓，未见壁画墓。

（二）胶东地区发现壁画墓的墓葬形制特征

仿木建筑砖室壁画墓最早出现在晚唐五代时期，直到北宋初年，墓室内的仿木结构还很简单，至北宋中期这种形式的砖室墓才比较成熟，墓室结构更多地模仿了当时的地面建筑，其表现手法主要有两类：一是以雕砖为主的仿木结构砖室墓，另一种则是以壁画为主的仿木结构砖室壁画墓，但也有的墓内同时以壁画和雕砖相结合作装饰，周壁饰以桌椅家具、主仆侍从等[13]。这表现壁画墓的手法在胶东地区宋代壁画墓葬中也体现出来。

胶东地区宋代壁画墓的墓葬形制，墓葬一般坐北朝南，墓向南。由墓道、墓门、甬道和墓室等部分组成，多见仿木结构砖砌的单室墓，少量的多室墓；平面形制有方形或圆形，还有等边多角形；多室墓一般有前后墓室，或左右耳室，墓室之间有过道相连；顶部多为穹隆顶。墓道常见土质，呈阶梯状。墓门位于墓室的南壁正中，一般为仿木结构的门楼，券门上部砌砖雕硬山顶门楼，砖雕瓦垄、斗拱、门簪等不同的结构，并加以不同颜色的彩绘，间彩绘宝相花和三角勾连纹图案，门框彩绘莲花等。墓室，先挖一近似方形的土圹，然后用砖砌筑墓室，墓室内砌筑棺床，棺床一般紧靠墓室北壁，有些在东、西两侧留有过道，前面空地。墓室内壁四角连接处砌有倚柱，柱顶有半朵斗拱。墓顶为穹隆顶式。四壁利用砖雕或砌出立柱、斗拱、枋等不同的建筑构件，采用凸出壁画的砖砌作法。桌椅、门窗、斗拱等都用砖砌出突出墓壁的效果，并漆以仿木色颜料，形成逼真的视觉效果，现实感得到更加直观的表现，将现实生活中的家居陈设、日常用品、宴饮伎乐等通过仿木砖室和壁画的形式呈现在墓室之中，共同构成了与居室相似的空间感，砖砌仿木结构彩绘和壁画，组成具有时代特征的墓葬装饰，如御龙居壁画墓，采用了砖雕与绘画相结合的方法。仿木结构建筑的壁画墓的出现，呈现宋代人们世俗化生活的一面，这些特征都反应在丧葬礼俗方面的墓室装饰上，现实生活世界与身故后世界的世俗化在仿木结构砖室墓葬体系中得到体现。

（三）胶东地区发现壁画墓的壁画内容

1. 胶东地区发现壁画墓壁画题材

胶东地区发现的壁画墓，壁画内容既有仿木结构建筑图等，还有夫妇对坐、伎乐、宴饮图等生活享乐场面图，同时，还有仙鹤、花卉等自然景物图，青龙白虎等四神图等。主要有以下几个方面：

壁画墓的墓门一般仿木结构的门楼，墓室上部分主要为斗拱、普拍枋、阑额等建筑结构图案，建筑构图完整，布局对称，上面一般有缠枝牡丹等装饰图案，壁画颜色较丰富，有如真实斗拱等建筑构件呈现在墓室之中，与墓室下部分的人物生活场景壁画形成一个完整空间。如御龙居壁画墓斗拱建筑图案，砖雕二层斗拱，斗拱正面外缘套黑框，白底敷褐红色，侧面土红色，拱间彩绘黑底折枝牡丹花卉与黑底黄色卷草纹，阑额、普拍枋彩绘黑底白花兼浅红色卷草纹图案等。

吉祥图案是装饰家居环境的重要物品，特别是花卉，在北魏、隋唐时期的墓葬画中已出现，但仅仅是作为点缀，至宋代，它们是着力刻画的一个主题。为了突出舒适、优雅的家居环境，显示主人高雅的爱好和情趣，装饰使用花卉品种很多，以牡丹为最。胶东地区发现的壁画墓，几乎每座墓都有多幅牡丹图。此外，还有绘制仙鹤流云等图案，如御龙居壁画墓，墓室顶部为八面，每个画面均绘一只在祥云中翱翔的白鹤，姿态各异，惟妙惟肖。在墓室南壁甬道上方起券部饰绘红色牡丹宝相花外缘绘黑边框；甬道两侧部分绘褐红色似卷云纹装饰图案。西南壁、西北壁、东南壁与东北壁四面均绘黑色边框，框里绘有三朵粉红色牡丹花。这类题材是当时仍在流行的升仙思想的反映。

壁画墓的下部分主要为家居、人物生活场景，绘制的人物有墓主人夫妇对坐图，伎乐图、备宴图等内容。主要有开芳宴或宴饮图、门窗图、桌椅、灯檠图，出行图等。

开芳宴或宴饮图，最初出现于汉魏南北朝时期贵族墓壁画，是经常使用的题材，至宋代这种题材十分流行。画面一般绘制夫妇二人端坐一桌或分坐两桌，桌上置注子注碗、果品盘碟等物，侍从拥立周围服侍的场面。与之有关联的庖厨图也是此时常见的画面。[14] 如东南隅壁画墓，在墓室西壁壁画绘制夫妇对坐图，画面正中砖砌一桌，桌面上摆托盏、碗碟、果盘，盘内盛满各种食物，桌旁对坐夫妇二人。右侧为男主人，左侧女主人面带微笑与男主人作对视状。男主人身后绘一男仆。

伎乐图，主要题材为乐舞，即以乐器演奏为主，同时也有简单的舞蹈表演。如在莱州南五里壁画墓西壁中的伎乐图，画面为八位乐伎分别手持不同乐器正在演奏的场面，乐器主要有鼓、笛子、笙、琵琶、管、拍板等，在墓室南壁西侧舞蹈图，二者互相呼应，构成了一幅乐伎演奏的场面。在御龙居壁画墓的东南壁侍宴图，画面中有四位侍女正在筹备酒食。靠右中间处绘二张褐红色条案，案面摆满各种餐具，有碗、执壶、果盘、托盏、食盒等，餐具中盛食品点心，桌旁还有一正在燃烧的烛台，案前绘三侍女，众侍女后绘一橘红色隔扇门。西南壁画面为伎乐图。画面共绘四人，左前一男双手握拍板，右侧绘一男，双手握铙钹侧身回首作拍打状。壁画中间绘一女，身前有一架子鼓，双手握鼓棒作敲击状。壁画东侧绘一女，双手捧一似笙、竽状乐器。

起居图也是表现家居生活的重要题材。如五里侯旨村壁画墓北壁画面绘朱红色横帐，下为卷起的窗帘竹帐，再往下为已开启的褐红色百格门扇与红色幔帐，幔帐里为床榻，之上放有叠好的红色衣物，门扇一边露出一女子，面朝南。

桌椅、灯檠和门窗图是家居生活中最主要的表现方式，在桌子上一般有常见的杯盘碗盏、注子等日常生活用品。同时，在画面中绘制有侍女等仆人，表现墓主生前生活富裕等。如西山张家壁画墓M1墓室西壁画面为彩绘砖雕桌椅图，绘有一桌二椅，方桌上置有茶盏器具，桌左右两侧各绘一椅，椅子后绘一侍女，右侧椅子上搭朱色织锦，椅子后绘人物，从服饰可辨绘一青衣男子形象。M2东壁壁画画面为灯檠、桌子图，画面北为砖砌一浮雕桌侧面，南为砖砌一灯檠；北壁壁画画面为门窗图等。

青龙、白虎及门神图，中国古代四大神兽也是壁画墓中经常使用的题材。一般绘制青龙和白虎。个别墓葬绘制有门神等。如南五里壁画墓，在其东壁、西壁，绘制青龙与白虎相对应；西山张家M1墓室北壁画面中间绘一朱色门，黑色门框，在门的东西两侧分别绘一青龙、白虎形象，白虎是蹲伏地上。在五里侯旨村壁画墓，从仅存绘制在甬道东西两侧的壁画中，其东侧壁画画面：绘一门神及一男仆；西侧壁画画面：绘一门神及一女仆。

此外，出行图、山水、人物画及持杖门吏等，这些壁画内容均与现实生活有直接的联系，在胶东地区的壁画墓中也得到反映。

2.胶东地区壁画题材渊源

胶东地区壁画题材从内容到形式，基本上沿袭了汉魏六朝至唐代以来壁画墓中常见的题材，如家居宴饮、乐舞、男女侍等。宋代以前，墓葬壁画中出现的家具是根据内容画面的需要，作为辅助品出现的，如宴饮图中的帐架帷幔，至北宋，壁画墓中描绘的家具，成为壁画表现的主题，如无人坐的桌椅等，有时整个一面墓壁仅绘制该类内容。如果仅从表面上看，各个时期所使用的这些题材的内容性质似乎没有太多区别，但实质上它们之间的差别是很大的，这是由于不同时期，各自推动产生这些墓葬壁画的理念形态的差异所造成的。

胶东地区的壁画墓内容除壁画外，还出现在画壁上题跋诗词、墓志纪年等形式，诗词内容多为当时流行寻仙问道之类的名人词句，其书法用笔之活，达到一种朴厚率真、爽利痛快而又不失雅致的书法艺术境界，这些题跋诗词及在甬道壁题写墓志，是胶东地区壁画墓的一个特点，也是山东省境内目前首次发现。

三 总 论

宋代之前，壁画的产生由于宗教、巫术与制度的原因，至宋代，商品经济的繁荣发达，平民阶层的经济实力得到空前发展，富裕的阶层逐渐扩大，他们对社会的影响开始变大，也波及了丧葬礼俗制度，但受等级制度的限制，拥有雄厚资产而无政治地位的富商大贾，为了显示富有，在房屋装饰上雕梁画栋，引人注目，作为现实生活写照的墓葬，开始流行这种规模不大、装饰繁缛的仿木结构建筑的砖室墓。

随着社会的发展，经济发达，经济活动影响力的增加，为宋代墓室壁画的平民化提供了必要的经济支撑，至北宋中晚期，大量的墓葬壁画发现于"非官不志"[15]平民墓中，壁画这一艺术形式已突破等级制度的藩篱，开始走向民间，这也影响到胶东地区。这一时期发现的壁画墓，壁画内容体现了当时胶东地区的世俗生活场景，宴饮、伎乐等日常生活场面被呈现在墓室壁画之中，体现了死者生前的世俗生活场景，同时也是死者对死后另一个世界里世俗生活的向往。

胶东地区发现的宋代壁画墓，墓葬形制如八角形的后室与中原地区宋代墓葬的形制有很多相似之处[16]，壁画的侍女等形象亦见于其他地区宋墓[17]，说明宋代胶东地区与外地的丧葬文化可能存在着交流关系。

总之，胶东地区宋代壁画墓突出了古代建筑的风格，将壁画与建筑进行了最大限度的结合，融绘画与砖雕为一体，反映出当时建筑的高超砌筑技艺，运用提炼精粹而纯熟的描绘技术，直接、间接的反映了当时现实生活，对研究该地区这一时期的建筑绘画艺术、人物服饰、丧葬习俗以及当时的政治、经济、文化等都具有重要意义和参考价值。

注 释

[1]～[3]、[5]～[10] 烟台市博物馆等：《莱州壁画墓》，青岛出版社，2014年。

[4]李元章：《山东栖霞县慕家店宋代墓亢墓》，《考古》，1998年5期。

[11]汪小洋：《中国墓室壁画繁荣期讨论》，《民族艺术》，2014年4期。

[12]徐光冀：《中国出土壁画墓全集·山东卷》，科学出版社，2012年。

[13]宿白：《白沙宋墓》，文物出版社，2002年。

[14]宿白：《白沙宋墓》，文物出版社，2002年。宿白对"开芳宴"进行了解释，他认为"开芳宴"与墓室壁画中夫妻宴饮及乐舞的场景十分相似，因此后来的学者将宋辽金元时期的夫妻对坐宴饮赏乐的图像称为"开芳宴"。

[15]《政和五礼新仪》，卷二一六"凶礼品官丧仪·葬"条。

[16]易晴：《试析河南北宋砖雕壁画墓八角形墓室形制来源及其象征意义》，《中原文物》，2008年1期。

[17]陈章龙：《北方宋墓装饰研究》，吉林大学博士论文，2010年。

世所罕见 皇家龙袍
——简析鲁荒王朱檀墓出土明初亲王龙袍

文／蒋群 山东博物馆

内容提要

妆金柿蒂窠盘龙纹通袖龙襕缎辫线袍和妆金团龙纹缎袍是明鲁荒王朱檀墓出土的最具有代表性的两件龙袍，采用分别论述的方法对其式样、结构、形制、织金工艺及纹饰方面进行分析，揭示了明早期亲王服饰的特点，阐明明代早期服装与中国古代汉服形制的关系，在历史朝代中的演变，尤其是与元代服饰元素之间的密切联系，反映出元末明初过渡时期的明代早期服装的一些特殊性，及与明代中后期服装风格上存在着的联系与差异，肯定了明早期织金工艺技术高超，在继承元代的基础上的进一步发展，并从其丝质品特质和其唯一性等方面确定了它们在中国明代服饰中的重要地位和意义。

关键词

上衣下裳连属制式 织金工艺 辫线 上下通裁袍式 常服袍

明鲁荒王朱檀墓出土了一批明初纺织品，属洪武早期，质地有丝、麻、棉三种，约80件（套），其中服饰有27件（套），质地主要是丝、麻两种。丝质地袍服主要为朱檀在不同场合、不同季节的穿着，有长袖、短袖，麻质地的主要是其贴身内穿服饰。所有袍服按其裁剪制作方法主要分两种样式：一是交领上衣下裳连属制式、二是圆领上下通裁袍式。下面以朱檀墓出土的两件最具特色的龙袍为例，剖析一下明初亲王服饰。

一 妆金柿蒂窠盘龙纹通袖龙襕缎辫线袍

衣式属上衣连属制式，这种衣式最早可追溯到商周时期的深衣制，《礼记·深衣》有"名曰深衣者，谓连衣裳而纯之以采也。"这里指先将上衣和下裳断开分裁，后在腰下处缝合为一体，另接领袖或用其他面料刺绣缘边，外形看上去与当代的连衣裙非常相似。这一形制对中国后世汉服的影响极为深远，中国历朝历代的祭服或重要礼仪场合服饰均采用这种服饰。

妆金柿蒂窠盘龙纹通袖龙襕缎辫线袍（图一）：通长125、上衣长50、领宽8.5、领长108、通袖长218、接袖长54、袖宽27、袖口宽15、腰宽48、下摆宽152厘米。式样：交领右衽，窄袖，直腰，上衣与下裳在腰下部连接，接缝处作细密折裥，下裳前后均为基本规则的顺褶，如百褶裙，展开形成宽大的下裳。上衣为通肩袖前后片整裁，接长袖；衣领分裁4片，两两对缝，在领后中央处对接缝合，分别连缀大襟、小襟；下裳上部缝细密折裥，毛边部分纳入上衣面与里之间，上衣边内折，衣面与里分别连缀下裳，细褶宽2～2.5厘米；下裳分前后片形似开衩，但从外侧却看不到腿，这种形制与上衣和下裳巧妙的连接有关：一是将前身外大襟下的褶裙与后身内左侧的直片裙相连，包覆左腿；二是将前身内小襟下的直片裙与后身外的褶裙相连，包覆右腿，这样前后身均为两层。如此连接后，长袍形成了两侧开衩，既不会将双腿侧露，保持了庄重的外形，又迈步行动自如的特点。

这种上衣下裳连属的衣式除延续汉制外，在形制上还特别接近于元代的"质孙"服。质孙服的衣式就是上衣下裳连属式，且上紧下短，在腰间作有无数的襞积，下为打竖向细褶的折裙，这里"襞"是指衣服折叠，"积"是指聚集，连在一起就是指古代衣袍上的折裥。朱檀墓出土的这件袍服上衣接腰处的细缝折裥即与此相同，但元朝质孙服的下

图一 妆金柿蒂窠盘龙纹通袖龙襕缎辫线袍

裳较短，因为质孙服属于戎服，元人善骑，短裳更便于元人的乘骑活动，明朝对袍服进行了改进，将短裳加长，护住腿部，既保存了元代质孙服的细裥折裙特点，又稳重大方。这件袍服形制前看还与明朝的"曳撒"十分相近，王世祯《觚不觚录》中有"其上有横折而下复竖折之，若袖长则为曳撒。"但曳撒的形制仅是前襟分裁而后身为整裁。明朝还有一种服饰称贴里，其式样为前后襟均分裁，腰部以下做褶，且大褶之上亦有细密折裥，亦饰有云肩、通袖襕、膝襕等纹样，如飞鱼袍，但贴里的衣身两侧不开衩，对比可见贴里的式样与此种袍服更相近。通过种种改进和演变明初这种上衣下裳连裳式的袍服最终成为了明朝的主要服饰之一。

妆金柿蒂窠盘龙纹通袖龙襕缎辫线袍的主要纹饰为盘龙纹，在袍服的前后及两肩织由多个云头纹饰组成的柿蒂形，柿蒂形在相应的前胸、后背和两肩两两相对，织盘龙纹，为升龙；两袖上织有云龙纹袖襕，袖襕为八吉祥纹饰，左袖上为花、盖、轮、盘长，右袖上为螺、鱼、伞、罐（图二、图三）；在下裳

前后两大片上还织有云龙纹膝襕一道，纹饰工艺采用的是织金。织金是采用金线织花的一种工艺，在我国古代纺织工艺中独树一帜。中国的丝织品中加金工艺大约始于战国时期，在秦以前就已出现在织物上。东汉以后，织金工艺在汉服饰上得到运用，当时仅限于皇家宫廷服饰。魏晋南北朝时期服饰织金的风气在全国范围内逐渐漫延发展，唐宋时期织金服饰开始越来越多，织金技术有了很大进步，宋代贵族服饰用金在技术上已发展到了18种之多。织金真正流行是从同时期的辽、金开始，尤以回鹘地区最为盛行，所织衣料最为精美。继辽、金之后，元朝统治者也特别喜欢以织金来表现富贵，因其贵重且消费量大，元政府设有制造专局，雇佣大量工匠，织金工艺的发展达到极盛。明初的织金工艺继承了的元代的衣钵，朱檀墓出土服饰织金采用的是元代织金工艺中的捻金工艺，首先把自然金锤打成薄薄的金箔，裁成条，后以丝线为芯，围绕丝线将金箔缠绕其上，这样就成了外加金箔的金缕丝线，织料时作为织物纹饰的纬线。

图二　妆金柿蒂窠盘龙纹通袖龙襕缎辫线袍正面纹饰

图三　妆金柿蒂窠盘龙纹通袖龙襕缎辫线袍背面纹饰

这种金箔的厚度薄到了令人匪夷所思的地步，只有2.4微米至5.8微米。采用捻金法织出的织物纹饰牢固耐用，不易脱落，这件袍服出土前在墓中曾遭水浸，并历经六百余年，但盘龙纹图案依旧光灿熠熠，保存较好，与采用的此种捻金工艺有极大的关系。

这件妆金柿蒂窠盘龙纹通袖龙襕缎辫线袍除织金盘龙纹饰外，装饰上还有一个亮点，就是其在上衣围绕腰腹部有三组九条平行的辫线。这些装饰辫线也与元服有着千丝万缕的联系，在元代有一种服饰其式样与质孙服相似，因为在其腰部采用辫线缝制起到紧身作用的宽阔围腰，而俗称"辫线袄子"。初产生于金代，元代时被人们普遍的穿着，元末大多数官吏，甚至元代统治者也穿这种袍服。明初在亲王服饰上，将这种形式取来简化，把辫线袄上的紧密的辫线，演变成分组辫线的形式，缝在袍服上，突出立体感，起美观装饰作用。朱檀墓中并未出土亲王的九章祭服龙袍，但却出土了与其相配的九旒冕和九缝皮弁，所以这件交领盘龙织金并装饰袖襕、膝襕、腰部辫线的华美龙袍推断应是与冕、弁相配合的"祭服"，是朱檀在助祭、谒庙、朝贺、受册、纳妃礼仪场合的礼服。

二 妆金团龙纹缎袍

衣式属上下通裁袍式，即前后身上下一起整裁，下部两侧放摆的结构，形如长袍式样。

妆金团龙纹缎袍（图四）：通长134、领围55.3、领宽2、通袖长210、接袖长52、袖宽28.5、袖口宽14、腰宽50、下摆宽120厘米，前后胸纹样长径37.8、肩部纹样长径28厘米。式样为圆领，亦称盘领，右衽，窄袖，直身，分左右，从上至下前后身与肩袖一起整裁，在肩部对折，两大片对缝，然后大、小襟、两袖各接一幅，下身两侧开裾，向外打两个折，接片，放摆。纹饰同样采用织金工艺，在前后胸及双肩各织四团纹样相同的"龙戏火球"图案，升龙龙姿矫健，于流云中戏火球（图五）。四团龙纹

图四 妆金四团龙纹缎袍

图五　妆金四团龙纹缎袍正面纹饰

应是四团"龙补"，所以此袍也可称团龙补服。补子为明代官服制度的一个重要特征，饰以禽兽纹样来区分官员的等级，最早源于唐武则天时期，当时以不同的锦纹赐予百官，称为"袄子锦"，但严格意义上的补子是明代出现的。分为七品，文官儒雅，通常以禽鸟纹样作为补子图案，彰显其贤德，武官勇武剽悍，则以猛兽纹样彰显其威严。而用龙纹作补子，在明初一般只能是皇帝、皇后、亲王等王室成员，是皇家专用。明代的常服是继承唐宋以来的圆领袍衫发展而来的，一般在常朝视事中穿着：头戴乌纱折上巾，身着盘领窄袖袍，腰束带。不同级别的官员在袍的颜色、补子及束带上各不相同。《明史》舆服志四十二 舆服二规定东宫常服：其常服，洪武元年定，乌纱折上巾。永乐三年定，冠乌纱折角向上巾，亦名翼善冠，亲王、郡王及世子俱同。袍赤，盘领窄袖，前后及两肩各金织盘龙一。玉带、靴、以皮为之。这件妆金团龙纹缎袍与明代早期的常服制度相吻合，所以这件袍服属于朱檀的常服袍，与墓中出土的乌纱折上巾、白玉带为一套常服，这也是迄今为止发现的最早的明代亲王的常服。

朱檀墓出土的这两件袍服上的纹饰皆以龙纹为主，昭示着皇家的威严，由于出自明早期，所以，龙纹既有元代的特征，又有洪武龙纹的特点。首先，小而扁长的龙头，龙角后伸，细颈，龙躯细长，呈蛇状，是元代龙纹固有的形象，清秀飘逸，神采飞扬。而毛发上冲，五爪如风车，爪尖呈钩状，夹角小于90度，刚劲有力，柔美中透着阳刚，又带有明洪武龙纹的霸气，说明其龙纹正处于元明过渡时期。

朱檀卒于洪武二十二年（1389年），主要生活在明朝初年，此时明朝刚刚建立，百废待兴。虽然朱元璋按照历史上汉族统治者所建立的服饰制度来制定明朝的服饰之制，进而恢复"汉官威仪"，但元代的许多习俗习惯尚未完全清除，或多或少地仍然影响着人们生活的各个方面。因此朱檀墓出土的服饰，也受其影响，携带有元代元素的一些特征，如窄袖，瘦身等，但随着时间的推移和制度的完善，宽袍、大袖的汉服风韵逐渐取代了明初的风格而主导了明中后期汉服服饰。

丝织品作为有机质，其保存极为不易，多数古代丝织品出土时均已腐朽，朱檀墓出土的龙袍是现存最早的也是仅存的明代亲王龙袍，在明代服饰研究中占有非常重要的地位，从中可以窥测明洪武早期皇家服饰的特点，为研究明初亲王服饰规制提供了极为难得的实物资料，所以弥足珍贵。

陈介祺在山东经学金石学与考古学传承发展中的地位

内容提要

中国传统经学金石学与新兴考古学应属传承发展并不断变化更新的连绵延续之关系，凡此与西方迥然有别。山东乃经学金石学之渊薮，同样不乏新兴考古学术。上溯先秦渐及两汉，迤逦宋元与明清，孔子、晏子、郑玄、赵明诚、陈介祺与傅斯年等则是贯穿数千年的叙述延续之代表。而清代则是经学与金石学发生巨变，同时亦是新兴考古学传入之滥觞之季。潍县陈介祺既是经学造诣颇深，又为"富藏精鉴、宗仰海内"的大金石学家，其基于齐鲁文化之积淀，而承前启后架起经学金石学向考古学过渡发展的桥梁，而这一切俱是建立在收藏与研究基础之上的。

关键词

经学　金石学　考古学　陈介祺　地位

文／孙敬明　山东省文物保护与收藏协会

如若探讨中国学术发展史，于其最为典型的国学核心则属于经学与金石学，尽管新兴的考古学 20 世纪初传入中国，但是其又与西方的考古学有明显的区别，最根本的特点即在于其中国传统经学金石学之间密切的关系。李学勤先生为笔者《潍水集》所赐序称："现代意义的考古学，并不如一些人想象的有久远的历史，实际上是在十九世纪前期才在欧洲形成的一门比较新的学科。不过，作为考古学的前驱，收藏、鉴赏和研究古代文物遗存的学问，不管是在欧洲还是在中国，都有着相当漫长的历史和众多的成就。论述考古学史的权威著作，英国剑桥大学丹尼尔（Glyndanier）的《考古学一百五十年》，就是从欧洲古老的古物学（antiguarianism）谈起的。该书还重点叙说了 1800~1840 年，亦即现代考古学成立前夕的所谓'古物学革命'，介绍了从英国到北欧的若干学者对考古学的影响。

在中国，情形也颇相类似。几年前，我应邀为陈簠斋后嗣陈继揆教授的《簠斋鉴古与传古》一书撰序，曾说到"中国的现代考古学是在历史绵延、积累深厚的金石学传统基础上建立成长起来的。从晚清到民初，有一批业绩卓著的金石学家，他们的工作和著述，可以说是现代考古学的直接前驱，是关注学术史的人们都熟悉的，陈介祺即为其间最重要的一位"。他尽管大半生退居潍县，却与全国很多著名学人有密切交往联系，真正构成了以他为核心的金石学界。更由于他特别重视山东地区文物的考察、搜集和研究，促成了一个时代的学术风气，使金石学的传统在山东有广泛而且持久的影响。

同样道理，如谈到中国的金石学与考古学，则又必然与传统经学金石学之核心——山东密不可分，而在这其中又必然谈及孔子、晏婴、郑玄、赵明诚、陈介祺与傅斯年。

一　先秦时期

经典记载，夏代铸造九鼎以象征国家社稷，商周时期中国青铜文化最为发达，王室甲骨卜辞精心保存，以为历史发展之借鉴。《国语·鲁语下》记载春秋时期鲁国孔子在陈国时，有大鹰身上贯穿箭镞坠落陈国庭院而死，箭镞箭杆长一尺有余，并且箭头是石头做成。陈国国君惠公使人向孔子请教。孔子考证研究以为这大鹰来的非常遥远，是居处在今东北的肃慎氏所造。当年西周武王克商，通道于九夷、百蛮，于是肃慎氏贡楛矢、石砮，其长一尺有余。《晏子春秋》记载晏子陪伴齐国景公到今寿光纪台一带游玩，得到铜壶一件，上面有朱砂书写的铭文八字，曰"食鱼勿反，勿乘驽马。"意思是说吃鱼不要将它翻过来，不要骑性情顽劣的马。考古所见商周时期的甲骨与青铜器上均曾发现朱书与墨书文字，所谓"惟殷先人有典有册"，尽管今日所见简册多为战国时期，但律之事物常理与典籍所记，商周时期应有简册。这两件孔子与晏子考证古代箭镞与铜壶铭文的事例，可谓中国金石学发展之滥觞，而且以今日眼光衡量他们均属于山东人。

二 汉魏隋唐

两汉时期，山东继续传承先秦以鲁国孔子为核心的经学，中间因秦始皇焚书坑儒，先秦典籍受到毁灭性摧残。西汉初期国家鼓励私人献出前朝书籍，山东的伏生、申培公、辕固生、高堂生、田生、胡毋生、公孙弘等均是传承研究经学的大师级人物。西汉景武之际，鲁恭王在山东曲阜孔子故宅墙壁中意外的获得一批珍贵的儒家典籍。这些典籍写于竹简之上，其文字与当时通行的隶书截然不同。特别是孔子的十一世孙孔安国对这批经典进行整理研究，有《尚书》《论语》《孝经》等，最为著名。人们习惯将当时用西汉通行文字书写的经典称之为"今文经"，而对孔安国整理的用战国文字书写的先秦经典称之为"古文经"。两种文字书体记录的相同经典，内容上自然有所出入，由此而形成历史上所谓"今文经"与"古文经"两大对立的学派。东汉时期高密人郑玄，游学天下，西出长安，从著名经学家马融学习经典，得其真谛，学成东归。郑玄被当时学界称之为"经神"，其不但通晓"今文经"，而且注重研究"古文经"，汲取两家之长，兼容并包，对几乎所有的先秦经典进行系统的整理与研究。当时研究经典，需要对文字内容以及相关的名物制度，逐项进行考证，目的亦是为了探索历史如何为现实提供借鉴。

魏晋时期，山东的学者继续传承前代研究经学的传统，无论在南，还是北方，均能大力整理宣传先秦经典，使之为社会发展提供资证。如安丘伏氏数代绵延五六百年，家门传承代代经学，再如后来迁到益都的贾思勰世家更是以研究先秦经典而著名。历代研究先秦经典，需要对古代文物、制度、名称以及历史进行详细考证，自然就要对前朝，而尤其先秦文物的研究则成为探索之主旨。

三 宋元明代

宋代传承历史遗风，对地下出土的文物尤为重视，特别是带有文字的铜器与刻石，成为重点研究的对象，人们结合地下出土文物与经典相与对证，并对传统经典由此而进行阐发与释解。所以人们称当时这种学问为"金石学"，而金石学则是由传统经学衍生发展而来，所以两者之间有渊源关系。宋代出现历史上最多的金石学家，留下大量著作。其中最为重要的则是密州诸城人赵明诚与夫人李清照合著的《金石录》。这部著作共三十余卷，收录金石文物等三千余件，可称之为"皇皇巨著"。无论其编纂的体例、器物的分类、时代、名称以及有关文字内容的考证等均属一流，尤其关于青铜器的分类与命名，则为后世历代所宗法。而李清照所写的《金石录后序》则是以文学家笔法如实写录夫妻节衣缩食倾力搜求文物研究文物之乐事；同时写下国家罹难夫妻生离死别文物散失殆尽之苦痛。但是应该看到，赵与李夫妇收集与编纂《金石录》

山东博物馆辑刊（2015年）

历史与文物研究

的浩繁工程其始也悠远，其成也博大，然其最为重要的则是在青州十余年其间，无论知识与文物志搜集，青州宝地可谓独具优势。

与此同时，还应该提到临淄的王辟之。王辟之，英宗治平间进士，历官河东忠州，吏治明敏、知务乐善，退官之余著《渑水燕谈录》十卷，笔记志史，良妙耐读，然尤可称赏者则是首次载录宝鸡所出土瓦当，文曰“羽阳千岁”。史前烧陶，周室覆瓦，秦宫汉阙，见诸典籍，惟“羽阳”之当，传于枣梨，此其始也。这对后来清代陈介祺发现并收藏临淄等地出土的齐鲁郳国陶文，以及高庆龄、王懿荣、孙文楷、马庆灏等同时收集齐鲁瓦当，应该极富启迪意义。

元明时期，对于金石文物的收藏与研究，较之宋代有所疏淡，但是国家或地方有的仍注重收集历代金石文物；同是亦仿造不少三代青铜器，只是眼界与水平所限，仿制的水平不高。

四　有清一代

明代末期，著名学者周亮工为潍县令，组织地方乡绅勇士固守城池，遂使潍县免除像《嘉定三屠》、《扬州十日》、《上虞被兵记》、《罗烈妇李氏墓表》那样的惨状，宗庙社稷得以保完，乡邦文献免于涂炭。并且周亮工注重金石学的传承，尤其注重历代玺印的整理与收藏。清代初期，安丘张贞、在辛父子与寿光安志远，以及潍县郭伟勣、胶州高凤翰可谓齐鲁印学派传承发展的旗帜。清代山东金石学最称兴盛，一度成为天下金石学之中心。清代早中期翁方纲组织编辑山东金石学著作，益都有著名金石学家李文藻，注重搜集金石碑刻资料。乾隆时期毕沅、阮元主政督学山东编辑《山左金石志》，益都段松苓亲与其役，遍访齐鲁名碑，毡墨搨拓，勒编成集。清代末期益都还有一位属于山东金石学界最晚的金石学家孙文楷，其家居地近临淄，与子延宾，并从弟文澜、一门声气相同，积极收藏齐都出土文物，并收集不少安阳出土甲骨文，为山东金石学之发展做出贡献。同时先后与陈介祺、王献唐交往密切，得到两人的高度评价。进入清代道咸同光时期，山东金石学发展到极致，形成以潍县陈介祺为首的金石学家群体。

首先按地域方位，从东向西数起。福山县王懿荣三为国子监祭酒，并筹办团练捍卫海疆与京师，其气节与学识均称高尚，其与陈介祺世家交往最厚。王懿荣次女为海丰（无棣）吴重熹次子崶之妇，而吴重熹则是陈介祺女婿，吴重熹之父吴式芬则是陈介祺老友。王懿荣为山东清代晚期继陈介祺之后最大金石学家，收藏历代文物，最大贡献则在于发现甲骨文，被称为“甲骨学之父”。黄县丁树桢，是山东清代较晚的金石学家，收藏地方出土青铜器，为研究地方文化保存重要资料。丁佛言即是文化名人，亦是著名金石学家。王道新属于黄县地方文人，注重地方金石文物，由其编修《黄县志》，专设金石一章。莱阳初尚龄，以收藏研究历代货币为大宗，尤其对先秦青铜铸币，最早提出为先秦时期所铸造，打破历史所谓轩辕氏葛天氏所铸造之神话。掖县翟云升与陈介祺之父陈官俊为同年，世代交好，注重金石碑版收藏与研究。

再由此向南，则有日照许瀚，其为北方著名学者，兼治经典与金石之学，深得山东学政何凌汉之赏识，与何之子何绍基交往尤深。其曾游学京师，与陈介祺等京师名家多有交往。丁艮善与陈介祺交往密切，曾一度为陈氏学术助手。临沂清代民国时期出版的地方志乘，有的亦专门设立“金石”篇章。并且莒县庄氏世家如庄恩泽、厚泽、长泽、余珍、晒熙、陔兰等饱学之士亦重视地方金石文物的搜集保存与研究传布；莒县管帅管庭锷、庭刚、庭献与象晋、象颐等兄弟父子叔侄五人在二十余年间先后中进士，家门学问逞一时之盛，亦均注重金石学与乡邦文献之整理。

再向西则有鱼台马邦玉，收集金石著录成书。曲阜桂馥为著名小学家，注重传统说文研究，与金石文字相结合。济南章丘马国翰收集典籍，庋藏钱币并出版专著。海丰（无棣）吴世芬、重熹父子俱为高官，是天下知名金石学家，吴重熹作为陈介祺之女婿，为整理研究陈、吴两家收藏文物做出重大贡献，曾一度为陈介祺学术助手。利津李佐贤，更为海内知名，研究收藏均为一流，与陈介祺交往密切亦是姻亲，李佐贤之孙女，为陈介祺之长孙媳妇。临淄马庆灏为陈介祺收集当地出土文物，自己亦收集陶文。益都孙文楷与从弟文澜及子延宾，为清代山东最后之金石学家，得到陈介祺与王献唐的激赏。诸城李仁煜、璋煜兄弟同好金石之学，陈介祺为璋煜门婿，互通声气，多得陈氏之奖掖。刘喜海为刘墉侄孙，收藏金石文物，以关中三秦为主，并兼及海东朝鲜日本等地出土者。安丘王筠在研究说文是又重视金文形体结构与小篆书体的异同，做到贯通先秦与两汉。

潍县金石学家最多，一是受地方文化传承影响，二是得益于陈介祺的推动，像明末周亮工，清乾隆时期郑板桥虽然反对玩物丧志式的收藏古董，但是其亦收藏铜镜百余面，并以此为礼物送呈上峰。当时潍县郭氏世家子弟郭伟勣，注重收藏古代玺印，并集成印谱《松筠桐荫馆集印》，承板桥先生亲为之题写书名。高庆龄与子鸿裁、侄嘉钰，以及郭启翼、郭麐、王石经等均是潍县知名金石学家，与陈介祺、王懿荣、潘祖荫等均有学术交流。这些金石学家如潘祖荫、鲍康、吴云、吴大澂、方浚益等均尊陈介祺为领袖，而陈介祺的学术地位则是超越潍县，冲出山东，统领天下而在全国处于遥遥领先之领袖地位。陈介祺的收藏被认为是古今第一大收藏家，其学术识见是空前绝后的。而从学术发展史角度审视，则是有其架起经学向金石学顺畅过渡，而又由金石学向考古学急速转化的桥梁。而陈介祺的出现则是山东历史经学金石学发展之必然。因为篇幅所限，对陈介祺之学术贡献，在此仅仅是提及而已。

由于陈介祺的历史性影响，遂使山东在由金石学向考古学转化过程中走在历史前列。

五　民国时期

民国时期山东则有著名金石与考古学家王献唐，王氏为日照人，与许瀚同乡。王献唐的功劳在于完成金石学向科学考古学的转化。安丘吴金鼎为中国最早的考古学家之一，其留学国外专门师事国际著名考古学家，为山东以及国内早期考古做出重大贡献。益都祁延霈是满族著名考古学家，为山东商周考古，尤其对青州苏埠屯商代大墓群出土青铜器的保护研究做出贡献。聊城傅斯年学识渊博政治地位又高，故能居高呼唤号令天下学术界，其出任中央研究院历史语言研究所所长，首先想到的是以新兴考古学手段来发掘解剖出土甲骨文的殷商旧都。事情有缘，同是山东人王懿荣发现殷商甲骨文，使殷商国都天下闻名；而傅斯年则瞄准殷墟作为西方考古新学与中国传统金石学相结合的起点，十年之间，组织科学考古发掘15次，收获巨大，不仅明确殷墟之所在，而且真正完成由金石学向考古学的转化。而傅斯年氏恪守乾嘉朴学真谛，讲求文献与实物实证，其所谓"上穷碧落下黄泉，动手动脚找东西，""一份材料出一分货，十分材料出十分货，没有材料便不出货。"则是其注重实证的最好诠释。

清代潍县为天下金石学之中心，不仅有以陈介祺为首的金石学家群体，而且还有一些具有真才实学、眼界洞达的古玩商人，而他们的存在亦正是潍县金石学发展影响的必然现象。还有清末民国初年的外国传教士，《甲骨学一百年》称：

光绪三十年（1904年），美英传教士就在山东潍县收购甲骨文……库林，或译作库寿龄、考龄，是英国浸礼会驻青州宣教士。查尔芳，又译作查尔凡，是美国长老会驻潍县宣教士。

他们二人合伙从山东潍县古董商手中购买了数百片有字甲骨（具体数目至今不详，因其中有不少伪刻），不久将400片卖给英国人在上海开办的"亚洲文会博物馆"。英美两国的教会联合在潍坊办一所广文学堂（齐鲁大学前身），当时校长是牧师柏根（Rev.PauL.Bergen），知道甲骨文是中国的古代文字，则从库方二氏手中买到约八十片。这约八十片甲骨文后来归了英美教会在济南所办的广智院（1951年改为自然博物馆）。1904年冬安阳出土数车甲骨，又经潍县古董商转售给库、方二氏一部分，不久又购得三四批甲骨，由库、方转售美、英等国。同时山东收购甲骨的外国人，还有在青岛的德国人威尔茨（Dr.Wilhelm），在济南的加拿大人明义士（James Mellon Menzies）。据《甲骨年表》载：光绪三十二年（1906）九月，"美国驻潍宣教士查尔芳，著《中国原始文字考》，是为欧洲研究甲骨文字之第一人。'"查尔芳的中文名是方法敛，该文发表在《卡内基博物院报告》第四期上（同上）。后来库、方二氏又各自在世界一些著名刊物上发表多篇关于甲骨文研究文章，也正是由于他们宣传与鼓动，遂使甲骨文"很快地成为一项轰动国际学术界的新知识了"。方法敛与白瑞华合著《库方二氏藏甲骨卜辞》、《甲骨卜辞七集》、《金璋所藏甲骨卜辞》等专著，前一部在中国，后两部在美国印行。

《甲骨学一百年》还指出："商代甲骨文得以重现人间，应该说也有潍县古董商人们的功劳。这样来评价他们，应当说才是公平的。"窃以为，潍县金石学积淀良久而影响深远，古董商人亦有真见识者，当时潍县范氏辗转山东河南等地搜集文物，其足履之邹县纪王城，往西则到安阳一带。范氏搜古安阳，得到有字甲骨，乃世所未见，潍上陈介祺已经故去，他人不识。基于王懿荣与潍县金石学界之密切交往和当地人对其学识的认可，故便中至京师而晋谒王懿荣，始经王懿荣鉴定确认为甲骨文。王懿荣是甲骨文的发现者，实无疑问。可是，这其中自然也少不了潍县范氏的功劳。

本文为2013国家社会科学基金项目（编号13BF052）"陈介祺研究"阶段成果

内容提要

渔家乐图在康熙朝瓷器上是较为流行的装饰题材，并多装饰在青花瓷器上。渔家乐瓷器的画面内容丰富，保留了当时大量的渔家生活、渔作信息的片段，是普通渔民生产生活的风俗画。此外，这种题材的流行，与康熙朝社会逐渐稳定，国家实行相对宽松的渔业政策，给内河个体小渔民的发展提供条件有关。统治者在当时的瓷器装饰上绘画这种画面内容，是表现社会安定、百姓安居乐业心态的体现。

关键词

康熙朝　青花瓷　渔家乐　渔作工具

康熙渔家乐图青花瓷相关问题考察

康熙朝青花瓷装饰题材众多，其中渔家乐图在当时的青花瓷及少量彩瓷装饰上兴起并流行。渔家乐图以渔民捕鱼、收获、饮酒丰收及日常渔家生活为主，与山水自然高度融合，生动刻画以船为家、以渔为生的普通渔民生活。这种题材意在表现当时的社会稳定、百姓的安居乐业，在瓷画装饰中以主题型或组合型题材出现。山东博物馆藏瓷中有几件康熙青花渔家乐青花瓷，故宫博物院也收藏了一批最典型的这类题材的官窑青花瓷。此外，福建平潭碗礁出水的一批瓷器中，也有几件青花渔家乐题材的碗、盏，画法随意，画风粗放，应属于民窑作品。这三处的渔家乐青花瓷在绘画技法、内容方面都有一定的典型性；同时，它的兴起也有着深刻的社会背景。本文以山东博物馆、故宫博物院（参见《清顺治康熙朝青花瓷》[1]）的相关收藏和平潭碗礁（参见《东海平潭碗礁一号出水瓷器》[2]）出水的康熙朝渔家乐瓷器为代表，对渔家乐青花瓷做一阐述。

一　渔家乐图画面解读

（一）故宫博物院藏渔家乐图青花瓷

康熙朝渔家乐图青花瓷的官民窑画面差别较大。官窑描摹精细，视角广阔，内容层次众多而又突出主题，渔作时的人物情态和现场气氛表现逼真。康熙朝成熟而典型的分水技法得到充分运用，色阶层次明显、过渡自然、少有笔触感，用青花料水的深浅浓淡表现山体远近高矮、层峦叠嶂。画面往往层山带水、高空挂日，水岸附近草木欣荣、芦苇拂风，大雁南飞，点明了捕鱼季节多在秋季。官窑器以故宫收藏的部分渔家乐瓷为代表，主要画面内容有捕鱼图、渔舟行水图、收获图、渔船生活图、渔民酒饭图。捕鱼图场面有的热闹，渔民们三五成群的赤腿赤膊，或手持鱼篓、鱼兜、网罟、鱼叉等立于浅水中捕鱼，或行船撒网捕鱼，或用鱼鹰捕鱼，或岸边垂钓。捕鱼的神情专注、双眼紧盯水面，捕到鱼的喜笑颜开，渔民劳作神情毕现、生动传神（图一，1～7）。故宫博物院藏有一素三彩渔家乐长方几（图一，8），三个渔民弯腰立于水中，一个罟网入水，一个将鱼篓按入水中、静候游鱼，还有一渔夫捧鱼欢笑。水岸附近点缀山石、庭、塔、松柏，日头悬挂高空，大雁南飞，整个场面与常见的青花渔家乐图并无太大区别，

文／胡秋莉　山东博物馆

文／张东峰　滕州博物馆

图一　1. 青花渔家乐图缸之面一

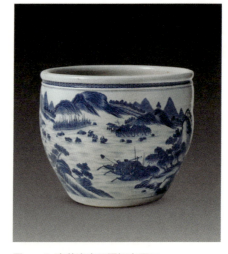

图一　2. 青花渔家乐图缸之面二

图一　3. 冬青地青花开光人物纹笔筒

图一　4. 青花渔家乐图撇口笔筒

图一　5. 青花渔家乐笔筒

图一　6. 青花捕鱼图笔筒

图一　7. 渔家乐图四方花盆之面一

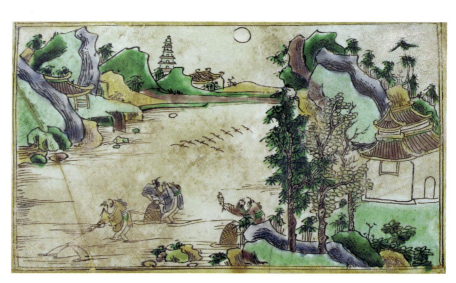

图一　8. 素三彩渔家乐图长方几

图二　1.青花山水人物纹缸

图二　2.青花山水人物图花觚

图二　3.青花渔家乐图笔筒

以彩瓷形式出现，较为罕见。此外，也有表现独钓意境的，孤蓑独钓、涉水行舟（图二，1～4），与热闹的捕鱼场面形成鲜明对比。丰收场景中有表现渔民捕获大鱼、或抬或抱的，有老少挑鱼、提鱼交首相谈穿桥而过的（图三，1～2）。渔船生活图则表现渔民以船为家，渔船列岸而靠，渔妇在船上为幼子换衣、把尿，船家坐船而食的情景（图四1～2），生活趣味盎然。酒饭图表现渔民劳作间隙，岸边围坐、烹调鱼虾、饮酒划拳，享受劳动成果。（图六，1～3）

（二）山东博物馆藏渔家乐图青花瓷

　　山东博物馆收藏的四件渔家乐图瓷器，分别为青花山水渔舟图棒槌瓶、青花山水渔舟图花觚、青花釉里红山水渔舟图方槌瓶、青花题诗渔家乐方槌瓶（图五，1、3、5、8）。四件器物的器形在康熙官窑中较为常见，器形古拙、胎体厚重，颈部有衔接痕，器身出现的棕眼、小缩釉也是康熙朝部分官窑器的一种特征。而画面内容，尤其是前三件器物的山石画法，由近而远、鳞次栉比，山石的青花料水颜色，与上文中提到的故宫花觚的画法如出一辙。题诗方槌瓶采用淡描手法，山水人物刻画细致，底有"大清康熙年制"落款。这四件器物符合康熙官窑器的特征。与故宫主题内容鲜明的渔家乐图器物不同，前三件器物所表现的渔舟渔人图更像是山水的配景，渔舟渔人的画面内容也较为单调。画面大幅绘画山水，只在岸边或水中以小幅画面表现渔舟渔人。棒槌瓶只画出了岸边岩石遮蔽露出半截船身的两只船，船边水中支撑着渔网（图五，2）。花觚表现渔人撑船行舟图（图五，4），方槌瓶则表现渔舟垂钓和渔人撑船行舟图（图五，6、7）。虽然三件器物以山水为主，如果只描绘山水，画面势必缺少生气。中国古代的山水画往往

图二　4.青花山水诗句炉

图三　1.渔家乐图四方花盆之面一

图三　2.渔家乐图四方花盆之面二

图四　1. 青花渔家乐图棒槌瓶

图四　2. 青花渔家乐图折沿盘

图五　1. 青花山水渔舟棒槌瓶

图五　2. 棒槌瓶渔舟图

图五　3. 青花山水渔舟花觚

图五　4. 花觚上的行船图

于大篇幅的山路水岸，点缀一两个行人，起到画龙点睛、烘托野趣生气的作用。这三件器物所画的渔舟或渔人有异曲同工之处。是一种表现渔夫行进到人迹罕至的远山远水中，自由自在的垂钓、行船生活。题诗方槌瓶的内容是渔舟生活图。渔夫头戴渔帽，站立船头用力撑杆，渔妇蹲坐船中，身边放一酒壶，并手捧一碗伸手送给渔夫（图五，9），画面真实而富有生活气息。

（三）福建平潭碗礁出水的渔家乐图青花瓷

民窑器以简约的勾勒渲染为主要表现手法，山水多涂抹，写意效果明显，人物、山水描绘形简意丰，令人回味。碗礁的几件民窑渔家乐瓷，画面内容比较单一，具有很大的相似性。粗粗的勾画出人物依河岸席地而坐、饮酒吃鱼，岸边停靠或晾晒衣服、或晾晒渔网的情景（图六，4、5、6、7、8、9），人物、山水风景只具大致轮廓，但细看后画面所表达的内容又能让人了然于胸，想象余地丰富。

碗礁的这几件瓷器，是从海上沉船发现的。该船上共出水了17000余件瓷器，而沉船位置也在传统的海上丝绸之路航线上。因此，这批瓷器属于外销瓷无疑。这说明渔家乐题材的瓷器，不止是当时国内官、民窑常见瓷，也是外销瓷的一种。从《东海平潭碗礁一号出水瓷器》一书公布的瓷器绘画内容看，均为当时国内通用的题材类型，完全是中国风格的民用瓷。这种外销瓷与当时和清中晚期针对外国人烧制的富有海外风格的外销瓷，及外国人在中国定烧的外销瓷均不同。它们的发现表明，清代的外销瓷种类，并不局限于具有国外器形特征和国外纹饰特征风格的瓷器。国内民窑烧制的各种器物也是对外贸易瓷的一种。

以上提及的官民窑青花渔家乐图瓷器，基本上涵盖了大多数渔家乐图的绘画内容，它们表现了渔民真实的劳作、生活、休憩场面，是一幅幅生动的渔民生活画卷。

二 渔家乐图所见的内河渔作工具

渔家乐图保留了丰富的渔作信息，渔作工具就是其中重要的一项。如在渔船形式方面，可知当时内河渔民常用的渔船有四种样式（如图七所示），图一1、5、7和图二1、3号瓷器上的渔船就属于这几种类型。它们制造相对简单容易，与个体小渔民的承受能力相适应。康熙年间的画作和地方志图考中也常见此类渔船。如攀圻《柳村渔乐图》、吴历仿赵大年的《荷净纳凉图》、《浙江通志.卷之首.图考.西湖图》、《江西通志.卷首.图考.白雪楼图》也有上述形式渔船。说明它们是当时内河小渔民惯见常用的渔船样式。渔民以鱼篓、鱼兜、罟网、鱼鹰等常见简单的工具捕鱼，采用网、罩、钓、叉简单渔作方式，与当时的内河大型渔船——六桅"罛船"[3]，所采用的四船协作、规模捕鱼不能相比。图一4号瓷器上题有"得鱼换酒江边饮，醉卧芦花雪枕头"， 南京博物院藏有一幅康熙前中期画家黄慎的《渔翁渔妇图》，画上题有"渔翁晒网趁斜阳，渔妇携筐入市场，换得城中盐菜米，其余沽出横塘酒。"这都说明，个体渔民的渔作行为是为了满足日常生活所需。因此，从康熙朝青花瓷渔家乐图所描绘的渔民渔

图五 5.青花釉里红方槌瓶

图五 8.青花诗文渔家乐图方槌瓶

图五 6.方槌瓶渔舟垂钓图

图五 7.方槌瓶行舟图

图五 9.诗文方槌瓶渔家乐图

图六 1.青花渔家乐图棒槌瓶

图六 2.青花渔家乐笔筒

图六 3.青花山水诗句图笔筒

图六 4.青花渔家乐人物图碟

图六 5.青花渔家乐人物图碟

图六 6.青花渔家乐人物图碟

图六 7.青花渔家乐人物图碟

图六 8.青花渔家乐人物图浅碗

图六 9.青花渔家乐人物图盏

图七 1.方头形渔船

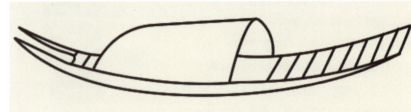
图七 2.方头翘角形渔船

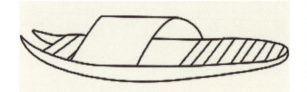
图七 3.圆头翘角形渔船

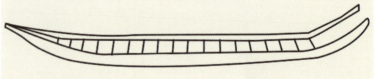
图七 4.尖头翘角形渔船

作工具、渔作方式和相关题字内容等看，当时内河渔民的捕鱼活动是一种自给自足行为，以换取酒米盐菜等日常生活所需为目的，属于个体小渔经济，是传统农业经济的反映。

三 渔家乐图瓷器的釉料选用

　　上文提到的三处渔家乐图瓷器，多为青花瓷器。这一釉料选用上的偏好，一方面与青花料自元代以来一直是瓷器烧制的普遍用料，康熙朝使用的国产青花料相对易得有关，另一方面也与康熙朝青花釉水料的丰富的色彩表现力发展有很大关系。康熙朝青花釉水于一色中以深浅浓淡发出多色阶的蓝，虽有"色分五阶"的说法，实际却不止五个色阶，"五"应该是代指多。丰富的多色阶蓝让画面内容丝毫不显单调，人物、水流、山石、树木等，同色不同阶，看似一色却又实存差异，差异又是自然的过渡而来。正是这种特点，才让青花料成为渔家乐题材的首选用料。

四　渔家乐图流行的原因分析

渔家乐图的流行是内河个体小渔民渔业复苏繁荣的反映，而内河渔业的复苏繁荣与轻额的渔课政策紧密相关。康熙朝的渔课仍然是国家税收的来源之一，凡河湖近水地方，只要与以渔为生、以渔为利相关的都要收税。"湖荡近水之地、多有渔船收税、或桥埠娄坝、以取鱼为利、亦得收税、是为渔课多寡按例可也。"[4]虽说征收渔课，却有收多收少的区别，只要符合规定就行。国家也能正确认识各地渔业的实际情况，不强制统一征收。"征镝所以抑末也，豫章土瘠民贫，无奇货可居，惟有粟布鱼虾出入是途，虽曰逐末，其为利也薄矣，然欲裕国计，亦必防漏越，欲防漏越又必扼津要"[5]。豫章地区的渔业是薄利的末业，虽然还是有征收的需要，更多的确是为了管理控制当地的河湖津要。而明代的渔课却国家的支柱性税收之一，《明史》卷八十二记载"商税、鱼课、富户、历日、民壮、弓兵并屯折、改折月粮银十四万四千余两"。渔业课税位列国家税收的第二位，而"这还只是起运京库及边地者，不包括存留府库之数，可见其重要地位"[6]。"我们假设输纳的粮食每石值银0.5两，那么每年渔课总收入将超过58000两。与番舶抽分相比，这是颇为可观的收入。"[7]据《大清会典（康熙朝）》卷三十五·课程四·杂赋载，康熙二十二年全国主要省份征收渔课41557.02两，而二十四年，只四川、云南、贵州、福建有渔课缴纳，总额未超过8000两。如果排除福建渔课包括大量的海洋渔业课税，则当年的渔课总额可能未达到8000两，可见当时的渔课之轻。此外，康熙朝也减免一些渔课、渔供，有的甚至是针对大型捕鱼船的减免。"眔船（一种大型捕鱼船，适合规模作业）向征渔税丁钱，一船准以一亩田之赋，一户完一人丁。康熙二十年间，江南巡抚汤公斌以渔船冒风波之险觅衣食，煞为艰苦，援古泽梁无禁之意，奏免之。"[8]江南地区大型捕鱼船只（眔船），原来一只船就要缴纳相当于一亩田的税收，巡抚体恤渔民的辛苦，申请免税。"长江渔船，每岁四月，向有贡献鲥鱼之例，沿明制也。康熙朝奉谕停止，而地方有司改为折价，向网户征收，解充公用。"[9]鲥鱼是一种较为珍贵鲜美的鱼类，苏东坡曾作诗记载其吃法、称赞其美味，"芽姜紫醋炙鲥鱼，雪碗擎来二尺余。南有桃花春气在，此中风味胜莼鲈"。但是这种鱼的捕捞作业不易，梅尧臣有《时鱼》诗："四月时鱼卓浪花，渔舟出没浪为家。甘肥不入罟师口，一把铜钱趁浆牙。"渔民辛苦出没风浪，追逐捕捞鲥鱼，自己舍不得吃一口，都换卖成铜钱维持生活。康熙朝废止了鲥鱼的贡献政策，有的地方则将鲥鱼贡赋折算成货币征收，征收的钱补充公用。康熙朝对渔业这些缓和体恤的政策，对复苏明末被破坏的内河渔业很有利，"楚有江汉川泽山林之饶……民食鱼稻，以渔猎山伐为业……荆州府有江汉之饶，春夏力农、秋冬业渔……长沙府民以网罟为业……岳州府民以网罟为业……常德府民食鱼稻以渔猎山伐为业。"[10]"太湖渔船大小不等，大概以船为家，父子相承，妻女同载，衣粗食恶，以水面作生涯，与陆地居民了无争竞"。[11]近水区域，特别是小渔民，没有了国家严苛的渔课压榨，才得以安然的以渔谋生。

国家缓和的课税政策，使从事渔业的渔民得以谋生的同时，也带来了小渔民生活的繁荣。这正是清初国家奉行休养生息政策背景下，最愿意看到的百姓安居乐业的画面之一。各种可以记录展现这些画面场景的表现手法，都是统治者所乐见的。康熙朝制瓷业的兴盛，正好提供了这样的载体。统治者对瓷器上的绘画追求的不只是简单的装饰欣赏用途，更要能展现特定的现实，渔家乐便是富有生活气息、展示渔民安居乐业的最好题材之一。是统治者宣扬安居乐业、展示社会安定的心态的反映，但也反映出当时内河渔业复苏发展的事实。

注　释

[1]陈润民：《故宫博物院藏清代瓷器类选：第一卷：清顺治康熙朝青花瓷》，紫禁城出版社，2005年 。

[2]碗礁一号水下考古队：《东海平潭碗礁一号出水瓷器》，科学出版，2006年。

[3]、[8]、[11]（清）金友里撰 薛正兴校点：《太湖备考.卷之十六》，江苏古籍出版社。

[4]（清）黄六鸿：《福惠全书·卷二十九》。

[5]（清）于成龙等修：《康熙江西通志·关税》，日本京都大学博物馆藏近卫本。

[6]尹铃铃：《浅论明代的渔业税制》，《中国农史》，2004年4期。

[7]黄仁宇：《十六世纪明代中国之财政税收》，《税收科技》，2002年4期。

[9]（清）陈祺康：《郎潜纪闻三笔·卷四》，中华书局，1984年。

[10]（清）迈柱等监修：《湖广通志·卷之六·风俗》日本京都大学博物馆藏近卫本。

吴翌凤抄本《江淮异人录》的版本价值

文／张媛　山东博物馆

内容提要

清代著名藏书家吴翌凤手抄本《江淮异人录》，以鲍廷博校明嘉靖伍光忠刻本为底本，抄本经黄丕烈批校，后经汪氏艺芸书舍、杨氏海源阁收藏，今存山东博物馆。该抄本不仅为《江淮异人录》文本校勘提供了版本依据，亦可作为参校知不足斋丛书本等诸家版本的重要参照，具有重要的版本价值。

关键词

《江淮异人录》　吴翌凤抄本　黄丕烈　鲍廷博　版本价值

《江淮异人录》为北宋初年文学家吴淑所撰。吴淑（947～1002年），字正仪，润州丹阳（今属江苏镇江市）人。初仕南唐为内史，入宋后太宗赏其博学，仕至起居舍人、职方员外郎。先后参加编修《太平御览》、《太平广记》、《文苑英华》、《太宗实录》等书，又撰《事类赋》30卷。《宋史》卷四百四十一有传。《江淮异人录》所记人物大多是术士、侠客、道流，他们的行为诡异怪诞，且又仗义行侠，神出鬼没。唐代传奇里已有写"异人"的作品，如《红线》、《昆仑奴》、《聂隐娘》等，而这部专写怪民异事的小说集，对后世飞仙剑侠一类小说的出现有很大的影响。《四库全书总目》卷一四二载："江淮异人录二卷，宋吴淑撰。淑有《事类赋》，已著录。是编所纪，多道流侠客术士之事，凡唐代二人，南唐二十三人。徐铉尝积二十年之力，成《稽神录》一书。淑为铉婿，殆耳濡目染，挹其流波，故亦喜语怪欤。铉书说鬼，率诞漫不经。淑书所记，则周礼所谓怪民，《史记》所谓方士，前史往往载之，尚为事之所有。其中如耿先生之类，马令、陆游二《南唐书》皆采取之，则亦未尽鉴空也。"[1]对该书的著作缘起、内容及史料价值做了概括，评论较公允。

一　《江淮异人录》的著录与版本

《四库全书》收录的《江淮异人录》是自《永乐大典》中掇拾编次的，分上下两卷，而《宋史·吴淑传》载是书三卷。关于《江淮异人录》的卷数历代书目著录不一，有三卷本、两卷本和一卷本三种。宋代王尧臣《崇文总目》、宋代郑樵《通志·艺文略》、元代脱脱《宋史·艺文志》、清代钱曾《述古堂藏书目录》作三卷；宋代陈振孙《直斋书录解题》、宋代马端临《文献通考·经籍考》、明代陈第《世善堂藏书目录》、清代莫友芝《郘亭知见传本书目》、清代丁氏兄弟《八千卷楼书目》及《四库全书总目》作两卷；明代高儒的《百川书志》、明代朱睦㮮的《万卷堂书目》、清代瞿镛的《铁琴铜剑楼藏书目录》作"一卷"。现三卷本已不见传世，今传各本或为两卷，或为一卷。而一卷本、两卷本虽卷数不同，内容均为二十五人事迹，则实为同一版本系统。

此书宋代是否刊刻已无从查明，自明代以来此书一般以丛书本传世。据《中国丛书综录》[2]载一卷本有：明代正统《道藏》洞玄部纪传类、清代宛委山堂本《说郛》

第五十八、清乾隆至道光鲍廷博《知不足斋丛书》第十二集、清代马俊良辑《龙威秘书》二集、清代顾之逵辑《艺苑捃华》、民国国学扶轮社辑《古今说部丛书》一集、民国上海文明书局编《广四十家小说》、民国上海商务印书馆影印《道藏举要》第七类;二卷本有《四库全书》子部小说家类、清代乾隆道光本《函海》第六函、清代光绪本《函海》第八函。

单行本传世较少,仅存几部抄本。清代瞿镛的《铁琴铜剑楼藏书目录》卷十七著录一部抄本:"《江淮异人录》一卷旧抄本……此本出明人所抄,与《仙苑编珠》、《疑仙传》合订一册,旧为文衡山藏书,后归汲古阁,盖犹原本也。"[3]此明抄本今存国家图书馆,行款为半页十行,行二十字,白口,蓝格,左右双边。另据《荛圃藏书题识》载有"吴枚庵手抄本",此抄本现存山东博物馆。

二　山东博物馆藏吴翌凤抄本的形成

山东博物馆收藏的这部《江淮异人录》为清乾隆四十八年(1783年)吴翌凤抄本。吴翌凤(1742~1819年),字伊仲,号枚庵,晚号漫叟,江苏吴县(今苏州)人。藏书家吴铨后裔。嘉庆时诸生,好藏书,工诗文,擅书画,通金石,与当时藏书家鲍廷博、吴骞、朱奂、卢文弨等互换互借图书,遇未见之书,必力抄,仅手抄之书,就达千余卷。所抄之书,精校精核,书法逸秀、精致完整,编纂书目《古欢堂经籍略》。其藏书散出后,黄丕烈所得甚多,吴骞、陈鳣、鲍廷博均有收藏。

该抄本一册,为一卷本,行款为书高25.3厘米,宽16.7厘米,半页8行,行20字,白口,绿格,四周单边。录25位异人事迹,分别为司马郊、钱处士、聂师道、于大、李梦符、刘同圭、耿先生、潘扆、润州处士、洪州将校、史公镐、江处士、李胜、建康贫者、陈允升、陈曙、张训妻、董绍颜、魏王军士、沈汾、虔州少年、闽中处士、洪州书生、渗潭渔者、瞿童,所录25人与明正统《道藏》本一致且排序相同,与《四库全书》本略有差异。那么吴氏所抄的底本是何版本?卷末吴氏手书跋文:

旧藏嘉靖间伍氏刊本讹脱几不成书,武林鲍渌饮以藏本校正,因重录之,马氏通考、陈氏解题俱作二卷,然二十五人事迹具在则为全本无疑,乾隆癸卯(1783年)霜降日延陵吴翌凤识。

吴翌凤旧藏一部明代嘉靖年间伍光忠刻宋元小说本《江淮异人录》,此本已不甚完整,而吴氏友人武林鲍廷博有一藏本,则以藏本校正伍氏刻本,吴氏将鲍校本誊录一遍。而马端临的《文献通考》和陈振孙《直斋书录解题》皆著录为两卷,吴氏认为,不论卷数多少,只要记录事迹为25人则为全本。这部

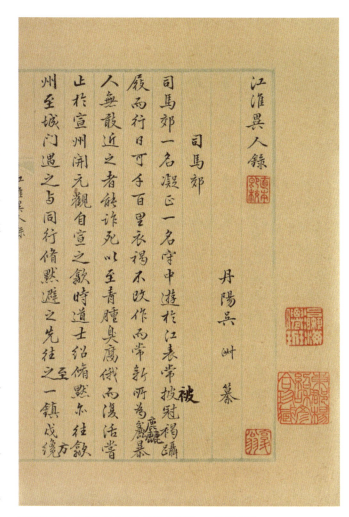

吴翌凤抄本《江淮异人录》的版本价值——卷端书影

鲍廷博校明伍光忠刻本现藏国家图书馆,其卷末亦有吴翌凤手书跋文:

《江淮异人录》一卷传本甚罕,余得此于吴兴贾人,鲍君以文复从宋刻校正,真善本矣。辛丑(1781年)二月吴枚庵记。[4]

鲍君以文就是鲍廷博,吴氏认为鲍氏手中的藏本为宋刻本,用宋刻本校正明伍氏刻本,校后的本子则必为善本无疑。宋刻本今已不见传世,如吴氏所言确实,则此抄本在保存文献方面的重要性不言而喻。后来鲍廷博刊刻《知不足斋丛书》时以此宋本为底本。鲍廷博(1729~1814年),字以文,号渌饮。原籍安徽歙县,后随父移家杭州,继又迁居桐乡县。他笃好书籍,藏书中有不少人所未见的善本,并据所藏善本刊刻《知不足斋丛书》,并亲自雠校,在保存整理《江淮异人录》等诸文献方面做出了重要贡献。

吴翌凤抄成此书后于目录页钤一"古欢堂抄书"白文长方印,并于卷末钤一"枚庵流览所及"朱文方印。这只是吴氏所抄几千卷中的一卷,但却是十分重要的一卷,他为保存整理古代文献做出了不可磨灭的贡献。书抄成于乾隆四十八年

（1783 年），时至乾隆五十二年（1787 年），吴氏应湖北巡抚姜晟之聘，自吴县乘舟至鄂，开始了长达 27 年的远游生活。等到他 70 岁返乡时，寄存在亲友家的藏书已被卖掉大半，其中就有其手抄本《江淮异人录》（以下简称抄本）和作为底本的鲍廷博校明伍光忠刻本（以下简称鲍校本）。

三 抄本的增校与流传

据抄本目录页、卷端、卷末的数方藏书印及书衣、卷末的黄丕烈跋文，可清晰地理清此书的递藏情况。抄本目录页钤"士礼居藏"朱文长方印、"杨氏海源阁藏"白文长方印；卷端钤"直本即校"朱文方印、"复翁"朱文方印、"瀛海仙班"白文方印、"东郡杨绍和彦合珍藏"朱文方印；卷末钤"东郡杨绍和鉴藏金石书画印"白文方印、"道光秀才咸丰举人同治进士"朱文方印。抄本先由黄丕烈批校鉴藏，后归汪士钟艺芸书舍，又归聊城杨氏海源阁处，民国间散出，现藏山东博物馆。另据杨葆彝编《楹书隅录续编》著录有"校本江淮异人录一册"可知，鲍校本与抄本的流传脉络完全一致，只不过民国间海源阁藏书散出后，鲍校本归了国家图书馆。

黄丕烈（1763 ~ 1825 年），字绍武，号荛圃、荛夫，又号复翁、佞宋主人等，与吴翌凤同为江苏吴县人。黄丕烈是清代中期最著名的藏书家，他专事收藏、校雠和著述，所藏善本、秘本、珍本极为丰富。他精于校勘，经他手所校之书，在藏书家、书商界颇有声望，学术价值也较高。黄丕烈得地利之便，收得的吴翌凤藏书最多，他在得到抄本和鲍校本之后，继续利用所见其他版本进行校勘。抄本中的"士礼居藏"、"复翁"为其藏书印。抄本书衣上黄丕烈题签："江淮异人录吴枚庵手录鲍渌饮校本"。黄丕烈跋文：

> 鲍校伍氏刊本，余亦见之，所据以入丛书者，非此校本也。乙亥春，从李氏获见顾秀野草堂本，校于鲍校伍本上，兹复誊于吴枚庵手抄本云。二月廿八日复翁。
>
> 嘉庆乙亥用顾秀野藏抄本校伍氏刊本，复重临校于此。此与知不足斋丛书本相同，盖枚庵所据鲍本非鲍以入刻之本也。五月夏至后复为记。

嘉庆乙亥（1815 年）黄丕烈自友人处得见顾秀野藏草堂本《江淮异人录》，并将顾氏藏本校于鲍校本上，后又将校文誊写到吴翌凤抄本上，今所见抄本上的校文皆为黄丕烈手书。跋文中"鲍校伍氏刊本"即为前文所谓的鲍校本，"丛书"即为鲍廷博刊刻的《知不足斋丛书》，黄丕烈认为"丛书"本与鲍校本不同，不以鲍校本为底本，并通过对比认为顾氏藏抄本与"丛书"本相同处甚多。顾秀野，名嗣立（1665 ~ 1722 年），江苏长洲（今苏州）人，为清代学者，喜藏书，所藏草堂本《江淮异人录》今已不见传世。黄丕烈誊写于抄本上的校文无疑从某种程度上保存了"草堂本"的文本，有重要的版本价值。

黄丕烈的全部藏书在嘉庆末年开始散出，至道光初年他去世前已散失殆尽。抄本《江淮异人录》和鲍校本也随之散出被艺芸书舍汪士钟购得。汪士钟（1786 ~？年），字春霆，号阆源，江苏长洲（今苏州）人，汪氏艺芸书舍之藏主要来自黄丕烈士礼居、周锡瓒水月亭、袁廷梼五研楼和顾抱冲小读书堆。汪氏尤喜黄丕烈旧藏，凡有黄氏跋语之书，虽一行数字，必重价收之。凡事有聚就有散，汪氏多年所聚之书于咸丰壬子年（1852 年）散出，时杨以增官江南河道总督，所得甚多，贮于"海源阁"。抄本《江淮异人录》与鲍校本也归入"海源阁"。"聊城海源阁"为晚清四大藏书楼之一，经杨以增、杨绍和、杨保彝、杨敬夫四代努力，其藏书规模之大，质量之精，在当时北方藏书楼中首屈一指。然而二十世纪二十年代末期，山东匪患兵燹四起，海源阁被军阀土匪占为据点，

山东博物馆辑刊（2015 年）

历史与文物研究

其藏书被焚、被掠、被毁极其严重，短短二十余年，藏书基本易主，杨氏"海源阁"遭到书散阁毁的悲惨命运。当时的山东省立图书馆馆长王献唐及其他热爱祖国文化遗产的有志之士积极抢救海源阁散出之书，吴翌凤抄本《江淮异人录》就在此时被王献唐收购于济南书肆，归入山东省立图书馆，新中国成立后于1954年入藏山东博物馆。自清代乾隆四十八年吴翌凤抄成此书，几经辗转流传，历经二百余年，此书仍保存完好，甚为庆幸。

四 吴抄、黄校与鲍氏知不足斋丛书本的对比

抄本以鲍校本为底本，流传过程中又经黄丕烈批校，文字上基本可信，可作为《江淮异人录》校勘的重要依据。前文已述抄本、鲍校本与鲍氏知不足斋丛书本底本不同。今将抄本、黄丕烈批校、鲍氏知不足斋丛书本文本作一对比，可发现其中

的问题。鲍氏知不足斋丛书本刻于乾隆丁未（1787年），书末有跋曰："喜得善本，特梓以存其旧云。"鲍廷博所谓的善本，就是吴翌凤认为的宋刻本。因宋刻本不见流传，我们无法考证，今添加明代的另一重要版本《正统道藏》本加以对比。《正统道藏》录二十五位异人事迹，人物与书中目次排序完全一致。

今以首篇"司马郊"为例，列表如下：

表中所列22条，黄校与鲍氏丛书本、道藏本文本相同的有15条，吴抄与鲍氏丛书本相同的仅有5条。由此可知，黄丕烈所说的鲍氏丛书本不以鲍校本为底本是确信无疑的，因为吴抄本就以鲍校本为底本。黄丕烈利用顾秀野草堂本校吴抄本，所校之处文本与鲍氏丛书本及道藏本相同者甚多，从另一侧面印证顾秀野草堂本、鲍氏丛书本所据的底本有一定渊源。吴翌凤抄本的形成和黄丕烈的批校，保存了诸多其他版本的文本信息，特别是有些版本已不见传世。若无此抄本作参照，则有些问题则无可明辨，此抄本的价值应该就在于此。

序号	吴抄	黄校	丛书	道藏	说明
1	常披冠褐	"披"作"被"	常被冠褐	常被冠褐	黄校与丛书、道藏本同
2	所为麤暴	"麤"作"蠡"	所为麤暴	所为蠡暴	吴抄与丛书本同，黄校与道藏本同
3	之一镇戍	"之"作"至"	至一镇戍	至一镇戍	黄校与丛书、道藏本同
4	郊忽仆于地	"仆"作"踣"	郊忽踣于地	郊忽踣于地	黄校与丛书、道藏本同
5	时已向夕	"已"做"以"	时已向夕	时已向夕	吴抄与丛书、道藏本同
6	修默明日侵晨乃行	"晨"作"晓"	修默明日侵晓乃行	修默明日侵晓乃行	黄校与丛书、道藏本同
7	郊不听	"听"作"已"	郊不已	郊不已	黄校与丛书、道藏本同
8	郊怒	后加"不听"	郊怒不听	郊怒不听	黄校与丛书、道藏本同
9	俄而火盛	"盛"作"息"	俄而火甚	俄而火盛	吴抄与道藏本同
10	郊所有什器皆尽	"什器"作"器什"	郊所有器什皆尽	郊所有器什皆尽	黄校与丛书、道藏本同
11	所卧床皆薰灼	"薰"作"重"	所卧床皆薰灼	所卧床皆重灼	吴抄与道藏本同
12	郊诣之	郊后加"过"	郊过诣之	郊过诣之	黄校与丛书、道藏本同
13	数日甚愤	"愤"作"剧"	数日甚剧	数日甚剧	黄校与丛书、道藏本同
14	适陈某所持药来甚效	"药来"作"来药"；"效"作"劾"	适陈某所持来药甚效	适陈某所持来药甚劾	吴抄与丛书本同，黄校与道藏本同
15	郊尝居歙州某馆	"馆"作"观"	郊尝居歙州某观	郊尝居歙州某观	黄校与丛书、道藏本同。系吴抄笔误，因下文有"观主"
16	先以意闻郊	"闻"作"问"	先以意闻郊	先以意闻郊	吴抄与丛书本同
17	县令姚缊	"缊"作"蕴"	县令姚蕴	县令姚蕴	黄校与丛书、道藏本同
18	採鲊食之	"採"作"探"	探鲊食之	探鲊食之	黄校与丛书、道藏本同
19	善劝解	前加"方"；"解"作"说"	方善劝说	方善劝说	黄校与丛书、道藏本同
20	极口怒骂	"怒骂"作"骂怒"	极口怒骂	极口骂怒	吴抄与丛书本同，黄校与道藏本同
21	遂	删"遂"，补"既而果然后"	既而果然后	既而果然后	黄校与丛书、道藏本同
22	及葬举棺甚轻	"举"作"觉"；"甚轻"作"空"	及葬觉棺空	及葬觉棺空	黄校与丛书、道藏本同

注 释

[1]（清）永瑢:《四库全书总目》，中华书局，1965年，1211页。.

[2]上海图书馆:《中国丛书综录》，上海古籍出版社，1982年，1114页。

[3]（清）瞿镛:《铁琴铜剑楼藏书目录·卷十七》，常熟瞿氏菦里家塾刻本，1898年（清光绪二十四年），23页

[4]丁锡根:《中国历代小说序跋集》，人民文学出版社，1996年，571页。

山东仰天山苔藓植物多样性及区系特征

文 / 赵遵田　山东师范大学逆境植物重点实验室

文 / 任昭杰　山东博物馆自然部

内容提要

对采自山东省青州市仰天山国家森林公园的 697 号苔藓植物标本进行整理鉴定，发现苔藓植物 30 科 68 属 122 种，其中苔类植物 7 科 8 属 10 种，藓类植物 23 科 60 属 112 种，尖叶湿地藓 Hyophyla acutifolia K. Saito 为山东省新记录种。丛藓科 Pottiaceae、真藓科 Bryaceae 等为优势科，真藓属 Bryum、绢藓属 Entodon 等为优势属。通过区系成分分析将仰天山苔藓植物划分为 12 个分布类型，其中以北温带分布类型（40.74%）和东亚分布类型（27.78%）构成该区系的主体。

关键词

苔藓植物　区系　山东省　仰天山

一　引　言

仰天山地处鲁中丘陵东北部，青州市西南约 50 公里，海拔 834 米，面积约 2.1 平方公里。仰天山是泰沂山系鲁山余脉，为石灰岩地质，海拔 760 米以上的山体起伏平缓，以下部分则非常陡峭，该山处于温带季风气候区，年均气温 9℃，年无霜期 180 天，冬季寒冷干燥，夏季温暖多雨，植被覆盖率高，植物多样性好，有维管植物 404 种，隶属于 90 科、276 属，其中鹅耳枥 Carpinus turczaninowii Hance 纯林中尚有 40 余株胸径 40cm 以上的大树[1-2]，这也从一个侧面反映出仰天山的自然生态环境受到了一定的保护，但是对于该地区的苔藓植物资源却从来没有过系统的研究报道，仅仅是在《山东苔藓植物志》[3] 中收录了 15 个种 21 号标本。作者于 2011 年 9 月份对仰天山进行了详细的野外调查，采集森苔藓植物标本 676 份，并对其进行了鉴定和研究。

二　结　果

（一）藓类植物多样性良好，但苔类植物缺乏

作者通过对保存于山东师范大学植物标本馆（SDNU）的 697 号仰天山苔藓植物标本的整理鉴定[3-22]，发现仰天山苔藓植物 30 科 68 属 122 种（含种以下单位），包括苔类植物 7 科 8 属 10 种，藓类植物 23 科 60 属 112 种（含种以下单位），其中尖叶湿地藓 Hyophyla acutifolia K. Saito 为山东省新记录种。仰天山苔类植物与藓类植物种类的比例约为 1/11，远远小于中国（约 1/3）[23-24] 和山东（约 1/5）[3] 的比例，反映出了该地区苔类植物严重缺乏，且该地区苔类植物多是泛生种类，例如石地钱 Reboulia hemisphaerica (L.) Raddi 和地钱 Marchantia polymorpha L. 都是世界广布种类。

（二）优势现象明显

从仰天山苔藓植物区系按科所含种类多少来看（见表 1），含 20 种以上的大科只有一个，即丛藓科 Pottiaceae（26 种）；含有 10 种以上 20 种以下的科也仅有一

表1 仰天山苔藓植物优势科的统计
Table 1 Statistics of predominant bryophyte families of Mt. Yangtian

科名 Family	属数 Number of genus	种数 Number of species
丛藓科 Pottiaceae	15	26
真藓科 Bryaceae	4	14
绢藓科 Entodontaceae	1	9
灰藓科 Hypnaceae	5	8
青藓科 Brachytheciaceae	4	8
柳叶藓科 Amblystegiaceae	5	6
葫芦藓科 Funariaceae	3	5
凤尾藓科 Fissidentaceae	1	5

表2 仰天山苔藓植物优势属的统计
Table 2 Statistics of predominant bryophyte genera of Mt. Yangtian

属名 Genus	种数 Number of species
真藓属 Bryum	10
绢藓属 Entodon	9
凤尾藓属 Fissidens	5
毛口藓属 Trichostomum	4
小石藓属 Weissia	4
青藓属 Brachythecium	4
鳞叶藓属 Taxiphyllum	4

表3 仰天山苔藓植物种的分布型
Table 3 The Areal-types of bryophyte species in Mt. Yangtian

分布型 Areal-type	种数 Num. of species	占总种数的比例 % % of total species	代表种 Typical species
1. 世界分布 Cosmopolitan	14	0	Marchantia polymorpha / Bryum argenteum
2. 泛热带分布 Pantropic	2	1.85%	Brachymenium exile / Bryum apiculatum
3. 旧世界热带分布 OW Trop.	1	0.92%	Haplohymenium pseudo-trise
4. 热带亚洲分布 Trop. As.	6	5.56%	Pseudosymblepharis angustata / Homaliadelphus targionianus
5. 热带亚洲至热带非洲分布 Trop. As. to Trop. Afr.	2	1.5%	Weisiopsis plicata / Bryum recurvulum
6. 热带亚洲和热带大洋洲分布 Trop. As. & Trop. Australia	3	2.78%	Weissia edentula / Philonotis runcinata
7. 热带亚洲和热带美洲间断分布 Trop. As. & Trop. Amer. Disjuncted.	3	2.78%	Luisierella barbula / Herpetineuron toccoae
8. 北温带分布 N. Temp.	44	40.74%	Cephaloziella divaricata / Taxiphyllum taxirameum
9. 东亚和北美间断分布 E. As. & N. Amer. Disjuncted	9	8.33%	Plagiochasma intermedium / Venturiella sinensis
10. 旧世界温带分布 OW Temp.	5	4.63%	Bryum bornholmense / Plagiomnium vesicatum
11. 东亚分布 E. As.	30	27.78%	Frullania muscicola / Pogonatum inflexum
12. 中国特有分布 Endemic to China	3	2.78%	Dicranella micro-divaricata / Entodon taiwanensis
合计	122	100.00%	

个，即真藓科 Bryaceae（14 种）；5 种以上 10 种以下的科有 6 个，依次是绢藓科 Entodontaceae（9 种），灰藓科 Hypnaceae 和青藓科 Brachytheciaceae 各 8 种，柳叶藓科 Amblystegiaceae（6 种），葫芦藓科 Funariaceae 和凤尾藓科 Fissidentaceae 各 5 种。以上 8 个科，共计 38 属，81 种，分别占仰天山苔藓植物区系属、种总数的 55.9% 和 66.4%，同时科数也占到了总科数的 26.7%，表明了以上 8 个科构成了仰天山苔藓植物区系的主体。

从仰天山苔藓植物属的大小来看（见表 2），含 9 种

以上的属有两个，分别是真藓属 Bryum（10 种）和绢藓属 Entodon（9 种）；含 5 种的属有 1 个，即凤尾藓属 Fissidens；毛口藓属 Trichostomum，小石藓属 Weissia，青藓属 Brachythecium 和鳞叶藓属 Taxiphyllum 各含 4 个种。以上含有 4 种以上的 7 个属，占仰天山苔藓植物总属数的 10.3%，而它们所含的 40 个种却占仰天山苔藓植物总种数的 32.8%。

通过对优势科、属的统计来看，在仰天山苔藓植物区系中占主体地位的科、属，例如丛藓科，真藓科、灰藓科、绢藓科、

青藓科以及真藓属、绢藓属和凤尾藓属等等都是传统意义上的大科、大属，也是北温带地区主要的科属，它们在该地区的苔藓植物区系中占有明显的优势。

（三）区系有一定古老性，但特有现象不明显

在仰天山苔藓植物区系成分中含有诸如短茎芦氏藓 Luisierella barbula（Schwägr.）Steere，纤枝短月藓 Brachymenium exile（Dozy & Molk.）Bosch et Sande Lac.，拟扁枝藓 Homaliadelphus targionianus（Mitt.）Dixon & P. de la Varde 和羊角藓 Herpetineuron toccoae（Sull. et Lesq.）Cardot 等热带种类，而这些种类多部分为古近纪热带植物的孑遗，从而显示出本地区苔藓植物区系具有一定的古老性。仰天山位于泰沂山系北缘，属于低山丘陵区，受地理和气候条件制约，该地苔藓植物区系中，特有现象不明显，只含中国特有种3个，仅占该地区苔藓植物总数的2.78%。

（四）分布类型多样，地理成分复杂

根据吴征镒先生对中国种子植物区系类型的划分[25]，将仰天山苔藓植物划分为12个分布类型（见表3）。

由表3看出，在仰天山苔藓植物区系中，北温带成分占总数的40.74%，东亚成分占总数的27.78%，这两种类型构成了本地区苔藓植物区系的主体，反映出了强烈的温带特点和东亚色彩，这与仰天山所处的位置相符合。由于长期受到人类活动的影响，使地钱和真藓 Bryum argenteum Hedw. 等典型伴人植物得以在本地大量繁衍生息，从而也使得世界分布类型占到了总数的近十分之一多。各种热带成分（2-7）共有17种，占总数的13.9%，这也反映了仰天山苔藓植物区系具有一定的热带亲缘关系和古老性。

三 结 论

第一，仰天山有苔藓植物30科68属122种（含种以下单位），包括苔类植物7科8属10种，藓类植物23科60属112种（含种以下单位）。

第二，仰天山苔类植物种类缺乏，仅为藓类植物种类的1/11。

第三，仰天山苔藓植物区系中，优势科属明显，且多为丛藓科、真藓科以及真藓属、绢藓属等传统意义上的大科大属。

第四，仰天山苔藓植物区系以北温带成分和东亚成分为主，显示出了明显的温带特点和东亚色彩，区系具有一定的古老性，但是缺乏特有种类。

注 释

[1] 王锡华：《仰天山落叶阔叶杂木林种子植物区系研究》，《潍坊教育学院院报》，2001年2期（总14卷），33～37页。.

[2] 李京东、李洪志、王锡华：《仰天山落叶阔叶杂木林群落研究——群落组成及结构》，《潍坊教育学院院报》，2001年04期（总14卷），46～48页。

[3] 赵遵田、曹同：《山东苔藓植物志》山东科学技术出版社，1998年，1～339页。

[4] 高谦：《中国苔藓志（第一卷）》，科学出版社，1994年，1～368页。

[5] 高谦：《中国苔藓志（第二卷）》，科学出版社，1996年，1～293页。

[6] 黎兴江：《中国苔藓志（第三卷）》，科学出版社，2000年，1～157页。

[7] 黎兴江：《中国苔藓志（第四卷）》，科学出版社，2006年，1～263页。

[8] 吴鹏程、贾渝：《中国苔藓志（第五卷）》，科学出版社，2011年，1～493页。

[9] 吴鹏程：《中国苔藓志（第六卷）》，科学出版社，2001年，1～290页。

[10] 胡人亮、王幼芳：《中国苔藓志（第七卷）》，科学出版社，2005年，1～288页.

[11] 吴鹏程、贾渝：《中国苔藓志（第八卷）》，科学出版社，2004年，1～482页。

[12] 高谦：《中国苔藓志(第九卷)》，科学出版社，2003年，1～323页。

[13] 高谦、吴玉环：《中国苔藓志（第十卷）》，科学出版社，2008年，1～463页。

[14] Gao C、Crosby M R：《Moss Flora of China Vol. 1》，Science Press（Beijing， New York）& Missouri Botanical Garden（St. Louis），1999：1～273.

[15] Li X J、Crosby M R：《Moss Flora of China Vol. 2》，Science Press（Beijing， New York）& Missouri Botanical Garden（St. Louis），2001：1～283.

［16］Gao C、Crosby M R：《Moss Flora of China Vol.3》，Science Press（Beijing，New York）& Missouri Botanical Garden（St. Louis），2002: 1~141.

［17］Li X J、Crosby M R：《Moss Flora of China Vol.4》，Science Press（Beijing，New York）& Missouri Botanical Garden（St. Louis），2007: 1~211.

［18］Wu P C、Crosby M R：《Moss Flora of China Vol.5》，Science Press（Beijing，New York）& Missouri Botanical Garden（St. Louis），2012: 1~422.

［19］Wu P C、Crosby M R：《Moss Flora of China Vol.6》，Science Press（Beijing，New York）& Missouri Botanical Garden（St. Louis），2002: 1~221.

［20］Hu R L、Wang Y F，Crosby M R：《Moss Flora of China Vol.7》，Science Press（Beijing，New York）& Missouri Botanical Garden（St. Louis），2008: 1~258.

［21］Wu P C、Crosby M R：《Moss Flora of China Vol.8》，Science Press（Beijing，New York）& Missouri Botanical Garden（St. Louis），2005: 1~385.

［22］高谦，吴玉环：《中国苔纲和角苔纲植物属志》，科学出版社，2010年，1~635页。

［23］胡人亮：《苔藓植物学》，高等教育出版社，1987年，1~465页。

［24］吴鹏程：《苔藓植物生物学》，科学出版社，1998年，1~357页。

［25］吴征镒、孙航、周浙昆、李德铢、彭华：《中国种子植物区系地理》，科学出版社，2011年，120~313页。

附: 仰天山苔藓植物名录（每个种仅选取一号标本为代表，其中序号前带★者为山东省新记录种。）

一　叶苔科 Jungermanniaceae

1. 圆叶苔 Jamensoniella autumnalis (DC.) Steph. 20112233-C.

二　拟大萼苔科 Cephaloziellaceae

2. 挺枝拟大萼苔 Cephaloziella divaricata (Sm.) Schiffn. 20112218.

三　齿萼苔科 Lophocoleaceae

3. 芽胞裂萼苔 Chiloscyphus minor (Nees)J. J. Engel. et R. M. Schust. 20112301-C.

四　毛耳苔科 Jubulaceae

4. 盔瓣耳叶苔 Frullania muscicola Steph. 20112199-D.

五　蛇苔科 Conocephalaceae

5. 蛇苔 Conocephalum conicum (L.) Dumort. 20112352-A.

6. 小蛇苔 C. japonicum (Thunb.) Grolle 20112299-B.

六　多室苔科 Aytoniaceae

7. 无纹紫背苔 Plagiochasma intermedium Lindenb. & Gott. 20112276.

8. 小孔紫背苔 P. rupestre (Forst.) Steph. 20112268.

9. 石地钱 Reboulia hemisphaerica (L.) Raddi 20112301-A.

七　地钱科 Marchantiaceae

10. 地钱 Marchantia polymorpha L. 20112323-A.

八　牛毛藓科 Ditrichaeae

11. 黄牛毛藓 Ditrichum pallidum (Hedw.) Hamp. 20112226-C.

九　曲尾藓科 Dicranaceae

12. 多形小曲尾藓 Dicranella heteromalla (Hedw.) Schimp. 20112224-A.

13. 细叶小曲尾藓 D. micro-divaricata (Müll. Hal.) Paris 20112239-A.

14. 变形小曲尾藓 D. varia (Hedw.) Schimp. 20112512-B.

15. 青毛藓 Dicranodontium denudatum (Brid.) Britt. 20112345-B.

十　凤尾藓科 Fissidentaceae

16. 小凤尾藓 Fissidens bryoides Hedw. 20112171.

17. 卷叶凤尾藓 F. cristatus Wils ex Mitt. 20112286.

18. 鳞叶凤尾藓 F. taxifolius Hedw. 20112264.

19. 南京凤尾藓 F. teysmannianus Dozy & Molk 20112400-C.

20. 拟凤尾藓 F. tosaensis Broth. 20112244-A.

十一　丛藓科 Pottiaceae

21. 朝鲜扭口藓 Barbula coreensis (Card.) Satio 20112168.

22. 扭口藓 B. unguiculata Hedw. 88079-A.

23. 红对齿藓 Didymodon asperifolius (Mitt.) H. Crum, Streere & L. E. Anderson 20112260-B.

24. 尖叶对齿藓 D. constrictus (Mitt.) Satio 20112239-B.

25. 土生对齿藓 D. vinealis (Brid.) Zand. 20112306-A.

26. 净口藓 Gymnostomum calcareum Nee. et Hornsch. 20112163.

27. 拟扭口藓 Hydrogonium pseudo-ehrenbergii (Fleisch.) Chen 88072-C.

28. 立膜藓 Hymenostylium recurvirostrum (Hedw.) Dix. 20112190-A.

★ 29. 尖叶湿地藓 Hyophyla acutifolia K. Saito 20112253.

30. 卷叶湿地藓 Hyophila involuta (Hook.) Jaeg. 20112195.

31. 花状湿地藓 H. nymaniana (Fleisch.) Menzel 20112273.

32. 匙叶湿地藓 H. spathulata (Harv.) Jaeg. 20112237.

33. 短茎芦氏藓 Luisierella barbula (Schwaegr.) Steere 20112167.

34. 侧立大丛藓 Molendoa schliephackei (Limpr.) Zand. 20112181-B.

35. 狭叶拟合睫藓 Pseudosymblepharis angustata (Mitt.) Chen 20112201.

36. 细拟合睫藓 P. duriuscula (Wils.) Chen 20112300-B.

37. 剑叶舌叶藓 Scopelophila cataractae (Mitt.) Broth. 20112219-A.

38. 折叶纽藓 Tortella fragilis (Hook. et Wils.) Limpr. 88902.

39. 毛口藓 Trichostomum brachydontium Bruch. 20112300-A.

40. 平叶毛口藓 T. planifolium (Dix.) Zand. 20112291.

41. 波边毛口藓 T. tenuirostre (Hook. f. & Tayl.) Lindb. 20112238-A.

42. 芒尖毛口藓 T. zanderi Redfearn & B. C. Tan 20112270-A.

43. 小墙藓 Weisiopsis plicata (Mitt.) Broth. 20112299.

44. 小石藓 Weissia controversa Hedw. 20112088-D.

45. 皱叶小石藓 W. crispa (Hedw.) Mitt. 20112308-A.

46. 缺齿小石藓 W. edentula Mitt. 20112271.

47. 泛生墙藓 Tortula muralis Hedw. 20112239-C.

十二 缩叶藓科 Ptychomitriaceae

48. 中华缩叶藓 Ptychomitrium sinense (Mitt.) Jaeg. 20112308-C.

十三 紫萼藓科 Grimmiaceae

49. 卵叶紫萼藓 Grimmia ovalis (Hedw.) Lindb. 20112321.

50. 毛尖紫萼藓 G. pilifera P. Beauv. 88073-C.

十四 葫芦藓科 Funariaceae

51. 钝叶梨蒴藓 Entosthodon buseanus Dozy & Molk 20112333-C.

52. 狭叶葫芦藓 Funaria attenuata (Dicks.) Lindb. 20112209-C.

53. 葫芦藓 F. hygrometrica Hedw. 20112341-B.

54. 红蒴立碗藓 Physcomitrium eurystomum Sendtn. 20112107-B.

55. 立碗藓 Ph. sphaericum (Ludw.) Fümr. in Hampe 20113003-D.

十五 真藓科 Bryaceae

56. 银藓 Anomobryum filiforme (Dicks.) Solms in Rabenh. 20112260-B.

57. 芽孢银藓 A. gemmigerum Broth. 20112166-B.

58. 纤枝短月藓 Brachymenium exile (Dozy et Molk.) Bosch & Sande Lac. 20112184.

59. 毛状真藓 Bryum apiculatum Schwaegr. 20112245-D.

60. 真藓 B. argenteum Hedw. 20112000-C.

61. 卵蒴真藓 B. blindii B. S. G. 20112310-C.

62. 瘤根真藓 B. bornholmense Winkelm. & Ruthe. 20112200.

63. 丛生真藓 B. caespiticium Hedw. 20112034-C.

64. 蕊形真藓 B. coronatum Schwaegr. 20112333-B.

65. 双色真藓 B. dichotomum Hedw. 88018-B.

66. 刺叶真藓 B. lonchocaulon Müll. Hal.20112307-C.

67. 弯叶真藓 B. recurvulum Mitt. 20112401-C.

68. 垂蒴真藓 B. uliginosum (Brid.) B. S. G. 20112178.

69. 泛生丝瓜藓 Pohlia cruda (Hedw.) Lindb. 20112444-C.

十六 提灯藓科 Mniaceae

70. 平肋提灯藓 Minum laevinerve Card. 20113222-C.

71. 具缘提灯藓 M. marginatum (With.) P. Beauv. 20112234-B.

72. 侧枝匐灯藓 Plagiomnium maximoviczii (Lindb.) T. Kop. 20112311-B.

73. 圆叶匐灯藓 P. vesicatum (Besch.) T. Kop. 20112227-A.

十七 珠藓科 Bartramiaceae

74. 细叶泽藓 Philonotis thwaitesii Mitt. 20112280-C.

75. 东亚泽藓 Ph. turneriana (Schwaegr.) Mitt. 20112215-B.

十八 树生藓科 Erpodiaceae

76. 钟帽藓 Venturiella sinensis (Vent.) C. Muell. 20112284.

十九 木灵藓科 Orthotrichaceae

77. 缺齿蓑藓 Macromitrium gymnostomum Sull. et Lesq. 88082-B.

78. 钝叶蓑藓 M. japonicum Dozy et Molk. 88099.

二十 平藓科 Neckeraceae

79. 拟扁枝藓 Homaliadelphus targionianus (Mitt.) Dix. et P. Varde. 20112294.

二十一 碎米藓科 Fabroniaceae

80. 东亚碎米藓 Fabronia matsumurae Besch. 20112255-A.

81. 拟附干藓 Schwetschkeopsis fabronia (Schwaegr.) Broth. 20112374.

二十二 薄罗藓科 Leskeaceae

82. 尖叶拟草藓 Pseudoleskeopsis tosana Card. 20112366-C.

二十三　牛舌藓科 Anomodontaceae

83. 拟多枝藓 Haplohymenium pseudo-trise (Muell. Hal.) Broth. 20112227-B.

84. 暗绿多枝藓 H. triste (Cés.) Kindb. 20112247.

85. 小牛舌藓 Anomodon minor (Hedw.) Fuernr. 20112182.

86. 羊角藓 Herpetineuron toccoae (Sull. et Lesq.) Card. 20112335-C.

二十四　羽藓科 Thuidiaceae

87. 尖叶小羽藓 Haplocladium angustifolium (Hampe et Muell. Hal.) Broth. 20112309-C.

88. 多疣细羽藓 Cyrto-hypnum pygmaeum (Schimp.) Buck et Crum. 20112165.

二十五　柳叶藓科 Amblystegiaceae

89. 牛角藓 Cratoneuron filicinum (Hedw.) Spruce 20112209-C.

90. 柳叶藓 Amblystegium serpens (Hedw.) B. S. G. 20112331-B.

91. 细柳藓 Platydictya jungermannioides (Brid.) Crum. 20112274.

92. 曲肋薄网藓 Leptodictyum humile (P. Beauv.) Ochyra. 20113011-B.

93. 拟细湿藓 Campyliadelphus chrysophyllus (Brid.) R. S. Chopra 20112169.

94. 阔叶拟细湿藓 C. Polygamum (Schimp.) Kanda 20112238-B.

二十六　青藓科 Brachytheciaceae

95. 多褶青藓 Brachythecium buchananii (Hook.) Jaeg. 88096-B.

96. 毛尖青藓 B. piligerum Card. 20112262-B.

97. 羽枝青藓 B. plumosum (Hedw.) B. S. G. 88087-B.

98. 青藓 B. pulchellum Broth. et Par. 20112249.

99. 疏网美喙藓 Eurhynchium laxirete Broth. 20112191-B.

100. 斜枝长喙藓 Rhynchostegium inclinatum (Mitt.) Jaeg. 20112240-B.

101. 水生长喙藓 Rh. riparioides (Hedw.) Card. 20112330-C.

102. 细肋细喙藓 Rhynchostegiella leptoneura Dixon & Thér. 20112279.

二十七　绢藓科 Entodontaceae

103. 柱蒴绢藓 Entodon challengeri (Paris) Cardot 20112179.

104. 绢藓 E. cladorrhizans (Hedw.) Müll. Hal.20112229.

105. 细绢藓 E. giraldii Müll. Hal. 20112289.

106. 长柄绢藓 E. macropodus (Hedw.) Müll. Hal. 88089-C.

107. 钝叶绢藓 E. obtusatus Broth. 88089-D.

108. 亚美绢藓原变种 E. sullivantii (Müll. Hal.) Lindb. var. sullivantii 20112249-B. 109. 亚美绢藓异色变种 E. sullivantii var. versicolor (Besch.) Mizut. 20112228-B. 110. 宝岛绢藓 E. taiwanensis Wang et Lin. 88087-F.

111. 绿叶绢藓 E. viridulus Card. 88111-B.

二十八　棉藓科 Plagiotheciaceae

112. 圆条棉藓 Plagiothecium cavifolium (Brid.) Iwats. 20112204-C.

二十九　灰藓科 Hypnaceae

113. 扁灰藓 Breidleria pratensis (Hartm.) Loeske. 20112211-B.

114. 美灰藓 Eurohypnum leptothallum (Müll. Hal.) Ando 88083.

115. 皱叶粗枝藓 Gollania ruginosa (Mitt.) Broth. 20112172-B.

116. 金灰藓 Pylaisia polyantha (Hedw.) Schimp. in B. S. G. 20112267-B.

117. 细尖鳞叶藓 Taxiphyllum aomoriense (Besch.) Iwats. 20112259.

118. 凸尖鳞叶藓 T. cuspidifolium (Card.) Iwats. 20112255-B.

119. 鳞叶藓 T. taxirameum (Mitt.) Fleisch. 20112170.

120. 陕西鳞叶藓 T. giraldii (Müll. Hal.) Fleisch. 88088-C.

三十　金发藓科 Polytrichaceae

121. 仙鹤藓多蒴变种 Atrichum undulatum (Hedw.) P. Beauv. var. gracilisetum Besch. 20112337-C.

122. 东亚小金发藓 Pogonatum inflexum (Lindb.) Sande Lac. 20113006-D.

物华天宝 人杰地灵
——略述清代山东地区的文物收藏家

文／崔明泉　山东省文物保护与收藏协会

内容提要

山东为孔孟之乡，文化底蕴极为丰厚，自古即有尊重历史、爱惜文物的传统。历朝历代不乏文物收藏大家，而清代尤为突出。从金石书画到钱币古籍，门类十分广泛，并皆有收藏名家。收藏品位之高，收藏力度之大，研究水平之深，著述之丰都是空前的，在国内占有极为重要的地位。这一风气延续几百年经久不衰，实为今日收藏大省的根基所在。这一历史值得我们回味。看到前辈在收藏中的艰辛、执著、探索、困惑和愉悦，或者可从中得到一点启迪。

关键词

文物收藏　清代　山东　大家

山东地区地上地下有着丰富的文物资源，自古即有"礼仪之邦"的称号。前人好古之风极盛，藏古之欲甚浓。到了清代更是有了空前的繁荣。收藏范围之广，门类之多，品位之高，研究之精，著述之丰，都是国内少有的。为今天的文物大省，文物收藏大省奠定了坚实的基础。为了弘扬这一优良的传统，形成一种好古有德、研古有素的大好局面，我们不妨回顾一下清代山东文物收藏盛况，或许对我们今天的收藏有所启发和帮助。

一　书画收藏

书画收藏的历史较为久远，除历代皇家的收藏，社会人士的搜求也极为普遍，古代山东收藏书画的风气尤为强劲。有清一代更是藏家辈出，藏品丰厚，有些藏家在国内外也是颇具影响的。如：

孙承泽（1593～1676年），字耳北，也作耳伯，号北海，又号退谷，山东益都人。明崇祯四年（1631年）进士。先后出士明、大顺、清三朝。官至吏部侍郎、都察院左都御史，是明末清初著名的政治家、收藏家。

孙承泽事清之后，官职不低，但仍感觉不被信任，远不如收藏书画更为自在，于是辞去官职，专事收藏。在他的一段题画跋语中说："家有小室，入冬则居之，其中置扬补之所画竹枝，赵子固水仙，王元章梅花，继得吴仲圭《古松泉石》小幅长条，仿宣和裱，改而为卷，余以八十之老，婆娑期间，名曰'岁寒五友'。四贤皆奇特之士，余不得见其人，百年后抚其遗墨以为友，呜呼，岁寒五友岂易得哉。"可见其追求收藏中的浓浓雅兴。因其精于鉴别又逢明末战乱之时，他又极力搜求，所得颇富。缪荃孙曾称："京师收藏之富，清初无逾孙退谷者，盖大内之物，经乱皆散佚民间，退谷家京师，又善鉴赏，故奇迹秘玩咸归焉。"在他的《庚子消夏记》中提到，藏有荆浩关同的画，宋人王诜的《设色山水》，崔白的《芦雁图》，明沈石田《江山一览图》。而诗人王士祯也说孙承泽藏有阎立本的《孝经图》（图一），褚河南的法书。宋荦则说他藏有王维（传）《济南伏生像》，尽管这只是其收藏画的冰山一角，但这些人的话大抵是可信的。为此他建有"万卷楼"、"岁寒堂"、"研山斋"、"玉凫堂"等

图一　孙承泽收藏《孝经图》

图二　李佐贤藏品《八大山人荷花小鸟图》

以贮其藏品。足以看出其收藏之富有。

　　孙承泽还是一位注重收集历史资料、严谨的著述研究的人。《庚子消夏记》、《闲者轩帖考》、《法书集览》、《研山斋墨画集览》是他的书画著录。而《春明梦余录》、《天府广记》、《九州山水考》、《溯回集》、《研山斋集》等四十多种著述中保存了大量的明史资料，成为后人研究明史的重要依据。

　　李佐贤（1807～1876年），字仲敏，号竹朋，山东利津人，道光十五年（1835年）进士，官至福建汀州知府，是清代著名的古钱币学家、金石学家、收藏家、诗人，更是书画家、鉴赏家。本人与其夫人张衍蕙（1805～1860年）都有很深的书画造诣。夫妻共同切磋学术，鉴赏收藏，颇有赵明诚李清照的遗风。

　　李佐贤的主要收藏是古钱币，但在书画收藏鉴赏方面的贡献是非常之大的（图二），特别是书画鉴赏水平一直为后人所推崇。他以学者的态度对待收藏，注意对所能见到的书画真迹加以记录，结合个人收藏辑成《书画鉴影》一书，计20卷。书中记录了自东晋至清乾隆时期著名书画家的作品，是一部书画收藏界公认的重要著录。书中所录的书画成为收藏家无可争议的真迹佳作。

　　孙毓汶（1833～1899年），号莱山，山东济宁人，咸丰六年（1856年）进士，官居军机大臣，深得西太后信任，权势极大。中日甲午战争中，力言"战不可恃"，在抵御外国侵略者上是主和派。他的书画收藏也是相当可观的，但大都流失，济南市博物馆有曾为他有的一幅明代姚绶的《鱼藻图》十分精

彩（图三），为一级藏品。

　　陈介祺是清代著名金石收藏家，但他对古画的收藏同样也是不遗余力的。将明代以来山东名人的书画作品合装成数十册，名曰《桑梓之遗》，并著有《桑梓之遗人物考略》、《桑梓之遗录文》，对山东书画家作品的流传作出重要贡献。

　　另外，张贞、卢见曾、王渔洋、高凤翰、刘喜海、王懿荣等人都有不少的书画收藏。

二　金石收藏

　　清代乾嘉年间考据之学盛行，从而促使金石类文物的收藏异常活跃。山东地处南北交流地带，又有极深的文化积淀，一大批金石学家来到齐鲁，如阮元、黄易、何绍基、刘鹗等人都在山东实地考察历代古迹。本土学者不仅大力收集钟鼎、彝器、碑碣、陶瓷等古物，而且深入研究，并与国内金石学家广泛交流。如：潘祖荫、吴大澂、鲍康、梅增亮、包世臣、吴熙载、戴熙、吴云、张铨等人都有密切交往，大大提升了山东藏家的收藏规模和研究水平。从南到北，从东到西，都出现了一些历史上有名的收藏大家。

　　吴式芬（1796～1856年）字子苾，号诵林，山东无棣人。道光十四（1834年）年进士，官至内阁学士兼礼部侍郎。吴家为一方望族，有"进士世家尚书门第"之称。有清一代顺治至宣统十朝皆列科名，九世累遗典籍。有二十名科贡举人，九名

图三　孙毓汶收藏姚绶《鱼藻图》

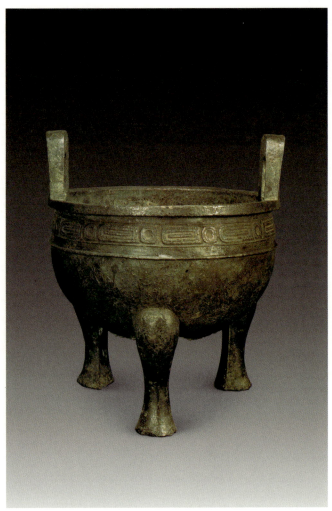

图四　陈介祺收藏毛公鼎

进士。有七巡抚，八侍郎，九封光禄，三翰林，五资政，十朝邦禁之美誉。家乘重宝"祖孙、父子、兄弟、叔侄进士之家"。

吴式芬一生专攻训诂之学，长于音韵，精于考订。他的收藏比较广泛：青铜器、碑刻、砖瓦、铜镜、古印、拓片、绘画、法书均有涉猎，并且有很高的研究水平。著述颇丰，有《金石汇目分编》、《陶嘉书屋钟鼎彝器款识目录》、《双虞壶斋日记八种》、《海丰吴氏双虞壶斋印存》、《寰宇访碑录校本》、《昭代名人尺牍》、《唐宋元明人摘句》、《缀锦集》、《陶嘉书屋诗赋》。他有两部非常重要的金石著作，一是《捃古录》，二十卷，收录自商周至元代金石文 18128 种。二是《捃古录金文》三卷，其中考释自商周至元代有铭文钟鼎彝器 1329 种。吴式芬的另一贡献是经他考订，断定长期以来被考古界认为是印范之有印文的泥块就是秦汉时期的封泥，并与陈介祺合编《封泥考略》十卷，收录两家收藏秦汉官私封泥 849 枚。

陈介祺（1813～1884 年）字寿卿，号海滨病史、齐东陶父，山东潍县人。吏部尚书陈官俊之子，道光二十五年（1845 年）进士。咸丰四年因丧事回归故里不再复出。是清代著名金石学家，

有南潘（祖荫）北陈（介祺）之称。

陈介祺爱好广泛，一生致力收藏，凡铜器、玺印、石刻、砖瓦、造像无不搜集，并精于鉴赏，铜器传拓技术享有盛名。其藏品中有很多精品。最为著名的如毛公鼎（图四），驰名中外；商周铜钟 11 件，称"十钟山房"；五代及秦汉古印 7000 余方，称"万印楼"；淮阳王玺，汉代纪年铜镜都是难得之物。商周青铜器有 235 件，秦汉器物 80 余种，其他尚有秦汉石刻、古钱币、陶瓷器、砖瓦、碑碣、造像、古籍、书画万余件。

陈介祺治学严谨，对其藏品都要严格考证。有大量研究著述传世。《簠斋金石文考释》、《陈簠斋写东武刘氏款识》、《簠斋传古别录》、《簠斋藏陶》、《十钟山房印举》、《封泥考略》（与吴式芬合编）、《簠斋藏古目》、《簠斋吉金录》、《簠斋藏镜全目》、《簠斋藏古印谱》、《簠斋藏古册目》，另有桑梓之遗书画著录和大量未能刊行的手稿，都是十分珍贵的。陈介祺的另一贡献是开启了对古陶文字的研究。

王懿荣（1845～1900 年）字正儒，号廉生，山东福山人（图五）。光绪六年（1880 年）进士，入值南书房为国子监祭

图五　王懿荣像

酒。为官之时正处八国联军犯华之机，他极力主张抗敌，并主动组织团练御敌，有诗曰："岂有雄心辄请缨，念家山破自魂惊。归来整旅虾夷散，五夜犹闻匣剑鸣。"终因大势已去以身殉国，是一位意志坚强的爱国者。

作为收藏家的王懿荣，最大的贡献是他第一个发现了甲骨文，并且定为商代，将汉字历史推到了公元前1700年的商代，为文字学历史学的研究开创了新的天地。其意义重大，受到世界史学界的高度重视。为官清廉的王懿荣在金石收藏上不遗余力，甚至到了靠典当度日的地步。"廿年冷臣意萧然，好古成魔力最坚。隆福寺归夸客夜，海王村暖典衣天。从来养老方为孝，自古倾家不在钱。墨癖书淫是吾病，旁人休笑余癫癫"。可见他好古求古的迷恋程度了。他为藏品建了"天壤阁"、"海上精舍"、"天绘阁"等。他的收藏著录有《汉石存目》、《古泉精选》、《南北朝存石目》、《福山金石志》、《天壤阁杂记》、《翠墨园语》等。王氏殁后其藏品多为刘鹗所得。

此外，刘喜海、李佐贤、许瀚等人也有很好的金石收藏。

三　钱币收藏

古钱币作为金石学的一个分支，有着广泛的社会基础，因其物小价微，又有明确的文字特征，对研究历代政治经济等社会状况有直接的关系，便成为一个便于介入的收藏门类。清代山东地区的古钱币收藏界也出现了几位国内外知名的大收藏家。而且在古泉学的研究方面也很有建树。

刘喜海（1793～1863年），字燕庭，又作燕亭，砚庭，号吉甫，山东诸城人。大学士刘统勋之曾孙，宰相刘墉之侄孙。道光二十五年（1845年）举人。曾任四川按察使、浙江布政使。一生酷好收藏，有"传古君子"之称。曾因好古被某中丞所嫉而罢官，是清代著名的金石学家、古泉学家、藏书家。

刘喜海在古钱币收集方面付出了极大的精力，他家有"嘉荫簃"、"味经书屋"、"清爱堂"等藏品贮存处，在他一生的活动中到处都可看见钱币的影子。他的众多朋友也多为钱币而频繁交往，在相互赠与、探讨、切磋中增加知识，提高研究水平。他的《古泉汇考》是当时古钱学集大成之作。他还从个人收藏中选出4000多种钱币拓片，计划编辑一部更为全面的钱学巨著《古泉苑》，分类编排达101卷，只因工程量太大未能完成刊行。刘喜海曾任职四川，对三巴地区的文物尤为重视，特别是他开辟了四川宋代铁钱的研究新课题。

他一生著作甚丰，有《苍玉洞宋人题名》、《清爱堂家藏钟鼎彝器款识法帖》、《嘉荫簃论泉截句》、《天一阁见存书目》、《海东金石苑》、《长安获古编》、《古泉汇考》、《古泉苑》、《三巴耆古志》、《三巴金石苑》等。

李佐贤一生的精力大都用在古钱币的收集研究方面，而且取得的成就也是很显赫的。王献唐先生在《五镫精舍印话》中说："利津竹朋佐贤以治泉知名。《古泉汇》一书，为历代泉学之冠。"日本钱币学家甲贺宜政在《东亚钱志》序言中说："近年钱币著作，以李氏《古泉汇》最为翘楚"。可见其影响之深远。

李佐贤收藏钱币到了废寝忘食的地步，他的朋友张铨有诗"敝衣淡食心自欺，海王村里觅古籍。收藏切磋几十载，泉汇图影成巨著。"他收藏的钱币有十大箱。其中不乏稀有之品。1864年他的一部巨著《古泉汇》成书计64卷17册，可谓集泉学著作之大成，收入古钱币拓片6000余种，钱范75个。书中将春秋战国时繁多的刀币和布币首次加以考校分类，并著录了农民起义军和地方割据势力的钱币，在古钱学中堪称首创，是系统研究古钱币的珍贵资料。九年后（1873），又与鲍康合著《续泉汇》14卷，补遗一卷，另有《续泉说》二卷。1865年辑成《石泉书屋诗钞》，1871年，《书画鉴影》成书，计24卷。1850年辑成《石泉书屋印存》成书。1876年辑成《得壶山房印寄》。另有《武定诗抄》《武定诗续钞》等行世。

除了以上两大钱币收藏大家之外，吴式芬、陈介祺、王懿荣、许瀚等人也藏有大量古钱币。

四　古籍收藏

对古籍善本书的收藏是古代文化人的普遍爱好，由于读书而爱书，再进一步发展为校书、刻书、著书，因此出现了大批藏书家，清代山东地区的藏书家尤为突出。

卢见曾（1690～1768年），字澹园，号雅雨，又号抱孙，山东德州人。康熙六十年（1721年）进士。官至两淮盐运使。人称"人短而才长，身小而智大"。为官精明能干，政绩卓著，是一个典型的循吏，因两淮盐引案发，而死于狱中。是清代著名藏书家、刻书家。

卢见曾交友甚广，当时的很多文人都是他要好的朋友，特别扬州地区，包括"八怪"在内的一批文化人，经常聚会，赋诗作画，吟咏唱和，而且相互赠与，以致收藏了很多名流书画和善本古籍。为了使一些稀有的古籍得以流传，他倾力校勘、刊刻，如《乾凿度》、《战国策》、《尚书大全》、《周易集解》、《经易考》等三十余种。

他个人著述也很多，有《雅雨堂诗集》、《雅雨堂文集》、《雅江新政》、《出塞集》、《赶旧集》、《金石三例》、《雅雨堂石集》、《山左诗抄》等，统称《雅雨堂丛书》，共计11种达128卷。

刘喜海是清代著名的藏书家，收藏善本书达1400余种，稀有版本很多，潘祖荫曾见过其藏：宋椠本唐人集书有十家，皆精本。他的另外两个贡献是大量抄书和刻书，一生抄录古书达125种，刊刻宋元明古籍170种，近万卷。其中古籍书目、方志达60种，使大量私人藏书目、佛经书目、官修目录得以保存和传播，其工程量是十分庞大的。另外刘喜海还编有《朝鲜书目》、《日本所刊书目》。

杨以增（1787～1855年），字益之，号至堂，别号东樵，山东聊城人。道光二十年进士，曾任贵阳知府，江南河道总督兼漕运总督，是清代著名藏书家。

杨以增一生喜欢收藏古书，道光二十年（1840年），在家乡建海源阁藏书楼。在江南为官期间，将收集的大量古籍经漕运至聊城，经其子孙四代人的陆续经营，总藏书量到达4000余种，总计220000余卷。

杨以增藏书要求很严，大都经过他及当时社会的名流鉴别，如梅曾亮、包世臣、高均儒等人，都是协助其鉴别的藏书家，林则徐更是其同道好友，因此其藏书品位很高，其中宋元珍本可达万卷。与常熟瞿绍基的"铁琴铜剑楼"，浙江吴兴陆心源的"皕宋楼"，杭州丁申丁丙的"八千卷楼"合称清代四大藏书楼。其中瞿、杨为最，有"南瞿北杨"之称。又由于藏书数量之多，藏品之精，与北京的"文渊阁""皇史宬"，宁波的"天一阁"同为中国历史上藏书典范。第四代传人杨宝彝曾编著《海源阁宋元秘本书目》及《海源阁书目》，收入藏书208300卷。另有未入编者甚多。可惜有很多善本书毁于军阀战乱。解放战争中八路军曾明令保护海源阁藏书，其幸存者大都入藏国家图书馆和山东省图书馆。

除了以上专门藏书家，还有很多学者都有藏书经历。曲阜桂馥（1736～1805年），家有"十二篆师精舍"，以藏其藏书，其中有宋本《说文解字韵谱》，影元抄本《紫云增修礼部韵略释疑》、《雁门集》等稀有珍本。日照许瀚（1797～1866年），也建有"攀古小卢"藏书楼，前后在京师十余年，藏书不下万签，1861年藏书全部毁于兵火。清代一些金石家的藏书也很丰富。如吴式芬、李佐泉、陈介祺、王懿荣等。总之，书是文人学者一生必备的财富，无人能离开，所以藏书之人无处不在，藏书家是其中之集大成者。

以上只是粗略地介绍了清代山东地区收藏各门类文物知名大家。全省各地另有为数更多的藏家未能一一介绍，原因是掌握资料有限，就是以上所列之人也很难求其完备，疏漏谬误之处在所难免，望能得到指教，便于更正，以免误导他人。

内容提要

文人喜爱印章，自古皆然。以现代印章收藏为例，说明印章的价值由三部分组成。一是印石，印石的材质、产地，印石的雕工、时代。二是篆刻家。三是内容与背景。价值还可以区分文物价值与经济价值，二者有时一致，有时未必一致。

关键词

印章　收藏　名家　内容

谈印章收藏

文／陈梗桥　山东省文物保护与收藏协会

文人喜爱印章，自古皆然。

清代大家高凤翰，诗书画印，刻砚，无一不精，除治印以外，还大力搜集印章，"平生耽印癖，金石成巨囊"，"搜罗四十年，辛苦累一囊"。他所搜集的汉印已超过五千方，搜集近代印、同时代印共数千方。

明末清初篆刻家汪关，本名东阳，字杲叔。明万历甲寅年（1614年），一个偶然的机会，他得到了一枚出土不久的汉代铜印，爱不释手，印文为"汪关"，正巧有一个"汪"字，欣喜之余，索性改名为"关"，更字尹子。

清代篆刻家蒋仁（1743～1795年），原名泰，字阶平，也是因为得到一枚"蒋仁"的铜印，才改名为"仁"的。

现代篆刻家钱君匋先生（1907～1998年），同时是一位了不起的印章收藏家。1955年冬，他得知天津有一批赵之谦印章要卖，和朋友经过北京，不顾五寸厚的雪，急赴天津劝业场，因为价高（好像是2000元）没能谈成。后来经过一段时间的反复协商，年底已经回到上海后，终于谈成（1500元）。先生知道结果后，尽管印章还没到手，已经是欣喜若狂，酒量陡增，痛饮了5斤花雕。后来剔出6件赝品，这一批共收藏了105件赵之谦原印。

钱先生于篆刻，对赵之谦、黄士陵、吴昌硕情有独钟，至六十年代初，共收得赵之谦印一百多件，黄士陵印159件，吴昌硕印200件。而且取三人的别号（无闷赵之谦、倦叟黄士陵、苦铁吴昌硕）为自己的书斋命名为"无倦苦斋"（图一）。这些印蜕均已出版，供世人学习，原印均已捐献。

20世纪，济南有一位印章收藏家牛先生。

牛芸生（1913～1987年）名龙卜，字芸生，济南人。1936年毕业于北平艺文学校，曾受业于齐白石早期弟子王青芳（1900～1956年）。牛先生工书画篆刻，精鉴赏，收藏书画及金石文字，尤其热衷于石章，曾藏印千余方，金梁（1878～1962年）为题金文"五百石印精舍"颜其居。晚年体弱多病，在济南家中修养，与任晓麓、黑伯龙、王寂子、张亦轩等先生交情很深。后因经济拮据，只得陆续变卖家藏。北京荣宝斋曾来收过他不少印章。

牛先生收藏印章大致有三类：名贵印石，名家所刻，名家所用。

图二　海原阁审定印

图五　潘根石审定两汉金石

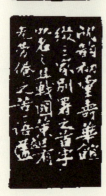

图三　绂臣所藏金文

图六　三台萧氏

图四　东武刘燕庭氏审定金石文字

图七　赵寿佺印

图一　无倦苦斋

牛先生曾经手不少重要的收藏印。如"海原阁审定印"（图二），"绂臣所藏金文"（图三），"东武刘燕庭氏审定金石文字"（图四），"潘根石审定两汉金石"（图五）。（这几印早已不在牛家）名家所刻，如程邃刻"北海曹氏收藏"，长款，并有张贞、张在辛跋。程邃刻"郑簠之印"。胡正言刻"浣枫居士"。名家所用，如孙星衍的印章，名医萧龙友的"三台萧氏"（图六）。还有篆刻家自刻自用的印，如蒋仁（山堂）所刻的昌化鸡血小对章"仁印"、"山堂"。象牙章，如翁大年刻"吴诵孙收藏经籍书画"、"吴子苾所藏金石文字"，都十分重要。牛先生藏有大量金石拓片，传拓时间基本上在清晚期到民国初之间。但从来不挪用手中的名家收藏印。可见这是一位道德高尚的收藏家。很值得尊敬。名贵的印石，尤其是明清印章，很珍贵。有的印还保留下重要的史料，如"东莱三友"，寿山石，（清）高云涛刻，边款："液（掖）水翟文泉、潍阳谭怡堂、蓬莱葛瀛宾，道光癸巳联璧莱山，号东莱三友。怡堂自识（zhì），胶西高云涛勒石。"

十几年前，艺术品拍卖市场上印章很少。近几年，印章已经逐渐引起越来越多的买家注意，价格也随着攀升。

印章的价值，由三部分组成。一是印石，印石的材质、产地，印石的雕工、时代。二是篆刻家。三是内容与背景。价值还可以区分文物价值与经济价值，二者有时一致，有时未必一致。牛芸生先生的收藏标准值得借鉴。

现在看来，比较抢手的印章也主要是这三类。

一类是印石名贵。如一枚田黄平安纽印，4.4×3.8×5.6 厘米，重 220 克，明末清初雕工，2010 年 12 月拍卖，估价 2，800，000 ~ 3，800，000 元，成交价 14，560，000 元。

一类是名家所刻，如赵之谦（1829 ~ 1884 年）所刻"赵寿佺印"（图七）。2.5×2.5×5.8厘米。此印曾经发表于《丁丑劫余印存》（1937 年）及《赵之谦印谱》（1979 年），所以特别吸引买家。2011 年 11 月拍卖，估价 300，000 ~ 350，000 元，成交价 1，058，000 元。

一类是内容特好。如奚冈（1746 ~ 1803 年）刻朱子治家格言，共 75 方印章，1923 年钤印本《松月居士集印》收录。奚冈是清代篆刻名家，治家格言是自明末以来流传已久的名篇。这套印章，不仅有篆刻艺术方面的欣赏与研究价值，而且钤印为单行本，可以做成非常典雅的图书。2008 年 6 月拍卖，估价 115，000 ~ 180，000 元。成交价 257，600 元。应该说物有所值。

有一些闲文印，吉祥语印，也很受欢迎。因为买家还可以继续用。

当然，从章料、雕工、刻印到边款，各个环节都有作伪者，藏家尤须谨慎。

民间收藏 草根三议

文/蒋英炬 山东省文物与保护协会

内容提要

收藏活动历史悠久,与人生相伴,是人类生活的一部分。随着社会发展,它所具有的历史、文化艺术意义越来越高,从不同方面、不同层次满足人们精神生活的需求。民间收藏对保护、传承祖国文物功不可没,公藏与私藏是相辅相成的。改革开放后到今天,民间收藏活动的发展和民间博物馆的涌现,体现了收藏活动为社会群众服务的正能量。在收藏活动中要不断提高自身的能力与品位,才能达到更高的境界。

关键词

历史 功绩 品位

一 收藏活动,相伴人生

"收藏"一词古已有之,即谓收集储存;也指收藏之物,如《荀子·议兵》:"故制号政令,欲严以威,……处舍收藏,欲周以固。"注:"收藏,财物也。"而现代所谓的收藏,包含收集、保护、管理、鉴赏研究、交流展示等较完整的概念,是近代以来随着收藏活动的开展逐步充实完善的。

收藏活动起源很早,更肇始于私人之间,这大概和人们产生的宗教观念、审美意识相关联。考古学、人类学资料表明,原始人们身上就佩戴着石珠、象牙、骨珠等装饰品,并把它带到死后的另一个世界,一开始就显示出对人类终极的人文关怀。

私有制产生并进入文明社会以后,对财富积累、生活享受和精神的追求,推动了收藏活动的进程。商周秦汉且不细说,随着社会和商品经济的发展,特别到北宋金石学兴起、清代乾嘉金石学的繁盛时期以后,更大力推动了对金石、书画等古物和艺术品的收藏,由此,仿制品、赝品的制作也应运而生,考据、辨伪之学也逐步深入。对古物的鉴赏、辨伪在于求真探原,而金石学的宗旨更在于证经补史,都离不开对过往历史的人文关怀,两者相辅相成,相得益彰。

收藏活动犹如大千世界,包罗万象,其收藏的规模、内涵和层次等也千差万别,不好类比。而窥其一点,所有的收藏家和收藏爱好者,大多都有一个追求的目标,就是把他所喜爱收藏的藏品,在某个方面、某个范围等限度内尽量系统完善,并逐步提升到更高的境界。即使是游离于古董艺术品高价位以外的收藏爱好者,如对各种票证、纪念章以及生活用品的收藏,也是如此追求。但是,不论是何种美好的收藏追求,都是无止境的,不可能画上一个圆满的句号。它也像人类的终极关怀一样,相伴你一生。

对古物艺术品的收藏,不只具有经济价值,更具有历史、文化艺术意义和荣誉感,无论对公、私收藏都是这样。因为文化艺术品的丰富能标志着一个国家或民族的辉煌、荣耀。今天,在我们这一个历史悠久的国度里,要振兴中华,实现中国梦,就离不开对文化艺术的振兴,就必然包含着对其辉煌历史文化的再投入,这也是推动收藏活动开展的重要因素。若一个收藏丰富、向社会展示发挥其藏品正能量的收藏家,也必然受到收藏界与人们的赞扬。

总之，收藏活动有着悠久的历史，它是人类生活的一部分，随着人类社会的发展，收藏的范围不断扩大，收藏活动所具有的历史、文化艺术意义也越来越高，它从不同方面、不同层次满足着人们的精神生活需求。最后若问一句为什么要收藏，回答可以罗列出多种历史和现实的意义，而最后归结一句：收藏是人类生活的无趣，它相伴人生，就像人类追溯认识自身一样，没完没了，是个不解之谜。

二 民间收藏，功不可没

所谓民间收藏功不可没，主要是针对祖国文物保护而言，历代民间保存下来的文物珍宝就不必说了，就谈点我一个老文物考古工作者的自身感受，那就是改革开放以后社会兴起的民间收藏，对文物保护功不可没。过去在工作中经常看到，地下出土或地上保存的石刻文物，如碑刻、画像石、石人、石兽等，被砸断砌在屋墙、猪圈、石桥、堤坝上，出土的陶、瓷器被摔坏，铜、铁器等当废品卖掉。过去曾到废品站拣选文物，随便拉出几麻袋，就能捡到古铜器等金属文物，那捡出的只是沧海一粟，谁有能力去搬动那堆积如山的仓库呢！它们都形影无存的烟消云散了。我也曾参观过一处废品冶炼厂，那厂址院内满地铜钱，一脚就能踩住好几枚，熔炉旁堆着成麻袋的铜钱，至今仍历历在目。而正是由于民间收藏和文物市场的兴起，人人皆知文物是宝了，再也没有那随意毁坏的现象；你再去次冶炼厂看看，不要说他买不到铜钱，就是有铜钱，谁也不会犯傻去倒进熔炉里了。

过去，国内没有民间收藏和文物市场，国家为换取外汇，对可出境文物只能在国有文物商店或外贸部门对外销售。20世纪80年代初，我曾参与对一个外贸公司的旧货接收工作，当看到那仓库里庞大繁杂的堆积，那包含着衣食住行、五花八门的旧生活用品和工艺品，令我瞠目结舌。这些东西让我有一种久违了的感觉，有一种文化失落感，那些原来沉淀在国内民间和可以丰富人们精神生活的旧物和工艺品，有多少都流销到国外去了。过去把文物的价值和商品属性只限制在狭小的范围内，尤其在"文革"期间，连小商小贩都当做资本主义尾巴割除，有的把文物当做"四旧"扫除，民间收藏几乎无立锥之地，可知文物存在状况之危机。

再看改革开放后的今天，民间收藏和市场交流如火如荼、空前发展，由于改革和观念的转变，擅自或随意毁坏文物的现象不见了；文物不仅有合乎条件的外销，而更出现大量的古董、艺术品的回流了，过去被英法联军掠走的圆明园十二生肖兽首回来了。这些珍贵文物的回归，不只具有经济方面的意义，更具有文化艺术和爱国主义层面的意义。民间收藏家一个个涌现出来，著名的上海收藏家刘益谦，在苏富比拍卖会上一锤定音，以2.8124亿港元拍下了那只"斗彩鸡缸杯"，连国际收藏界都刮目相看。又由于民间收藏活动的发展，民间博物馆和各种文物保护收藏组织如雨后春笋般出现了，把个人收藏公之于同好和世人，这也是我国民间收藏的优良传统。清代洪亮吉的《江北诗话》中说，"藏书家有数等，次则搜采异本，上则补石室金匮之遗亡，下可备通人博士之浏览，是谓收藏家。"民间博物馆的出现，正体现着收藏活动为社会服务精神境界的提高。

大家都知道，文物是不可再生的资源，毁掉了就不能再恢复。那么，文物的保存就是第一位的，它所存在的位置则是第二位的。至于文物的公藏（国家博物馆）或私藏（个人或集体），应该有国家的法制和市场机制以及传承情况等进行合法合理的运作。对祖国文物的保护来说，公藏和私藏不是对立的，而是相辅相成的，民间收藏也一定能起到这样的作用。

三 吃一堑长一智，莫怨天尤人

在民间收藏和市场交流得到空前发展的同时，出现的弊病和问题也不少，如造假泛滥、人为炒作、狼狈为奸等恶习横行，对此必须进行谴责和抵制。要使民间收藏、市场活动走向一个规范有序的状态，可能要靠政策的引导，法制与市场机制的健全，民间收藏活动的自我提高和完善来逐步实现。在这里，我"身无半通青纶之命"，也无能开出什么可行的决策良方。我想说的是，作为一个收藏爱好者或想要成为一个收藏家，那就须要"风物长宜放眼量"，不能一味求全责备。俗话说，"金无足赤，人无完人"，何况衡量一个民间收藏活动。必须认识到，因为由于收藏活动的产生发展，它本身就有着财富积累的作用，随之而来的就是制假与赝品的出现，古今中外，概莫能外。对此，大可不必杞人忧天。

涉足收藏，要有一个平常、正确的心态。有人看到"古玩城"的招牌，里面是"清一色的仿品"或"几件清代民国的普通日用瓷"，大发感慨地说，"岁月沧桑，逝者如斯"，斥"古玩城"名不符实。话说回来，收购古玩可不同购买日常生活用品，买者和卖者都有一个特殊的心态，他若不挂"古玩城"的招牌，你还会进去淘宝吗？若"古玩城"里全是真品珍贵（不可想象也是不可能的），那还会有淘宝的活动和乐趣吗？对此，应乐以观之，"古玩城"里少古玩，正说明民间收藏活动的开展，稍好些的都淘走了。还有收藏者，光埋怨造假，恨不能把造假行为一天扫尽，从此闸住，再也不会制作仿品、赝品，实际上这是不可能做到的。即使今天禁止造假或没有假品了，那历史传下来的仿品、赝品也足够多的了。因此，收藏者要端正心态、

努力学习，多看多练，更着重提高自己的悟性，悟出自己对真假的理解。即是收藏到假货也不必怒气冲天、怨天尤人，而是把它当做学习、揣摩提高自己悟性的标本，就定会受到吃一堑长一智的效果，步步提高自身的鉴赏辨识能力。我曾读到金石考古学家、收藏家王献唐先生的书中说，他在收藏汉印时买到了赝品，妻儿嘲笑，自觉惭愧，但先生揣摩不已，总要弄个明白，并论说鉴赏辨伪也是学无止境。这才是收藏家的风范，才能收藏到真品、珍品。若收了赝品，光埋怨造假，埋怨有人设井陷害，那都无济于事。更有人缺乏悟性真假不辨，还吹嘘自己从来没有走眼和收藏一个假品，在这不自量力的空话之后，他所收藏的真有可能多是假货。现代社会上，还真有一些所谓的"收藏家"，几年之间收藏了成千上万的藏品，数量之巨、规模之大，压倒国家的博物馆，听到的全是"真、善、美"的赞歌，挂的是各种荣誉奖状，其实他一窍不通，连最明显的问题他也不去怀疑，玩收藏是"醉翁之意不在酒"，与真正的收藏家背道而驰。

收藏者要认识到，真和假是一对矛盾，二者是作为对立面缺一不可的。对藏品的辨假识真，正是收藏活动的乐趣。收藏鉴赏是一种人生爱好、人生乐趣、人生追求，它可以怡情，可以游艺，可以治学，所得多矣。而藏品的传递聚散无常，只那收藏鉴赏的精神文化传之久远。收藏之物品类繁多，浩瀚无边，对收藏爱好者来说要量力而行，重在志趣，保持良好的平常心态，不怨天尤人，吃一堑长一智，在收藏活动中不断提高自身的能力和品位。有志者事竟成，让收藏伴随人生，从中得到无穷的乐趣。

内容提要：

陈列展览是实现博物馆文化价值和核心功能的基本方式，观众是博物馆陈列展览服务的主体。本文以山东博物馆 "非洲野生动物大迁徙展" 为例，介绍了其在展览主题、展示氛围、故事情节、科普知识、互动项目和休闲空间等方面所做的探索和尝试，提出了自然类展览应在展览内容设计和陈列形式设计上满足观众多样化的需求。

关键词：

自然展览　观众　多样化的需求

打造满足观众多样需要的自然展览

——来自山东博物馆『非洲野生动物大迁徙展』的报告

文／郭思克　山东博物馆

自然展览的内容一般以大自然为题材，与人文历史展览和纯艺术类展览相比，无疑拥有更多的受众群体。自然展览应该充满自然亲和力并令人心情愉悦，在普及科学知识的同时，还要具有审美观赏性和休闲娱乐性，并提供人性化的服务，以满足观众多样的需要。"非洲野生动物大迁徙展"是山东博物馆新馆开馆四年来首个自然类常设展览。在展览策划过程中，围绕上述这些方面，我们在展览内容设计和陈列形式设计上做了一些探索和尝试，请各位同仁批评指正。

一 "非洲野生动物大迁徙展" 建设的背景

（一）山东博物馆的沿革

山东博物馆原名山东省博物馆，是新中国成立后建立的第一座省级综合性地志博物馆。自然藏品和展览一直是山东博物馆作为综合性博物馆的一个重要组成部分。早在1954 年山东省博物馆建馆之初即将著名的济南广智院旧址列为自然陈列室。广智院系1904 年英国浸礼教会牧师怀恩光创建，原是中国境内最早的博物馆之一。1952 年 10 月，遵照山东省政府指示，山东自然科学教育研究所（1949 年 1 月成立）由济南经七纬一路迁至济南广智院，与广智院合并改组成立山东自然博物馆筹备处；1953 年 10 月，文化部批准山东自然博物馆筹备处与山东古代文物管理委员会的陈列、保管部分合并，成立山东省博物馆筹备处。1992 年 10 月落成开放的千佛山馆，开辟了"山东古生物化石展"、"馆藏动物标本展"和"恐龙展"三个自然展览；展览面积为 850 平方米。2010 年 11月开馆的新馆在展厅三楼预留了三个层高为 18 米的展厅，展厅地面面积为 3000 平方米。

（二）牵手贝林

2012 年我馆开始与肯尼斯·尤金·贝林先生的环球健康与教育基金会接洽，探讨深入合作事宜。随后，贝林先生曾 4 次到访山东：

2012 年 11 月 8 日，贝林先生与山东省文物局谢治秀局长在山东博物馆签订了标本捐赠协议。

2013 年 4 月 18 日，贝林先生再访山东，他非常认同山东博物馆"非洲野生动物大

图一 "旱季的塞伦盖蒂草原"场景，二层视角

迁徙展"的展陈设计方案。

2013年8月21日，贝林先生第三次访问山东博物馆，讨论深化后的"非洲野生动物大迁徙展"展陈方案及礼品店合作事宜。

2014年3月2日，贝林先生来济参加2014年环球自然日活动启动仪式，并听取了关于"非洲野生动物大迁徙展"进展情况的汇报。

二 "非洲野生动物大迁徙展"的探索和尝试

（一）展览内容主题化

目前，国内接受贝林先生捐赠野生动物标本的博物馆有近十家，如何将这些制作精美的标本融入到展览的故事和情节之中，生动地呈现给观众，这是展览策划创意需要解决的首要问题，即需要有明确的展览主题。在这个展览策划的后期，我们没有刻意追求全面、系统，而是综合考虑了各种因素，尤其是看到央视的"东非野生动物大迁徙"直播节目的良好反响，将原来确定的"贝林世界野生动物展"改为"非洲野生动物大迁徙展"。我们力图通过展览来呈现非洲野生动物大迁徙的壮景，倡导观众树立人与自然和谐发展的生态文明理念。

（二）大景观营造展示氛围

展览充分利用展厅空间，在四面墙体上绘制了300平方米的巨幅立体画，真实再现非洲的生态景观。在"奔向马拉河"和"天国之渡"两个单元，还辅以三维投影画和声光电等高科技手段，让观众体验身临其境的震撼，增加了展览的吸引力和感染力。

（三）复式结构设计打造多层次多角度观看效果

充分利用两个展厅高达18米的层高，搭建了三层观景平台，在有效拓展展示面积和展线长度的同时，给观众带来多层次多角度的视觉体验。

（四）以大场景承载故事主题，展示动物的野性之美

展览分主、副两条线，设计了六大场景来诠释大迁徙这个主题。主线上的"旱季的塞伦盖蒂草原"、"奔向马拉河"、"天国之渡"和"雨季的马塞马拉"四大场景解读了大迁徙的原因、过程和结果。

"旱季的塞伦盖蒂草原"单元以草木枯黄、河流干涸的稀树草原景观为背景，展示大群食草动物跟随非洲象向最后一片水塘聚集，食肉动物也潜伏其中，水塘边顿时危机四伏（图一）。

远处的角马大军为了寻找水源和草场已经开始集结。"奔向马拉河"（图二）和"天国之渡"（图三）两个单元再现角马在迁徙时庞大的队伍，以及它们在渡河的时候虽然危机重重却依然奋勇前行。"雨季的马塞马拉"单元呈现了迁徙大军历尽艰辛抵达马赛马拉水草丰美的"伊甸园"场景。

副线的"多彩非洲"单元介绍了非洲稀树草原、沙漠、热带雨林、山地高原和沼泽湿地等多样的自然生态环境，复原了马赛人和她们的生活场景。"草原上的和谐共生"单元展示了迁徙大军跨越凶险的马拉河后在稀树草原上达到的一种完美的和谐共生状态。

（五）大场景中的小细节

细节决定成败。展览在恢宏壮丽的场景中设计了一个个具有故事性和专业性的标本组合，如"旱季的塞伦盖蒂草原"单元中的食草动物跟随非洲象来到最后一片水塘边饮水组合，讲述的是旱季来临草原上到处都是干涸的池塘，而"寻水雷达"大象凭借着惊人的记忆力找到最后一个濒临干涸的水塘，干渴的草原食草动物们尾随大象希望喝到珍贵的水。斑鬣狗和秃鹫因为爱吃腐肉而有"草原清道夫"之称，斑鬣狗和秃鹫组合讲述的是斑鬣狗们杀死了一只疣猪正在狼吞虎咽，天空中盘旋的秃鹫发现之后便纷纷落到不远的地面上和树上，等鬣狗吃饱离开后将骨头上的肉美餐一顿（图四）。狒狒家族组合表现了群居的豚尾狒狒看似松散随意地聚在一起，其实它们社会结构复杂、分工明确、等级森严，首领威武的巡视者整个群体，负责寻找食物的狒狒在草丛中认真地翻找着，树上的狒狒充当警卫员的职责，眺望远方，一有动静就给大家通风报信。体积庞大

的水牛在走路时会轰起很多昆虫，这是牛背鹭的最爱；牛背鹭站在水牛背上，则会为视力不好的水牛站岗放哨，"草原上的和谐共生"单元中牛背鹭和非洲水牛组合真实还原了它们的生活场景（图五）。通过这些细节设计展示动物之间或血腥，或温馨，以及互惠合作的生存智慧。

在展览空间设计上做到所有角落都有所设计，如楼梯转角处的白脸角鸮、电梯旁的瞪羚和岩羊、树干上的花豹和树丛里的秃鹳和秃鹫等。无处不在的细节设计为观众带来全方位的感官震撼。

展览序厅采用原木和芦苇席搭建，黑长尾猴一家在此玩耍和休憩，这样的设计巧妙地将展厅内外做了有效地切割，给观众营造了自然而真实的观展氛围。尾厅则设计了一个折断猎枪的卡通人物造型，意在唤醒观众保护自然生态环境的意识。

展览在六大场景中都设置了触摸屏设备，通过文字、图片等海量信息对标本进行细致解读，实现了观众与标本之间互动的信息平台。

通过设置游戏互动项目来提高展览的趣味性和知识性。如"大迁徙"跳棋游戏，在前进和后退中通过完成跳棋的提示了解了大迁徙的时间、迁徙中的大事件和迁徙原因等多个知识点；"洞穴探秘"环节是让小朋友们来认识喜欢挖洞穴居的动物们；"互动蚂蚁"游戏是利用投影感应技术在完成蚂蚁拼接后出现相应的蚂蚁种类介绍（图六）。

（六）自然展览与人文的结合——关注马赛人

马赛人是非洲最神秘的游牧民族，"途经马赛"展区复原了马赛人和她们的生活场景。在展示非洲野生动物大迁徙的同

图二　"奔向马拉河"场景，一层视角

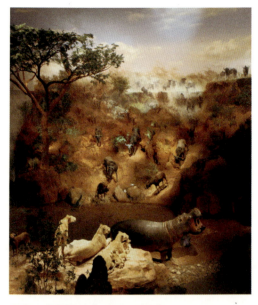

图三　"天国之渡"场景二层视角　　　　图四　斑鬣狗和秃鹫组合

图五　牛背鹭和非洲水牛组合　　　　　图六　互动项目：自然教室、跳棋游戏和洞穴探秘

时，展览也关注了非洲多样化的民族和民族文化。主题休闲区作为展览的一部分展示了非洲其他民族的生活用品和艺术品。

（七）自然教室——"贝林号非洲科考车"

"贝林号非洲科考车"的设置是作为一个自然教室或者探索中心，是对展览的深度解读和延伸。科考车的前部设有模拟驾驶游戏，参观者可以模拟驾驶科考车，体验在非洲草原上与野生动物们的亲密接触。科考车的后部空间设计为科普场所，定期举办与展览有关的科普活动。第一期主题为"动物的领导力"，以展厅展出的典型动物为原型，凸显动物在生存中独有的领导能力，使青少年通过活动培养领导意识。

（八）主题休闲区

我们将主题休闲区作为展览区域的一部分，为观众在参观的过程中提供休闲性的环境和人性化的服务。

三　结　语

毫无疑问，观众是博物馆陈列展览服务的主体。一个好的展览，特别是自然展览，要能满足不同层次参观者多样化的需求，通过展览主题的提炼，故事情节的设计，展示氛围的营造，多媒体设备海量信息的容纳，互动项目、探索中心和休闲空间的设置将观众引入到观、学、思、动之中，将参观者的视觉、听觉和触觉充分调动起来，这样，展览标本在参观者眼中就"活"起来了。

内容提要

本展览集大汶口文化与龙山文化的精粹首次异地对外展出。为向当地观众全面展示与解读两支文化的渊源与文化内涵，以及与良渚文化的关联，展览从文本设计、展陈手段、活动形式等方面做了精心的策划与创新，尝试实现考古学文化的通俗化与大众化。做了一个让观众能看懂的展览。

关键词

大汶口文化　龙山文化　展览　配套活动

东夷华彩
——『大汶口文化、龙山文化特展』侧记

文／罗晓群　良渚博物院

　　面对没有文字记载的史前文化专题展览，好比是一位文物修复家捧着几片极为珍贵的青花瓷碎片，思索着、努力地想象着这件青花瓷原来动人的身姿与脱俗的样子、与曾经拥有它的主人之间曲折的故事！这情景正是初次面对"东夷华彩"展的忐忑心情。好在关于大汶口文化与龙山文化的故事，在众多前辈们的努力下已初露端倪。经过精心地整理、还原，2015 年 5 月 18 日，由良渚博物院、山东博物馆共同主办的"东夷华彩——大汶口文化、龙山文化特展"揭开了它神秘的面纱，粉墨登场。这故事也许能打动人，也许它离大家的期望还有距离，但它展现了当代学者对它的科学认知与解读。

一　文化个性与交融形成的独特魅力

　　大汶口文化与龙山文化是山东地区 6000—4000 年史前社会发展变化最为重要的阶段，富饶的物质文明与创新的文化元素展现了它们独特的文化个性。此次展览是首次集山东地区 17 家文博单位 191 件（组）大汶口文化和龙山文化时期文物的外展，其中玉器 114 件（组）、石器 39 件、陶器 26 件、骨牙器 12 件（组）。展出器物类型丰富，既有钺、镞、鼎等史前文化常见器物，又有大汶口文化独有的背壶、牙璧、牙璋、骨牙雕筒，龙山文化绿松石镶嵌件和鸟形玉器。这些器物标志着海岱地区史前文化自成体系的发展模式与文化的个性魅力。展出文物中有较多元素与良渚文化有密切交集，为大汶口文化与龙山文化增添了交融的魅力。如大汶口文化中大量出土的玉锥形器是受到良渚文化影响，良渚文化遗址中出现的大汶口式陶鬶和刻画图像的大口尊等现象。它们的出现并不是偶然现象，是黄河流域与长江流域在史前时期的频繁交流，长期交往的结果。这些现象拓宽了学术界的研究视野，也让观众感受到五六千年前黄河下流与长江下游两大区域间，人们的交融、影响、发展，及对三代文明的重要影响力。

二　形式手段再现文化中灵与魂

　　海岱地区华丽的彩陶与精湛的蛋壳黑陶，精美的骨雕，新颖的玉器，数量众多的聚落等无不散发着耀眼的光芒，以"东夷华彩"之名向世人宣布当之无愧。展览没有采用将两支文化独立单元介绍的形式，充分考虑大汶口文化与龙山文化是黄河下游一脉相承的文化体系，文化内涵上极大的相似性。因此，展览分"质朴的工具"、"精致的器皿"、"时尚的饰品"、"高贵的瑞物"等四个单元，从日常的生产工具，生活中的器具，身上的美丽点缀与凸显身份的标志物，再到上流社会独享的祥瑞礼器。以"东夷华彩"为主线，通过不同单元的主题介绍与器物自身的直观感受，引导观众对大汶口文化和龙山文化的全面认识。

以生动、丰富的图片信息和简明扼要的文字，深入解读文化，进一步激发观众兴趣。展览中某族长一家光辉亮丽的全家照，以写实的手法展示了当时人类的服饰、装饰、生产、生活、权力等细节，让展览多了一丝丝的人情味和家的味道。墓葬中随葬的猪骨，显示丰富的食物来源与私有制的初现；房屋复原图、陶窑烧制图、玉锥使用图、贵族墓葬解析等大量的图片资料。以及关于重点器型如背壶、骨器、鬶、锥形器等专题文字介绍，为观众再现了大汶口文化与龙山文化浓郁的生产环境与生活气息，以及社会阶层的分化。让整个展览树立有血有肉，丰富饱满的形象。

为突显展览主题，大胆采用四个色系作为每个单元的主题色，增强单元的划分，避免不同单元中形状类同的文物给观众造成的视觉混淆。如石钺与玉铲等。第一单元以绿色表示生命、大地与农业的息息相关，第二单元以橘红色表示陶器在烈焰中的成形，第三单元以淡紫色表示精美的装饰世界，第四单元以宝蓝色深沉、高雅的基调展示贵族的身份与地位。色彩的运用增加了"东夷华彩"的主题氛围，提升了展览的灵动性，减弱了展览器物因器型平面较多所带来的视觉审美疲劳。使观众更深切地感受到强烈的文化气息与韵味。

三　活动中激发观众对展览的兴趣

史前文化与现代人类在生活与认知的距离，使得展览要通过一些活动的手段，吸引观众，引导观众对展览的关注。此次展览策划了三个主题活动，分别为"我是大收藏家"、"古朴与精致"、"时尚一家人"。前者以寻宝形式，选取展览中典型文物，让观众根据提示去寻找文物名称，回答正确者将得到奖品。活动目的在于普及知识，提倡观众自主参与。后两者均为定期的、手工活动，先参观，后动手。"古朴与精致"以现代的材料超轻黏土仿制展览中的各类陶器，体验制陶乐趣。"时尚一家人"以族长一家人形象为参考，指导观众动手做一件自己独一无二的饰品。整个互动活动，辅导员的亲和与热情，家长的鼓励与耐心，小朋友的认真与坚持，使任务完成得出色圆满。有家长们说，参与过这样有趣味的活动，看展览都很有意思了。文化的种子已在活动中悄悄地埋入。

"东夷华彩"展珍贵的文物资源，组织实施的高难度，凝聚了山东博物馆诸多同仁的心血。冥冥之中的缘分，在良博院展出，实现了黄河流域和长江流域古代文化消失后的首次对望。让学者们有了更多的认识，开阔了博物馆同仁的视野，增进了普通观众对史前文化的兴趣。正如浙江省文物考古研究所研究员方向明老师观后说，这次展览让他看到了许多以往没有注意的细节，那些玉环边缘故意磨薄的工艺与红山文化应是同一源流。可惜，展览将于8月2日结束，由于诸多条件有限，或有不尽如人意之处，作为展览的策展人，希冀因不同需求而来的观展之人皆有所获吧！

内容提要

它们来自历史，是先民智慧的结晶，是灿烂文明的体现；它们古朴敦厚，精美绝伦；它们流传有序，生动鲜活。"让文物活起来，讲好山东故事"，齐鲁大地上广泛开展的"齐鲁瑰宝"推选活动，以网友推选和专家评选相结合的方式，从全省馆藏 183 万件珍贵文物中最终确定了 100 件 "齐鲁瑰宝"。齐风鲁韵，斯文在兹，本展选取了部分珍宝，向观众展示一场齐鲁文化的盛宴。

关键词

齐鲁瑰宝　文明之陶　赫赫青铜　名瓷荟萃　玉润光华　佛光永恒

一场齐鲁文化的盛宴
——山东博物馆『齐鲁瑰宝』展

文／蒋群　庄英博　管东华　山东博物馆

它们来自历史，是先民智慧的结晶，是灿烂文明的体现；它们古朴敦厚，精美绝伦；它们流传有序，生动鲜活。"让文物活起来，讲好山东故事"，在山东省委宣传部、省文化厅、省文物局等各级部门的关怀倡议下，齐鲁大地上广泛开展了"齐鲁瑰宝"推选活动，以网友推选和专家评选相结合的方式，从全省馆藏 183 万件珍贵文物中千挑万选，最终确定了 100 件 "齐鲁瑰宝"。本展选取了部分珍宝展现给大家。

一　文明之陶

山东大汶口文化出土陶器以形制规整、器形精美、种类繁多而著称。早期陶器以红陶为主，晚期除红陶外，还有灰陶、白陶、黑陶，彩陶大多施以红色陶衣，以几何形纹饰为主。器物中不乏造型精美的艺术品，如造型生动、生活与艺术完美结合的红陶兽形壶（图一），纹饰寓意鲜明、独树一帜的八角星纹彩陶豆，装饰精美、象征氏族神权的嵌绿松石骨雕筒……这些史前的艺术品彰显了先民们在生产、生活实践中的无限创造力。大汶口晚期也是中国汉字出现的萌芽时期，作为祭祀重器的大口尊（图二），其上面刻有 8 种类型 20 多个陶文单字，可分为气象、植物、工具等形体，既是祭祀的反映，亦是农业生产高度发展的标志，受到海内外学者的高度关注，对探讨我国古代文明和汉字起源具有独特的意义。

山东龙山文化是继大汶口文化之后又一令人叹为观止的史前文化。遗址中出土的黑陶，色泽黑亮、质地细密、器形规整，尤以薄如蛋壳、体态轻盈、造型秀丽的"蛋壳黑陶"（图三）最具特色，其工艺精巧绝伦，是我国古代制陶艺术的巅峰之作。龙山文化的另一典型器物就是陶鬶，它是远古人常用的酒水器，是先民创造的一种造型别致既实用又美观的器物，造型独特，姿态生动，体现了图腾崇拜与实用器的完美结合，创造了我国古代制陶艺术的辉煌。

二　赫赫青铜

山东是我国最早发现青铜器的地区之一，最早可追溯到龙山文化晚期，"国之大事，

图一 红陶兽形壶（山东博物馆藏）

图二 大汶口文化大口尊（莒县博物馆藏）

图三 蛋壳黑陶杯（山东博物馆藏）

图四 亚醜钺（山东博物馆藏）

图五 举方鼎（山东博物馆藏）

唯祀与戎"，夏商周三代，"祀与戎"这两件大事都离不开青铜器，以铜鼎为代表的青铜礼器更成为国家和权力的象征。山东地区商代青铜器，既具有明显的时代特征，也保存了浓郁的地方特色，神秘可怖的兽面纹是其主题纹饰特色，这种幻化了的动物形象呈现出了一种神秘的威力和狰狞的美感，如青州苏埠屯大墓出土的象征王权与征伐的亚醜铜钺（图四），威猛庄严，生动传神，意味着人神合一，至尊高贵，即拥有神的权力，也成了神之子及其化身。兽面纹还在许多青铜器上得以运用，如展出的长清小屯出土的举方鼎（图五），其腹部就装饰兽面纹，粗眉巨睛，目视前方，纹饰表情出神入化。至东周时，器物由厚重趋于轻灵，造型由严谨趋向奇巧，纹饰表现手法由象

征转而写实。如诸城臧家庄出土的鹰首提梁壶（图六），构思奇巧，壶口与盖合组成昂视长空的鹰首，鸟喙作器流，启闭自如，工艺精湛，代表了当时先进的工艺水平。

三 名瓷荟萃

我国从东汉已经开始烧制青瓷，至三国两晋已发展到较为成熟的阶段，这些青瓷加工精细，胎质坚硬，不吸水，表面有一层玻璃釉。晋代瓷器以临沂洗砚池晋墓为代表，出土了大批精美瓷器，如展品中的青釉胡人骑狮俑（图七），造型生动形象，釉色温润光亮，反映了当时贵族生活的时尚。宋代盛烧钧

瓷，当时就有"黄金有价钧无价"，"纵有家产万贯，不如钧瓷一件"之盛誉。本展中青岛市博物馆收藏的一件宋钧窑鼓式洗（图八）全国仅存四件，实为无价之宝。菏泽元代沉船出土的云龙纹青花梅瓶胎体厚重（图九），釉色温润，青花发色凝重艳丽，有晕散，色重处呈黑色结晶斑，是目前山东省仅有的一件元青花龙纹梅瓶，弥足珍贵。明代成化斗彩瓷一直以数量稀少而著称，成化斗彩天字罐（图十）在釉下青花的瓷器上，加上黄绿红紫等彩，烧制色彩艳丽，更以"天"字为名贵，是极为难得的明代瓷器艺术珍品。

四　玉润光华

中国古代玉器自新石器时代绵延七千年经久不衰，已深深地融合在中国传统文化与礼俗之中，古代玉器主要以礼器为主流，礼仪功能是其主导。展品中，鲁国大玉璧（图十一），玉质光润，琢磨精美，流畅的双身龙纹、饱满整齐的谷纹，体积硕大，为目前我国发现的最大的战国玉璧。而战国阳主庙祭祀用玉（图十二）则出自中国记载最早的寺庙遗址，玉器呈现玻璃光泽，这组玉器应是帝王的祭祀之礼器，与秦始皇祭祀联系密切，其重要地位可见一斑。极具特色的战国黄玉带钩（图十三），独特的铲形造型，玉质稀少，莹莹黄玉，晶莹温润，兽首、卷云纹巧夺天工。帝王祭祀是一个永恒的话题，温凉玉圭（图十四）是乾隆三十六年（1771年）为恭贺其母孝圣宪皇太后寿辰拜谒岱庙时御赐，玉圭由上下两截组成，上截顶部浮雕日、月、星，下部浮雕河、海、岱，下截阴刻"乾隆年制"四字楷书款。因上下两玉手感不同，上凉下温，固有"温凉"之称。"乾隆工"是对乾隆时期玉雕的美称，乾隆皇帝释玉如命，大力提倡和发展玉器的制作水准和雕琢技法，从而使清代尤其是乾隆时期的玉器制造达到了中国玉雕史上登峰造极的顶峰。乾隆玉雕玉质多是上乘之选，玉材大多是和田玉。清乾隆雕蟠龙御题玉瓶（图十五）便是乾隆时期玉雕的精品，为青白仔玉，玉质温润，刀工圆熟，颈部透雕一蟠龙，取"骊龙护珠"典故，造型生动，寓意深刻，腹部阴刻乾隆帝御题楷书七言绝句一首，底刻"大清乾隆年制"楷书款，代表了"乾隆工"用料考究，精雕细琢，不惜工本，尽善尽美的风格。乾隆时期玉器另一个最大的特点是文人山水入雕刻，传统文人山水、花鸟画题材被移植到温润的玉石之上，辅以诗文、印章、款识，俨然一幅幅立体画卷，清乾隆于阗采玉图玉山子（图十六）即是这种题材玉雕的精品，当时全国玉雕作品的风格向着皇帝喜爱的"文雅"方向转变，从而也引领了玉雕发展的一个时代潮流。

五　佛光永恒

佛教自东汉初年传入中国以来，外来的佛造像艺术就与本土石刻工艺不断的融合，在青州为中心的山东中部地区形成了佛教造像的中心，创造了具有山东特色的佛教造像艺术，尤以山东青州龙兴寺遗址出土的四百余尊窖藏佛像最为瞩目，造像大部分还保留原有的彩绘和贴金，其精美程度令人赞叹。山东青州及周边地区发现的佛造像保留了外族的面相，但是采纳了中国"褒衣博带"和冠缨庄严的服饰特色，妆容饱满、面相祥和、雕刻精美、形象生动，因此这种佛造像被称为"青州样式"。展出的贴金彩绘菩萨立像装饰繁丽，头戴高冠，悬挂璎珞，虽雕饰繁复，但繁简相宜，给人以独特的美感。东魏蝉冠菩萨像（图十七），1976年出土于山东博兴龙华寺遗址，菩萨像雕工精细，形态优美，面容慈祥睿智，衣服飘逸舒展、装饰流畅繁复，菩萨冠上的蝉

图六　东周鹰首提梁壶（诸城市博物馆藏）

一场齐鲁文化的盛宴

图七　胡人骑狮俑（临沂市博物馆藏）

图八　宋钧窑鼓式洗（青岛市博物馆藏）

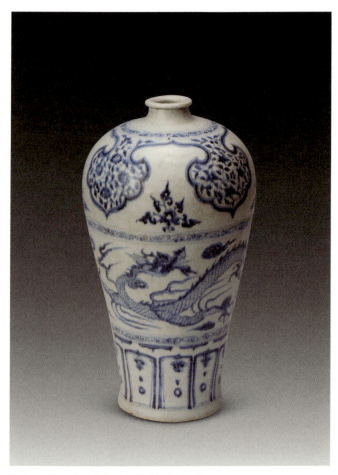

图九　元青花龙纹梅瓶（菏泽市博物馆藏）

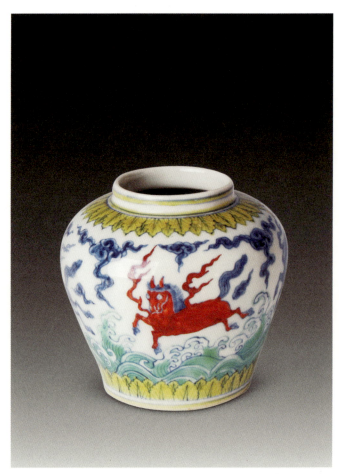

图十　明成化斗彩海马纹天字罐（青岛市博物馆藏）

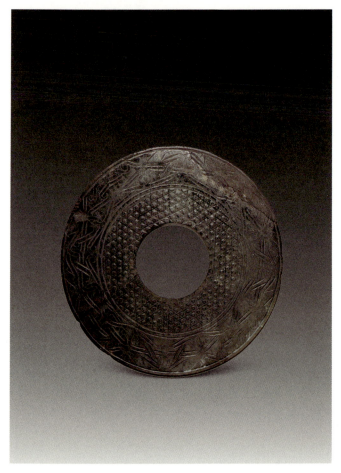

图十一　龙纹玉璧（山东博物馆藏）

图十二　战国玉璧、玉圭、玉觿（烟台市博物馆藏）

图十三　兽面纹黄玉带钩（孔府档案馆藏）

图十四　温凉玉圭（泰安市博物馆藏）

图十五　白玉瓶（烟台市博物馆藏）

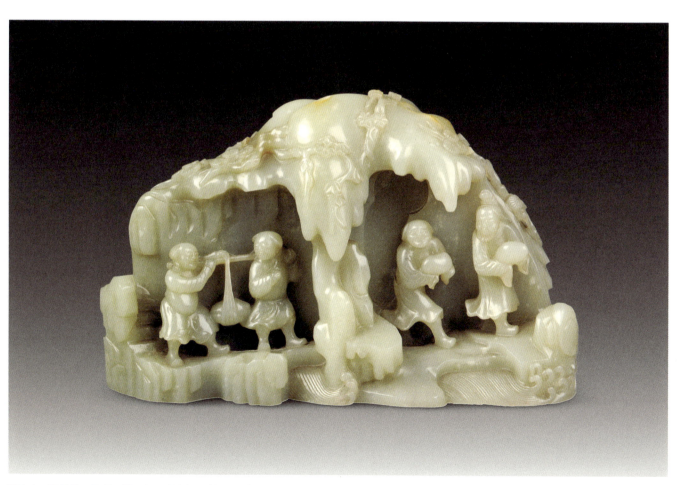

图十六　清乾隆于阗采玉图玉山子（济南市博物馆藏）

纹装饰尤为引人注目，因此被称为"蝉冠菩萨像"，又因双臂残失，有"东方维纳斯"
之誉。

　　上述介绍的，只是展览中极少一部分，除此之外，还有唐三彩陶水盂、北宋磁青
纸金银书画《妙法莲华经》、清乾隆掐丝珐琅天神八宝、清高凤翰画郑板桥题风荷图
轴等等，件件皆堪称稀世珍品。

　　齐风鲁韵，斯文在兹，几千年的齐鲁文化影响着后人的思想和节操，通过这次展览，
希冀广大观众进一步了解齐鲁文化，在欣赏中陶冶艺术情操，在交流中感受齐鲁文化
的厚重博大，汲取齐鲁文化的思想精髓。

博物馆藏品架起沟通的桥梁

——写在2014年国际博物馆日

内容提要

2014年国际博物馆日主题"博物馆藏品架起沟通的桥梁"，在突出博物馆藏品重要性的前提下，更多强调了博物馆应如何进一步发挥桥梁和纽带作用。本文以湖北省博物馆的实际工作为例，从"深入发掘藏品蕴含的文化内涵"、"以多元化手段提升文化传播效果"、"关注观众的'声音'"三个方面简要阐述将新的传媒手段融入博物馆工作的同时，如何发挥自身的优势，突出特色，进一步扩大博物馆文化传播效果，更好地发挥博物馆藏品在架起沟通桥梁中的作用。

关键词

藏品　文化　传播　沟通桥梁

2014年国际博物馆日主题"博物馆藏品架起沟通的桥梁"，在突出博物馆藏品重要性的前提下，更多强调了博物馆应如何进一步发挥桥梁和纽带作用。这是我国博物馆发展到今天，尤其需要深入思考的问题，即适应信息化快速发展等新的形势，如何处理传承与创新的关系，有效利用馆藏资源，以通俗易懂、寓教于乐、具有广泛参与性的方式进行文化推广传播，如何把继承传统优秀文化又弘扬时代精神、立足本国又面向世界的当代中国文化创新成果传播到世界。

在科学、文化不断进步的今天，大众观赏方式的改变和品位需求的提高，对博物馆的陈列展览乃至文化传播方式提出了更高的要求。简单依靠单一枯燥的陈列方式以及过于专业化的展示语言，已难以达到大众化的宣传效果，这些都促使博物馆不得不重新审视其传统的传播路径，不断改革创新，寻找让藏品更加贴近观众的新的策略，增强感染力，吸引公众和社会更好地参与。

多媒体技术在博物馆的应用正是在这种大环境下应运而生的。多媒体这种具有强烈时代感技术的运用，打破了我国博物馆历来沿用"通柜、实物加说明牌"的格局，使具体的展览内容更加形象、生动，激发了大众的主动性、积极性和参与性，提高了布展效果，目前已经成为博物馆陈列展览中一个全新的展示方式和发展方向。但这并不意味着可以走向另一个极端，认为一旦采用新技术，就万事大吉，甚至一味依赖新技术，而不用考虑自身特点、实际需要和现实效果。为此，需要思考在将新的传媒手段融入博物馆工作的同时，如何发挥自身的优势，突出特色，进一步扩大博物馆文化传播效果，更好地发挥博物馆藏品在架起沟通桥梁中的作用。

首先，要深入发掘藏品蕴含的文化内涵。藏品是博物馆文化传播的基础载体，在陈列展示时，我们要深入研究藏品所蕴含的信息，善于发掘藏品背后延伸的文化内涵，使藏品更好地发挥其沟通桥梁作用。如湖北省博物馆的镇馆之宝越王勾践剑，观众在欣赏其精美的同时，总是会问关于它的许多问题，这表明观众更渴求了解其相关的一些其他信息。为此，博物馆在配合即将进行新馆改陈，将设立专题展，将展出与其同出的器物，介绍墓主人身份及其所反映的楚越关系等，通过文物来"讲故事"，以达到更好地传播效果。

其次，以多元化手段提升文化传播效果。淘宝网等新型商业模式对传统商业的冲击不言而喻，在信息时代高度发达、新媒体风起云涌的今天，如果博物馆行业不关注这个新的信息时代，恐怕寸步难行。不仅在展陈上要采用新技术，而且要大力推进网站、数字化陈列以及数字化博物馆等建设，关注新兴起的二维码、微信和手机导览等全新方式，建立实物展示和虚拟展示有机结合的新模式，让博物馆藏品走出场馆，更好地发挥桥梁和沟通作用。近年来，湖北省博物馆在这方面进行了一些尝试，如2013年配合梁庄王墓陈列制作了专题片，通过3D技术展示了代表性文物、墓葬结构以及金簪等文物的制作过程。以海量的信息大大扩展和丰富了实物展示所缺少的内涵，把原本专业性强知识表达得更加生动、形象，有利于普通观众的浏览观赏需求。要合理利用多元化的展示手法，努力使博物馆真正成为集科学性、知识性、趣味性、观赏性、娱乐性、互动性于一体的公共文化空间，进而扩展博物馆文化的影响力。

再者，要关注观众的"声音"。对博物馆来说，无论何种形式的展览活动最终目的是能够吸引更多的观众，继而产生广泛的影响。国际博物馆界的发展趋势已证明，只有系统了解博物馆观众之特征，才能真正促进公共服务与管理的改善与提升、实现对自身职能的认知与转型。为此，近几年湖北省博物馆开展了观众调查工作，并于去年出版了2012年观众调查报告。我们体会到，博物馆应该始终以人为本，完善观众调查机制，认真分析观众的基本结构、参观动机与参观行为的特点、态度以及意见、愿望和要求，并以此为导向，在设计、提供和评估服务时，充分关注观众的"声音"，满足观众的核心需求。如在调查中发现，以带小朋友的家庭为单位参观博物馆是当前一大特点，为提高小朋友的观赏兴趣，博物馆制作了曾侯乙专题动漫片播放，大受小朋友的欢迎，也拓展博物馆藏品的传播方式。正是确立的观众本位理念，开展观众调查并依据其改进我们的服务，增进了观众与博物馆之间的沟通。

总之，博物馆是根植于现在、保存与沟通过去的鲜活机构，能够在世界范围内为不同观众、不同世代和不同文化架起沟通的桥梁。每一座博物馆都拥有不可替代的独特藏品，蕴含着取之不尽的资源，积极依托这些古人留给今天的珍贵"礼物"，不断创新，通过多元化的手段，积极拓展博物馆文化传播领域，更好地架起理解与沟通的桥梁，这是精彩而博大的博物馆文化应当承担的使命和责任。

内容提要

博物馆教育传播的途径日益多元。采取哪些方式和载体才能将博物馆生产的海量信息高效传达给公众，是各类博物馆普遍关注的话题。本文以自贡恐龙博物馆近年来的探索尝试为例，提出了教育传播的四种主要路径：软硬件结合、多层次传播的阵地展教；以满足当地民众需求为目的的社区互动；具有品牌效应和经济、社会两个效益的流动外展；实现博物馆知识、品牌、文化等综合性传播的拓展活动。本文为提升博物馆教育整体效能提供了借鉴。

关键词

博物馆教育　传播　品牌　自贡恐龙博物馆

博物馆教育传播路径探讨

——以自贡恐龙博物馆为例

博物馆的主要职能实际上可以简单概括为两大过程：生产加工知识的过程——征集、收藏、保护和研究；传播知识的过程——展示和教育。前者是基础，后者应当才是博物馆的意义所在。对博物馆职能的这一认识，本身也有一个随着经济社会发展不断演进的过程，特别是伴随信息社会的到来，公众更多地关注如何有效、精准、便捷、有趣地从博物馆获取到想要的知识信息。正因如此，2015 年正式颁布的《博物馆条例》中才将 2008 年征求意见稿中的博物馆"三大目的"——"研究、教育和欣赏"修改为了现在的"教育、研究和欣赏"。如何将博物馆生产的海量信息有效地传达给公众，最终达到"教育"的第一目的，是每个博物馆都在认真探求的问题。本文以自贡恐龙博物馆（图一）为例，就博物馆教育传播路径作一探讨。

自贡恐龙博物馆位于"恐龙之乡"——自贡。它是在著名的"大山铺恐龙化石群遗址"上就地兴建的一座大型遗址类博物馆，同时也是我国第一座专业性恐龙博物馆。它不仅拥有世界上面积最大、化石富集程度最高的中侏罗世恐龙化石遗址，而且收藏和展示有世界上最为丰富的中侏罗世恐龙及其他脊椎动物化石，被国际古生物界公认为"世界三

图一　自贡恐龙博物馆外景

文／万　一　自贡恐龙博物馆

图二　博物馆中央大厅遗址（陈列展览）

图三　"龙宫讲坛"走进学校（公众讲座）

大恐龙遗址博物馆"之一，被美国《国家地理》杂志评价为"世界上最好的恐龙博物馆"。近年来，博物馆依托丰富的化石资源，一方面，积极开展恐龙化石的保护和科学研究，取得了丰硕的科研成果；另一方面，努力将科研成果科普化，并积极探索更多高效便捷的传播方式和途径，特别着重从阵地展教、社区互动、流动外展、拓展活动等四个方面开展探索和实践，取得了良好的效果。

一　阵地展教

伴随科学技术的迅猛发展，博物馆传播渠道日益多元化，但无可否认，阵地展教仍然是博物馆最传统、最基础，也是最重要的教育传播途径。因此，充分利用博物馆主阵地，全方位、多层次地做好知识传播，应成为博物馆管理者首先思考的问题。自贡恐龙博物馆的阵地展教主要从以下几个方面展开：

（一）陈列展览

每个博物馆都有陈列展览，但不是每个陈列展览都能高效直观地传达观众需要的信息。观众在不依靠其他手段的条件下，仅凭自己的感知就能从陈列展览中获得相对充分的信息，这应该就是一个好的陈列展览。自贡恐龙博物馆的基本陈列《侏罗纪恐龙世界》曾经荣获全国"十大陈列展览精品"奖，无论是对恐龙埋藏遗址的巧妙利用，还是对恐龙骨架的情景化展示、拟人化组合，抑或是展品说明牌的图文解读，都充分考虑了观众自主直观获取信息的需要。观众一进展厅，便能亲眼目睹一幅蔚为壮观、神奇瑰丽的史前画卷（图二），特别是博物馆的精华——化石埋藏现场，不仅传达了丰富的知识信息，而且带给人强烈的视觉冲击和心灵震撼。而在博物馆园区内布满侏罗纪植物的小山上，能叫会动的数十具大小各异的仿真机器恐龙，不仅让观众认识复原后恐龙的真实面目，而且营造了更加浓烈的侏罗纪氛围，从而成为展厅陈列的延伸，成为整个基本陈列

的有机组成部分。对专业性自然类博物馆而言，这类经科学复原的生态场景越来越受到观众青睐。正是因为阵地展览的不断改进完善，自贡恐龙博物馆的观众总量近年来保持了30%左右的增长幅度，2014年达到64万人，创下建馆以来的历史新高。

（二）公众讲座

博物馆教育跟学校教育一样，不仅要告诉受众"是什么"，还应当讲清楚"为什么"。陈列展览往往注重于揭示某个物件、某个事件的研究结论，无法深入展示这一结论的相关背景，而公众讲座恰好能很好地实现这一点，并能激发受众的探求欲望，为其提供探究同类问题的方法。因此，举办公众讲座成为了博物馆阵地教育的重要形式。自贡恐龙博物馆2014年起创办"龙宫讲坛"，已陆续组织本馆专家或邀请馆外专家就野外化石调查经历、冰河时代的巨兽、神奇的剑龙等专题举办讲座，每次讲座都预先在博物馆自媒体上发布公告，公众无须预约即可参与。2015年国际博物馆日的"龙宫讲坛"还走出了博物馆、到中学举办，受邀的中科院古脊椎与古人类研究所专家所作"进化论——人类思想的飞跃"主题报告，打开了在场500多名高中学生的思想阀门（图三），互动交流十分踊跃，体现了"龙宫讲坛"传播科学知识、启迪科学思想、培养科学精神的举办宗旨。

（三）主题活动

经常性地策划组织一些主题活动也是开展博物馆阵地展教的有效途径。每年的"植树节"、"世界地球日"、"全国科技活动周"、"文化遗产日"、"国际博物馆日"、"中国旅游日"等，自贡恐龙博物馆都会推出一批主题突出、形式多样的科普社教活动，如"亲子活动日"、主题班会、演讲比赛、绘画比赛、知识竞赛、手工竞赛等。2014年暑假举办的首期小小讲解员招募和培训（图四），更是取得了意想不到的成功。这些活动不仅传播知识，同时也传播了博物馆文化，让博物馆

| 图四　"我与文化遗产保护"中学生演讲比赛（主题活动） | 图五　模拟化石发掘（互动体验） |

在社会大众特别是中小学生心中变得更加可亲、有趣。

（四）互动体验

博物馆不应当只是一个让公众"看"展览的场所，还应该是一个让大家感觉"好玩"的所在。博物馆知识传播的主体对象是青少年和儿童，而这一群体的天性，就是喜欢动手直接体验。心理学认为，在互动体验中不仅能够刺激人脑更好记忆，还能引发人的探索欲求。为此，博物馆可以设置一些互动参与的展项，让孩子们在体验中找到快乐、在快乐中获得知识。自贡恐龙博物馆在上门征询学校代表和教育主管部门意见的基础上，有针对性地建立了《青少年体验活动项目库》，为学校提供6大类30余项免费教育体验项目，其中，触摸化石、恐龙拓片、与恐龙赛跑、模拟发掘、恐龙装架、闯关侏罗纪、AR体感游戏等，都深受孩子们喜爱（图五）。

（五）出版物和文创产品

作为博物馆阵地传播的重要载体，出版物和文创产品都是不可或缺的。观众离开博物馆时，总是希望能够带点什么回家，出版物和文创产品就是最好的选择。出版物包括传统纸质出版物和多媒体出版物。自贡恐龙博物馆已陆续组织出版了《自贡恐龙》、《画说恐龙》、《走进恐龙世界》、《恐龙时代》、《自贡恐龙博物馆》、《亚洲第一龙：马门溪龙揭秘》等10多部科普书籍和《东方龙宫》期刊型资料，以及《恐龙之乡》、《史前奇迹》、《龙宫珍宝》等科普碟片。近年来，还陆续开发了一批具有"自贡恐龙"特色的文化创意衍生品，如自贡恐龙吉祥物巧克力、自贡恐龙系列邮品、东方龙宫扑克牌、自贡恐龙笔筒、领带、雨伞、水杯、摆件、名片夹等等，受到消费者的普遍喜爱和追捧。

（六）数字导览与特效影院

数字化、信息化技术特别是移动互联网技术的发展，为博物馆阵地展教手段的与时俱进提供了更多可能。数字技术在导览中的应用，将无限延伸博物馆展示内容和想象空间，令观展体验耳目一新。自贡恐龙博物馆开通了官方微博、微信公众号，及时推送信息并与公众互动；与百度百科合作，开通了自贡恐龙数字全景博物馆；设置了二维码导览，观众用手机一扫即可获得展品的图文信息。目前正在实施的APP虚拟导览项目将为观众提高更为有趣而便捷的导览服务。同时，博物馆开设有专门的4D影院，一直滚动播放各种恐龙科普影片，特别是今年与中国地质出版社、中国科技馆、中国古动物馆等单位合作，联合出品了最新的4D科普电影《会飞的恐龙》，深受青少年观众的欢迎。

二　社区互动

当下，公众所需教育已从学校教育向两端扩展至"从摇篮到坟墓"。学习已成为时代需要，也是提升生活品质、陶冶情操的需要。博物馆必须顺应这种趋势，加强与所在社区民众的有效互动。同时，博物馆日益成为学校教育"第二课堂"。作为知识传播的主要目标对象，青少年的大部分时间都在学校或与学校、学习相关的事情上，博物馆应通过馆校合作等多种方式，实现博物馆与学校教育的有效衔接。另外，在众多博物馆免费开放的背景下，收费参观对于当地民众来说，感情上往往难以接受，很容易产生一些对博物馆的消极负面影响。因此，必须通过良好的社区互动，努力消解本地民众与博物馆的心理隔膜，千方百计满足社区大众对博物馆的期待，以实际行动塑造有责任、有爱心、有亲和力的博物馆形象。

社区互动的关键，在于确立让社区民众走进博物馆、把博物馆送进社区的长效机制。自贡恐龙博物馆科教部门坚持常年性带着恐龙标本、模型、展板到农村场镇、街道社区、学校、企业、军营、工地，开展科普巡展和讲座，根据不同受众采取不同活动形式（图六）。还将每年11月确定为"市民科普月"，

图六　恐龙下乡（社区互动）　　　　　　　　图七　人偶剧《恐龙去哪儿了》巡演（社区互动）

让市民享受门票特价服务。与本市数十所中小学、幼儿园签订"三基"（爱国主义教育基地、科普教育基地、素质教育基地）共建协议，常年开展联动教育活动。与博物馆附近的村民委员会签订村级化石保护站、社区科普工作站共建协议，联合开展古生物化石保护政策法规和化石知识的宣传教育。坚持与关心下一代工作委员会和义工组织合作，常年开展特殊群体关爱活动，比如到儿童福利院、特殊教育学校举办恐龙趣味科普活动，组织留守儿童、残障学生到馆参观；当著名童话剧《爱丽丝梦游仙境》到本市开展商演时，博物馆出资为偏远乡村留守儿童包场，安排志愿者先带他们参观恐龙馆，然后一对一陪护观看演出，并让他们走上舞台与演员互动，成为聚光灯下的明星。为进一步强化教育传播活动的趣味性，博物馆专门创作排演了一出旨在普及恐龙知识，传播团结友爱、勇敢奋进精神的恐龙人偶剧《恐龙去哪儿了》（图七），在全市招募亲子演员，并定期更换，既在博物馆演出，也到乡村学校巡演，一年演出20多场，预约演出的学校十分踊跃。博物馆目前正在组织科普辅导员为学校编写恐龙教材，通过培训学校老师，将恐龙知识带入课堂。与社区的互动不断加强，既让博物馆更加贴近大众、融入社会，也丰富了本地民众的精神文化生活，体现了博物馆的社会担当。

三　流动外展

流动外展是在阵地展教、社区互动基础上的空间的进一步延伸和拓展。每一个有藏品特色的博物馆，都能根据自身实际，设计制作主题明确、特色鲜明的流动性展览，以走出博物馆，走出所在城市，服务于更广大的社会公众。

自贡恐龙博物馆自开馆以来，一直着眼于丰富的侏罗纪恐龙化石资源优势和雄厚的科研科普力量的发挥，着力打造"自贡恐龙"流动展览品牌。经过多年探索，"自贡恐龙"自贡恐龙流动外展的方式手段不断创新，已经突破恐龙骨架、标本和

仿真恐龙的静态展示模式，为承办方设计提供了更多互动体验展项，并提供关于恐龙的系统知识、专家讲座、讲解培训和最新学术成果等"增值"服务。自1989年首次走出国门，自贡恐龙先后6赴日本，4进韩国，2次巡游美国，3次做客香港，也曾赴丹麦、南非、澳大利亚、新西兰、台湾等国家和地区的30多座城市巡回展出，足迹遍及世界五大洲。同时还应邀在北京、上海等国内数十座大、中城市展出（图八）。这些流动外展，从一开始单纯对经济效益的追求，逐渐发展到更加注重品牌的扩张和博物馆教育使命的张扬，为博物馆将知识传播到世界提供了可能。

四　拓展活动

所谓拓展活动，是指整合利用博物馆各类资源，策划开展的一种全方位、多层次的大型教育传播活动，以实现博物馆知识、博物馆品牌、博物馆文化等的综合性传播，力求博物馆教育功能、教育绩效的最大化。相较于前述三种传播路径，此类活动的特点是：资源的综合利用、主题的创意延伸、形式的趣味灵活、目标的多元指向。拓展活动不再局限于依靠藏品和展项，博物馆所扮演的仅仅是活动平台的搭建者、服务项目的提供者及现场秩序的维护者。活动只设立"泛主题"，围绕该主题可加以系统的、具体的创意延伸；任何有助于提升活动效果的形式都可采用；活动目标不再仅仅是传播知识，也可指向于陶冶性情、增强爱心、培养勇气、激发兴趣等方面，实现博物馆之于社会的正能量的充分彰显。

下面分享两个自贡恐龙博物馆"拓展活动"的经典案例。

案例一："寻找自贡恐龙代言人"

2013年8月，自贡恐龙博物馆启动了"全球征集吉祥物、

图八　在商城展出（流动外展）

寻找恐龙代言人"活动，在各类媒体广泛发布征集启事。活动设计之初，全馆就达成共识：征集吉祥物不是唯一目的，征集的过程应当成为博物馆知识与文化传播的过程，于是有序设计了一系列配套活动：

1."画出我心中最可爱的自贡恐龙"。博物馆利用黄金周的契机，在馆区内组织了"画出我心中最可爱的自贡恐龙"主题绘画活动，免费让广大游客参与。活动现场共收到来自全国各地 224 位游客的 227 幅绘画作品，这些画作天马行空，思维的火花自由迸放，对游客而言更是创意的开拓。同时，博物馆工作人员拍下每个作者与作品的合影，并将作品张贴到展板上；合影和作品被做成电子相册，在博物馆广场 LED 大屏幕上长期滚动播放；部分作品被框裱起来，装点在博物馆园区的各个角落；部分作品刊登在《东方龙宫》创刊号上，并联系他们的班主任，将作品稿费、刊物及馆长亲笔签名信通过班级（或学校）大会的形式发放到孩子手中，希望借此给予他们更多的鼓励。

2."我心中的自贡恐龙代言人"卡通形象设计大赛。博物馆与四川理工学院合作举办卡通形象设计大赛，收到 124 名艺术专业学生提交的 156 件作品，从中评选出"最佳创意奖"、"最佳造型奖"和"最具亲和力奖"等优秀作品，并举行隆重的颁奖典礼。这些获奖作品也直接入围吉祥物征集活动第二轮评选。

3. 开放式征集意见。到方案征集截止时，共收到来自 23 个省、市、自治区的有效设计方案 261 套。博物馆组织专家从所有应征方案中选出入围作品 34 套，并将其逐一编号，多渠道收集公众意见：在博物馆广场让广大游客投票；送进中小学，让孩子们当评委；网络发布，听取广大网民吐槽。在吸纳各方评价的基础上，组织专家评审，吉祥物由此诞生。

图九　恐龙复活节，博物馆展厅内人潮涌动（拓展活动）

4. 全方位衍生开发。最终选定的吉祥物以6种典型的自贡恐龙为原型，根据各自体型、习性等特征，进行了不同的性格设计，并以它们为角色，编写了有趣的故事。目前博物馆正在对吉祥物进行系列衍生品开发，包括玩具、动漫、手游、食品、饰品等等，并将这些形象逐步纳入博物馆视觉标识系统的建立。

案例二：自贡恐龙复活节

2014年春节，自贡恐龙博物馆成功策划举办了"自贡恐龙复活节"大型节庆活动。活动中将自贡别具魅力的文化艺术与博物馆独特的恐龙元素融合，网上与网下多元互动，体现出极强的参与性和娱乐性。推出的杂技情景剧《梦回侏罗纪》、"画说恐龙"科学绘画展、"恐龙互动乐园"、"网上抢红包"等活动，受到公众的热烈欢迎，也吸引了各级各类媒体的广泛关注，央视《新闻联播》也进行了报道。

活动之后，博物馆进行了总结分析，认为"自贡恐龙复活节"可以作为一个品牌来打造（图九）。于是在2015年春节，举全馆之力举办了第二届自贡恐龙复活节，推出4大类、16项活动，以恐龙为支点，融入展览、人偶剧、魔术、互动娱乐、3D绘画、艺术彩灯等多种形式，并打出了"白天玩恐龙复活节，晚上看恐龙灯会"的广告宣传语。第二届复活节大获成功，25天时间共接待观众20.1万人次，日均8000多人次，其中最高峰日达到2.4万人次，创博物馆开馆以来单日接待新高。"复活节"期间，观众在博物馆滞留时间平均延长半小时以上，对博物馆的认同感、亲近感明显改善，品牌形象得到彰显。国土资源部将"自贡恐龙复活节"作为大型综合性科普项目列入全国15个"科普示范活动"项目之一。

总而言之，阵地展教、社区互动、流动外展、拓展活动作为传播地点、传播对象、传播效果不同的四种途径，都是博物馆教育功能的实现渠道。所有的博物馆都担负着传承、传播的使命，所有的博物馆都可依据不同的资源设计不同的教育活动，但目标只有一个：让博物馆为人们开启一扇窗，透过这扇窗，人们可以自在地收获知识、欢乐、爱与自信。

博物馆致力于社会和谐的卓越实践者
——记山东博物馆志愿者服务队

内容提要

博物馆志愿者是在博物馆为文博事业和社会公众无偿提供志愿服务的人员，是博物馆致力社会和谐的一支重要力量，也是博物馆从馆舍天地走向大千世界的桥梁和纽带。

关键词

博物馆　志愿者　社会和谐　卓越实践者

1998 年，山东博物馆与山东师范大学文史学院合作，成立山东博物馆志愿讲解员小分队，山东博物馆志愿服务工作由此起步。2009 年 10 月，为迎接新馆开馆时巨大的接待压力，山东博物馆开始面向社会公开招募志愿者，山东博物馆志愿者服务队开始组建。2010 年 11 月 16 日，山东博物馆新馆开馆之际，山东省委书记姜异康亲自为山东博物馆志愿者服务队授旗，山东省政协原副主席李殿魁加入我馆志愿者服务队，极大地鼓舞了我馆志愿者的士气。

五年来，志愿者已然成为我馆一支重要的文化传播和公众服务力量。五年间，我馆志愿者工作稳步推进，先后参与志愿服务的人数多达上千，博物馆开放日均能看到志愿者的身影，志愿者服务成为我馆公众服务的一支重要生力军，得到社会各界的一致好评。2011 年、2012 年我馆志愿者连续两年获"全国博物馆十佳志愿者之星"个人、团体荣誉称号，2013 年我馆志愿者又获第八届山东省青年志愿服务先进团队和先进个人荣誉称号，2014 年我馆志愿者刘汉义获"牵手历史——第六届中国博物馆十佳志愿者"个人提名奖，程东旭、杨秀利分别被山东省文化厅评为 2014 年度山东省文化志愿服务优秀人物、年度人物。

山东博物馆志愿者服务队着眼"以展厅服务为主要形式赢得平台、以社会活动为有效载体扩大影响、以学习提高为基本途径丰富内涵"的定位，坚持"服务没有最好只有更精"的标准，努力做到让每个志愿者都能在服务他人的过程中感受快乐、有所提高，让每个接受服务的观众感到满意，有所收获。新馆开馆五年来，我馆在志愿者招募、管理、培训、服务等方面做了一些探索性的工作，主要在以下几个方面：

一　志愿者服务队结构合理、稳步发展

我馆面向社会公开招募志愿者之时，由于对志愿者了解不够充分，对他们的年龄特征、工作性质、时间规律缺乏足够的认识和细致的研究，以致刚刚培训好的志愿者在一段时间内出现严重的流失现象。这种现象给队伍的管理和培训工作带来很大困难。为了改变这一现象，我馆开始结合年龄、文化程度、爱好特长、意愿需求等特点进行志愿者招募，分别招募了常规志愿者、临展志愿者、高校志愿者小分队、小小志愿者等，并根

文／郭映雪　代雪晶　山东博物馆

据工作项目的需要，分别制定招募条件。如常规志愿者是以面向社会公开招募的方式进行招募，招募对象主要是退休、在职人员，这部分志愿者工作经验丰富、工作责任心强、服务热情高、文化底蕴深厚，是志愿者服务队的中坚力量。临展志愿者也向社会公开招募，担任临展的讲解和服务工作，服务时间与展期相同，表现优秀、且有意愿做长期志愿者的可经过馆里系统培训后纳入到常规志愿者队伍中来，这样可为博物馆挑选到更多的人才。高校志愿者小分队主要通过与驻济高校学生志愿者联盟合作的方式，引进新鲜血液，创新服务模式。这种"高校内部选拔、馆方提供专业培训、高校跟踪服务"的"递进式培训和多样化的组织形式"，既壮大了志愿者队伍，为高校学生提供了社会实践平时机会，又开启了山东博物馆志愿者服务队与高校志愿者服务队联盟的新模式。截至目前，(我馆与山东大学、山东师范大学、山东财政学院、山东政治学院、山东政法学院、山东商职学院等驻济高校的志愿者联合会都建立了长期向博物馆输送优秀大学生志愿者的合作机制。)高校志愿者小分队主要负责博物馆的社会教育项目辅助工作，山东博物馆根据不同的展览设定不同的社会教育体验项目，优秀的大学生志愿者主要活跃在这一平台上。小小志愿者为参加寒暑假培训班的中小学生，主要集中在寒暑假培训，平时周六、日到馆服务，旨在培养青少年的奉献精神，为志愿者队伍的长远发展储备力量。(针对不同人群，结合博物馆工作需求，我馆每年进行五至六次志愿者招募工作，一方面根据不同人群的个性化意愿，有针对性地为更多的人群提供志愿服务平台；另一方面，极大地调动了不同人群参与志愿服务的积极性。)由于志愿者队伍涉及的人群广泛，队伍结构日趋合理，有效地解决了志愿者的流失问题。

二　志愿者服务队自我管理、运行顺畅

2010 年成立的山东博物馆志愿者委员会因面临着志愿者严重的流失问题，处于无序状态。山东博物馆相关人员认真总结讨论、分析原因、进行整改，并完善志愿者服务章程细则、志愿者委员会职责、志愿者服务承诺书等章程，于 2014 年对山东博物馆志愿者委员会进行了改选，成立了由博物馆馆领导、宣教部主任、志愿者工作负责人和优秀志愿者组成的志愿者管理委员会，分设招募、培训、考核、讲解、宣传、内务、活动组织、日常管理等 8 个小组，每个小组设组长 1 名。志愿者管理委员会的成立进一步完善了志愿者服务队的组织和管理架构，标志着志愿者服务队的管理开始走向自我管理模式。管理委员会各组长不仅是志愿服务的带头人，同时也是志愿服务的日常管理者，志愿者的排班、考勤、巡岗、观众意见收集、服务时间统计以及调班或请假都由志愿者自我管理。管理委员会组长本着为团队服务的奉献精神和分工不分家的原则，遇事总是群

策群力、齐心互助，保障了服务队日常工作的正常开展，组织协调更为顺畅，提高了志愿服务质量。

三　创新培训方式，提升志愿服务水平

"给观众一杯水，自己要有一桶水"。对博物馆业余爱好者志愿者来说，知识的积累是永恒的目标。我馆志愿者除参与博物馆组织的志愿者岗前培训、常设展览及临展培训、专家讲座、学术研讨会等培训外，还积极创新培训方式，通过志愿者自己邀请省内专家、组织研讨会、学术沙龙等方式，提升志愿服务水平。如针对《星云大师一笔字书法展》，我馆志愿者邀请了泰安佛教协会副会长、一支莲生活文化创始人、泰山山水画研究院副院长周知一分享了"佛教与生活"专题讲座；针对《汉代画像艺术展》，邀请山东工艺美院教授张从军分享了"汉代的画像石艺术"；针对《山东历史文化展——夏商周展》，邀请著名青铜研究专家学者、山东化工研究院张颂斌分享了"走近灿烂的青铜文明"专题讲座。山东博物馆志愿者过展厅研讨会与学术沙龙相辅相成，每月各举办 1 次，先由展厅的负责志愿者带领大家展厅实地参观，再选定主题大家共同研讨，各抒己见。这种方式既强化了志愿者的学习热情，又深化了志愿者之间的感情。截至目前，展厅研讨与学术沙龙共举办 30 余期，深受志愿者们的好评。

此外，我馆志愿者积极建立多层次沟通渠道，通过建立 QQ 群、微信群、微博等交流平台，及时上传培训资料、发布志愿者活动信息，供大家交流答疑，分享学习心得。志愿者自发组织的探访章丘城子崖遗址、济宁嘉祥武氏祠、曲阜孔庙、长清孝堂山祠堂等活动不仅实地探访了历史古迹，加深了对文物的理解，而且增强了志愿者团队的凝聚力、向心力。

四　提供平台，拓展服务领域

新馆开馆五年来，山东博物馆志愿者服务队由小变大，由大变强，成为山东博物馆融入社会、服务社会的主力军。我馆志愿者服务队在做好馆内阵地讲解的同时，积极开展送文化进社区、进军营、进学校等系列活动，志愿者服务领域覆盖常设展览及临展讲解、社会教育活动辅助、大型展览开幕式及赛事活动辅助、翻译、票务、秩序维护、观众问卷调查、文物普查等领域。据统计，我馆志愿者年度服务时间超 1.3 万小时，为近 50 万观众提供了服务。我馆志愿者以其优秀的服务向来自海内外的友人展现了"好客山东、礼仪之邦"的文明典范，成为规范观众文明参观的模范。

为让越来越多的人了解山东博物馆，感受山东悠久的历史文化，我馆志愿者积极打造文化志愿者宣讲团，开展送历史文

化进学校、进社区、进军营、进福利院等活动。新馆开馆五年以来，我馆文化志愿者宣讲团的足迹已遍布济南的大中小学校及社区、军营，甚至还将我馆"十大镇馆之宝"送进了济宁学院、济宁十三中。志愿者宣讲团使博物馆文化面向基层、贴近实际、贴近生活、贴近群众，让更多的人了解了博物馆、了解了文物背后鲜活的历史。

近年来，我馆举办的教育推广活动层出不穷。比如每年的国际博物馆日活动、传统节庆活动、常态化的社会教育项目"孔子学堂"、"自然教室"、"历史课堂"、"模拟考古坊"等区域都能见到志愿者的身影。《星云大师一笔字书法展》的拓印区、写经区，《非洲动物大迁徙》的玩偶展演、跳棋游戏辅助、观众疏导，一年一度的环球自然日青少年知识挑战赛选手的报道、信息登记、引导、评委助理、摄影等岗位都活跃着我们的志愿者。

志愿者在参与我馆社教工作的过程中，不仅对博物馆的展览、博物馆的教育内容、形式、意义有了进一步的了解，而且也充分发挥了他们的个人才干，体现了志愿者对社会、对博物馆的价值，他们才是博物馆致力于社会和谐的卓越实践者。

我馆志愿者服务队的不懈努力赢得了观众的喜爱和认可，我们的志愿者服务队也日益受到社会和媒体的关注。仅2014年一年，《齐鲁晚报》的《周末，我就是博物馆讲解员》、山东交通广播电台"做客山东台"栏目、《济南时报》的《将志愿者的力量编织成网》、济南电视台的"有么说么故事会"都对我馆的优秀志愿者进行了采访与报道。

在2014年开始的全省金牌讲解员大赛中，我们的志愿者服务队更是取得了令团队骄傲的成绩：4人获得优秀奖，2人获得三等奖，3人晋级复赛，在电视台复赛现场庄少玲的讲解风格、比赛选材，赢得了中央电视台《国宝档案》主持人任志宏老师的高度赞扬，这些足以展现我馆志愿者服务队的实力。

过去的五年有成绩也有困惑，但我馆志愿者服务队将一如既往地按照"内强素质、外塑形象"的要求，不断提高自身能力、强化团队建设、优化服务质量、扩大社会影响力。今后，山东博物馆也将会尝试让志愿者介入到藏品研究、展览策划、活动策划等诸多领域，让志愿者服务队真正融入到博物馆大家庭中，与文博人一同做博物馆致力于社会和谐的卓越实践者。

环球自然日在博物馆社会教育中的价值研究

文/席丽 山东博物馆

内容提要

环球自然日是自然、科技类博物馆或综合性博物馆的社会教育项目之一，在国内开展四年来，取得了良好的社会效益，在青少年中掀起了研究自然科学、探索创新、保护环境的热潮。环球自然日是怎样的一个活动，它在博物馆的社会教育中具有怎样的价值，本文将试图探讨这一问题，明确环球自然日在博物馆社会教育中的价值，为博物馆进一步开展好该活动提供理论依据。

关键词

环球自然日　博物馆　社会教育　建构主义学习理论

环球自然日活动已在国内开展了四年，每年一届，自开展之初就与博物馆结下了不解之缘，美国著名慈善家肯尼斯·尤金·贝林先生向国内多家博物馆捐赠了珍稀野生动物标本，同时倡导受捐赠博物馆开展环球自然日活动，这样环球自然日活动便以各地的博物馆为承办机构在国内、国外多地如火如荼地开展起来。环球自然日作为博物馆的教育活动之一，在博物馆的社会教育中发挥了怎样的作用，博物馆应如何通过环球自然日活动进一步完善社会教育功能，目前的研究缺乏关于环球自然日与博物馆社会教育关系的探讨，本文将试图围绕这一问题展开研究。

一　什么是环球自然日

环球自然日，全称"环球自然日——青少年自然科学知识挑战活动"，起源于 20 世纪 70 年代在美国开展的"美国国家历史日（National History Day）"，1974 年美国俄亥俄州克里夫兰大学历史系教授为了改善中小学历史教学，发起了一项历史研究性学习活动[1]。2012 年，肯尼斯·贝林先生将其引入中国，并将这一活动拓展至自然科学学习领域，截至 2015 年，已有美国、泰国、爱尔兰、中国香港等多个国家和地区参与这一活动，国内以京、津、沪为代表的十一省市参与，目前每年参与的地区数量持续增长。该活动宗旨在于激发青少年对自然科学的兴趣，培养青少年勇于探索和创新的精神，该活动每年一次，从每年 1 月份公布年度主题，直至 8 月份活动结束。分地区预选、地区决选、全球总决选，地区活动在每年的 4 ~ 6 月份，全球总决选在每年的 7 月份举行。

该活动每年主题都不相同，2012 ~ 2014 年的主题分别为"生物多样性：自然因素，人为影响和全球重要性"、"动物、植物和人类的伟大迁移"、"适者生存：应变、不变和可持续发展"、"自然界大事件"。由此可见，活动主题越来越宽泛，给参与者提供了无限的可供发挥的空间，考察了参与者的综合素质，参与者需具备生物、地理、艺术等多学科知识。

确定好选题之后，接下来要选择参与形式，活动有两种形式，展览和表演。展览是通过手工、图片、实物、绘画等元素制作一个展览，它类似博物馆的小型展览；表演是通过创作剧本、制作道具和服装，来表演一个舞台剧。参与者可以根据自己的选题和兴趣，

177

选择合适的形式表达主题。

在长达半年的时间里，参与者围绕年度主题，开展研究，最终以展览或者舞台剧的形式，展示研究成果。

二 博物馆社会教育职能的转变

博物馆教育职能的重要性不言而喻，越来越多的研究者认为博物馆的教育不仅仅是展示与传播，当代博物馆承载着"为观众自我学习提供服务而实现教育目的"的重任[2]，参与、互动、体验的方式是适应时代和公众的需求，使博物馆教育的对象从被动接受变为主动探索的变革性措施，有助于推进博物馆教育发生本质上的跨越，使博物馆教育增添无尽的活力[3]，可见博物馆教育越来越重视参观者的学习与体验。

与任何的学习一样，观众在博物馆的学习也是一个主观的意义建构的过程，建构主义学习理论认为：学习是一种积极的过程，学习者在该过程中依靠自己现在和过去的知识建构新的思想和概念。学习者依赖某种认知结构完成选择、转换、获得和评估信息的工作，从多种角度建构假设并作出决策[4]。"情境、选择、交流、创新"是建构主义学习理论的核心理念。知识是在前人经验的基础上提炼出来的，它从真实情境中剥离出来，过滤掉原来情境中的真实信息，建构主义强调情境对于学习的重要性；选择是即要选择那些对个人意义建构和问题解决有帮助的信息与知识，避免重复学习、无意义学习带来的信息超载，主张创造性地学习；交流包括协作和会话两个环节，协作是行动上的交流，大家以互助的形式共同完成复杂情境中的学习任务，会话是语言上的交流，指大家通过语言文字交换各自获得的信息与知识。学习不仅仅是继承前人知识、并将知识应用于实践，更重要的是建构新的知识体系，创新是学习的最高目标[5]。

三 环球自然日在博物馆社会教育中的价值分析

环球自然日是在博物馆教育职能转变过程中出现的教育项目，它以体验、创新为目标，契合了博物馆向重视学习者体验转变的新职能，日益受到青少年的追捧，作为活动组织方的博物馆也逐步把它纳入博物馆的教育体系，让它成为博物馆的常规教育项目。

（一）环球自然日适应了博物馆教育职能的转变

博物馆的职能逐步由文化传播者向重视参观者体验转变，环球自然日恰恰是在这个过程中应运而生的，它完全符合最新的教育理念，完美诠释了建构主义学习理论。环球自然日活动为学生学习创设了一定的情境，学生往往以生活中发现的感兴趣的现象为起点，一步步搜集资料，对资料进行整理、分析、研究，进而得出结论，所学知识是他们主观建构的，而不是由别人灌输的，他们是在做中、在体验中，解决问题、感受求知的乐趣；在对各种信息进行筛选的过程中，选择对解决问题有益的信息，在这个过程中，学生学会了去伪存真、去粗取精，学会了选择；为顺利完成研究，少不了辅导老师的指导、向他人请教、和父母商议、和同伴分工，这个过程考察了他们与人交流的能力，另外，还要把亲手制作的作品向评委和他人进行讲解，这也锻炼了他们的语言交流能力；为了在众多的参与者中脱颖而出，学生必须竭尽全力去创新，无论是内容还是形式，有些学生将相声、皮影、沙画等艺术形式引入表演中，这是自然科学与艺术的完美结合，每一届环球自然日往往都会推陈出新，涌现一批极富创造力的优秀作品，该活动是对最新教育理念的完美诠释，是博物馆新教育职能的佐证和典范。

山东博物馆辑刊（2015年）

博物馆教育

（二）环球自然日逐渐成为博物馆的常规教育项目

目前国内开展环球自然日的十一省市中，北京、天津、浙江等七地为自然博物馆承办，山东、深圳、黑龙江三地为综合性博物馆承办，重庆为自然博物馆和科技馆共同承办。自然博物馆在自然科学教育资源方面更具优势，它们不仅拥有野生动物标本、古生物化石，还有以海洋生物、地质、矿产、生态等为内容的展览，这为青少年全面了解不同学科的自然科学知识提供了便利，目前自然类博物馆中开展了各种体验式常规教育项目，如将话剧与自然类课题相结合的科普剧、户外探究、科普讲座、小小讲解员等，环球自然日活动恰恰将这些教育项目融为一体，它的参与流程为：一、通过动手研究或实地考察学习与年度主题相关的自然科学知识；二、动手制作展览或编写剧本进行排练；三、通过展览或舞台剧展示研究成果；四、向评委讲解作品；五、参与肯尼斯·贝林探索之旅，去自然保护区、野生动物保护区、地质博物馆、世界著名博物馆进行自然科学考察。由此可见，它综合了自然类博物馆的所有常规教育项目，是对学生综合素质的提升。而对于国内的综合性博物馆而言，自然类教育资源相对缺乏，要想很好地开展自然科学教育，环球自然日无疑是一个带动项目，它带动了综合性博物馆不断完善自然科学教育，《全民科学素质行动计划纲要》提出要"开展多种形式的科普活动和社会实践，增强未成年人对科学技术的兴趣和爱好"[6]。国内一些博物馆，如山东博物馆已将环球自然日列为博物馆的常规教育项目，这对国家落实提高青少年科学素质的大政方针，无疑是极大的支持。

注　释

［1］汪爱之：《美国"国家历史日"研究》，华东师范大学，2008年。

［2］单霁翔：《博物馆的社会责任与社会教育》，《东南文化》，2010年6期。

［3］李象益：《当今博物馆创新理念及其发展态势》，《浙东文化》，2008年1期。

［4］高文、徐斌艳、吴刚：《建构主义教育研究》，教育科学出版社，2008年，12页。

［5］王竹立：《新建构主义：网络时代的学习理论》，《远程教育杂志》，2011年2期。

［6］《全民科学素质行动计划纲要（2006-2010-2020年）》，《人民日报》，2006年3月21日8版。

山东博物馆藏战国衣裙的保护修复与研究

内容提要

2013 年山东博物馆接收了一批捐赠文物，其中两件百褶衣裙为山东省内首次发现，为研究战国晚期的服饰、丝织品织造技术和手工业水平提供了珍贵的实物资料。由于衣裙长期在地下埋藏环境中受各种因素的腐蚀，已损毁严重，需进行必要的保护修复。本工作通过对其中一件多色拼接刺绣镶边百褶衣裙的目测观察和病害分析后，以针线法对织物进行修复。此外，还对衣裙的组织结构、刺绣纹饰以及形制进行分析研究。修复后的衣裙在山东博物馆海上丝绸之路特展中展出，成为展览中难得一见的精美展品。

关键词

战国丝织品　保护修复　织物研究

一　引　言

2013 年山东博物馆接收了一批捐赠文物，出于山东临淄地区，后经中国社会科学院考古研究所等单位专家鉴定，判定其中引人注目的一批纺织品的年代为战国晚期。入馆时，文物叠压在一起，不能辨别数量与形制。经过后期揭展发现，有两件尺幅较大的衣裙，保存有较完整的幅边，并且丝线依然保持着较鲜艳的色彩。在此，主要介绍其中一件多色拼接刺绣镶边百褶衣裙的保护修复与研究。

二　衣裙概况及病害分析

（一）保存现状

入藏时，衣裙与其他纺织品团裹在一起，无法辨识具体形貌。为便于观察，须对其进行必要的揭展。（图一，1、2）

揭展后，测量该件织物残长约 133cm，宽约 72cm。残存衣裙最上端为黑褐相间的纵向条纹织物，主体由六片面料拼结而成，其中第一幅红色面料表面较完整，有少量残缺，褶皱处有断裂；第二幅褐色面料表面较完整，褶皱处有断裂；第三幅黄色面料中间有较大裂口；第四幅红色面料残缺四分之一，有污渍；第五幅褐色面料残缺较多；第六幅黄色面料仅残留边缘。六幅面料均为直裁，第一、二、三、四幅面料横向约有 100 个褶皱，每个褶皱宽度约 2cm。六幅面料的组织结构均为平纹组织。衣裙两侧各有一条宽约 3.5cm 的幅边，幅边上有红黄两色线绣成的纹样。经过显微观察，幅边的经纬线经过压光处理，表面涂刷有黑色浆体。

（二）病害及分析

揭展后对其进行拍照记录，并绘制病害图（图二）。通过观察，该文物中间部分纤维仍有一定强度，但已脆化，折痕处多有断裂，上端罗织物和第四、五、六幅有较多残缺和污染。幅边脆化粘连糟朽严重，碰触易碎。

文／刘靓　山东博物馆

图一　1. 衣裙入藏时状况

图一　2. 衣裙揭展后状况

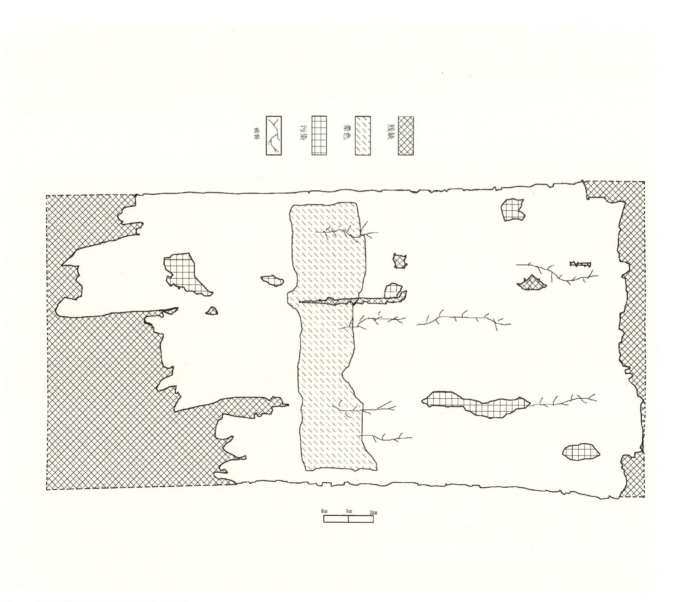

图二　多色拼接刺绣镶边百褶衣裙病害图

三 衣裙的保护修复

山东地区出土和传世的战国时期纺织品较少，此次修复的多色拼接刺绣镶边百褶衣裙，虽然不完整，但织物面料尺幅较大，同时存在罗和平纹两种组织结构，并且有刺绣幅边，具有相当高的历史价值和艺术价值。在修复过程中，严格遵守文物保护原则，即不改变原状原则、最小干预原则、可识别原则、可逆性原则，使文物得到最大程度的保护。

（一）保护修复技术路线

根据文物保护修复原则及对文物的观察与病害分析，确定以针线法修复此件文物。修复路线如图例所示：

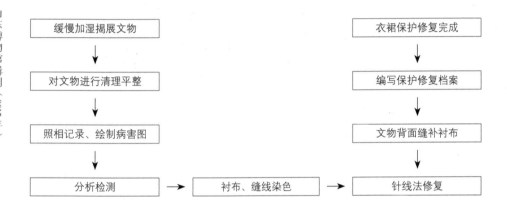

（二）修复材料的选择

修复材料主要包括背衬材料和缝补用线。背衬材料对文物起到一定支撑作用，选择时要观察其强度，只要保证在正常储存条件下不低于所支撑的文物强度即可。由于此件文物为丝织物，平纹组织较多，所以，选择柔软度与文物相近的平纹真丝电力纺作为背衬。这件文物是多色拼接而成，市售的布料颜色无法满足需要，决定将白色电力纺分别染成与文物相近的红、褐、黄和黑四种颜色备用。缝补用线主要采用经过染色的生丝线，使缝补后的痕迹不影响织物的外观协调。

（三）主要修复过程

1. 加湿揭展

由于文物体积较大，没有合适的回潮设备，所以，决定利用保鲜膜、超声波加湿器等现有材料和工具自制回潮箱。在回潮箱内放入温湿度计，检测回潮箱内的温湿度，以便将箱内的相对湿度控制在80%-90%。然后，将文物缓慢移入回潮箱，静置一段时间，使蒸汽缓慢地渗透进织物内部，文物逐渐适应回潮箱内的湿度环境，织物纤维开始软化（图三）。当织物到达一定潮湿状态后，保持回潮箱内湿度稳定，使用超声波加湿器对需揭展部位进行局部加湿回潮，使用自制的柔韧性竹签将粘连在一起的纺织品轻轻剥离。揭展过程中，对粘连在织物上的小片纺织品残件进行拍照，记录其粘连位置，并放入有机玻璃皿中保存。在此过程中，发现文物上有宽约2cm的有规律的褶皱，即使在粘连部位，也能看出明显的折痕，可判断衣裙上的褶皱应为特意制作，以达到特殊的视觉效果。

2. 清理平整

经过揭展，文物的基本形状就已显现。由于文物变形严重，需对其进行平整处理。使用超声波加湿器对纤维变形部位进行平整，为防止蒸汽冷凝滴水，在喷雾口包裹双层

图三　揭展衣裙过程

纱布，可起到缓冲作用。根据折痕理顺褶皱，断裂破损处，仔细理顺散落的经纬线，达到经直纬平。平整过程中，同时用棉签对织物表面的污渍进行清理。当织物被初步平展后，在适当的部位压放有机玻璃片，利用其自重将潮湿的丝纤维压平，再缓慢降低恒湿箱中的湿度，让织物自然干燥，干燥后去除玻璃片，衣裙即达到平整状态。（图四）

3. 染色

（1）染料的选择

对于修复材料的染色，采用合成染料而不是天然植物染料，主要原因是植物染料不易获取，工艺比较复杂，制成的染料不易保存；植物染料的色牢度较差，易褪色，受潮后又会晕染[1]，而合成染料则不存在这些问题。

（2）染色程序

① 水洗脱浆

将背衬材料与缝线放入盛有适量去离子水的烧杯中加热，至沸腾后继续煮约20分钟，降温后取出修复材料，用去离子水清洗，自然晾干，平整待用。

② 染色辅助剂选取

染色过程中主要使用以下辅助剂：无水硫酸钠（Na_2SO_4），用作蛋白质纤维的缓凝剂，使色彩分布均匀；冰醋酸（HAc），在蛋白质纤维的染色过程中，醋酸起到媒染剂的作用。这些化学辅助产品不会停留在与它们接触的纤维上，可以在操作结束后，用去离子水清洗去除。

（3）染料配比

① 称量要染色材料在干燥条件下的净重。

② 准备染料溶液。精确测量染料的重量，按照染料与去离子水的比例为 1g∶100ml 配比染料溶液，其浓度为 10g/L。

③ 根据配方计算染液需要的总体积（其比例是染色材料与去离子水的比为 1g∶40ml）。

④ 计算每种染液需要的溶液量。公式：材料干净重 × 染料的百分比（配方的说明）× 100（固定数值）∶染料的浓度

⑤ 添加剂的量

配比添加剂，将添加剂按1g∶10ml的比例溶于去离子水中。主要的添加剂有：无水硫酸钠和醋酸。

计算添加剂的溶液质量。

例如：硫酸钠的量 = 硫酸钠 5% × 材料干净重 ×10（固定数值）∶100（固定数值）

醋酸的量 = 醋酸 3% × 材料干净重 × 10（固定数值）∶100（固定数值）

（4）染色注意事项

① 染色溶液的总体积是所需水的体积、各种不同染料溶液的体积与添加剂的体积之和。

② 染色步骤是先加入需要的水量再加入染料的溶液，最后，放入拎干的要染色的材料。

图四　衣裙平整后状态

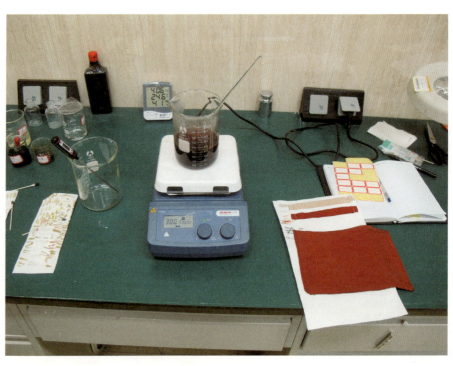

图五　染色实验

图六　缝补幅边与衬布后的效果

图七　罗织物的修复

③ 随着染色步骤的进行，需要不断地加入预加热的水来保持溶液总体积不变。（图五）

4. 针线法修复

（1）幅边的修复

由于幅边的纤维脆化严重，为便于展览和保存过程中提拿，减少对幅边的牵拉，决定在其下面垫加颜色相近的衬布支撑。同时，为减少针线与幅边的摩擦，决定缝合幅边与衬布时使用两条缝线，一条在幅边最内侧与主体绢衔接的部位，一条在幅边的最外侧。幅边上涂刷有黑色浆体，坚挺易碎，在缝补时，需要先加湿回潮浆体，使其软化后再缝合。幅边的修复主要采用回针。（图六）

（2）罗织物的修复

第一幅面料上侧中间部位，残留部分黑色和褐色相间的条纹状罗织物。根据与其同时收藏的另一件衣裙的残留罗织物式样推测，此件衣裙上的罗织物横向应该是盖过幅边，与衣裙的整幅宽度相同，纵向长度无法推测。由于其残边纱线松散，所以采用交叉针和锁边针进行固定，而衬布与第一幅面料和幅边衬布的缝合则主要使用回针。（图七）

（3）衣裙主体的修复

衣裙主体为百褶样式，经过平整后表面看不出裂痕，但折痕处多有破裂，如果在每处裂缝都加衬布，则会形成"打补丁"的外观，从而改变文物的整体效果，所以决定在文物破损和残缺严重的部位整体加衬，进行物理加固。最后，为便于展览和保管过程中提取织物，在第一层背衬下又整体缝补了第二层□衬布，主要使用锁边针、回针、铺针、□针等针法。（图八）

5. 衣裙保存

平摊式保存法能使纺织品的纤维□最大程度的舒展，减少外力对织物的挤□是平面类纺织品文物保存的最佳方法。□了减少折叠对衣裙产生的危害，故选□摊式保存。此外，为改善文物保存微环□达到长期保存的目的，为其制作 RP □□袋，并在袋内放置相应的 RP 保护剂与氧气指示剂，然后平摊放入文物橱柜。

四　织物研究

（一）衣裙的组织结构

第一幅面料：纵向约 25cm，幅宽约 65cm。经纬线均为红色丝线。平纹组织，经线：无捻，投影宽度 0.09mm，40 根 /cm。纬线：无捻，投影宽度 0.14mm，18 根 /cm。（图九 1）

第二幅面料：纵向约 21cm，幅宽约 65.7cm。经线为黄色，纬线为黑色。平纹组织，经线：无捻，投影宽度 0.08mm，52 根 /cm。纬线：无捻，投影宽度 0.13mm，20 根 /cm。（图九 2）

第三幅面料：纵向约 24.7cm，幅宽约 66cm。经纬线均为黄色。平纹组织，经线：无捻，投影宽度 0.13mm，24 根 /cm。纬线：无捻，投影宽度 0.16mm，18 根 /cm。（图十，1）

第四幅面料：纵向约 27cm，幅宽约 64.5cm。经纬线均为红色。平纹组织，经线：无捻，投影宽度 0.11mm，42 根 /cm。纬线：无捻，投影宽度 0.13mm，22 根 /cm。（图十，2）

第五幅面料：纵向约 22cm，横向残宽约 27cm。经线为红色，纬线为黑色。平纹组织，经线：无捻，投影宽度 0.07mm，54 根 /cm。纬线：无捻，投影宽度 0.12mm，

图八　衣裙修复后状态

图九　1. 第一幅面料组织结构

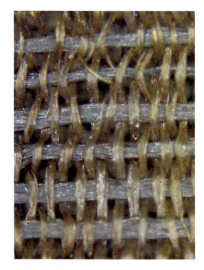

图九　2. 第二幅面料组织结构

图十　1. 第三幅面料组织结构

图十　2. 第四幅面料组织结构

图十一　1. 第五幅面料组织结构

图十一　2. 第六幅面料组织结构

20 根 /cm。（图十一，1）

第六幅面料：经纬线均为黄色，平纹组织，经线：无捻，投影宽度 0.11mm，24
根 /cm。纬线：无捻，投影宽度 0.15mm，18 根 /cm。（图十一，2）

幅边：左幅边残长约 87cm，残宽：最宽处约 3.5cm，最窄处约 2cm；右幅边：残
长约 105cm，残宽：最宽处约 3.5cm，最窄处约 2cm。经线：无捻，投影宽度 0.21mm，
20 根 /cm；纬线：无捻，投影宽度 0.21mm，20 根 /cm。平纹组织，经纬线经过碾压处理，
上刷黑色浆体，使得织物硬挺（图十六）。幅边上有红、黄两色丝线绣成的对称图案，
单元纹样长约 6.5cm，宽约 3cm。（图十二，1、2、3、4）

罗织物：第一幅面料上侧中间部位，残留部分黑色和褐色相间的条纹状织物，初步
认定为三经绞罗。纬线为黑色，经线有黑、褐两色，在织物表面形成黑褐相间的经向条
纹效果。经线：无捻，投影宽度 0.07mm，130 根 /cm；纬线：无捻，投影宽度 0.20mm，
16 根 /cm。（图十三，1、2）

图十二　1.幅边外观

图十二　2.幅边刺绣局部

图十二　3.幅边刺绣单元纹样

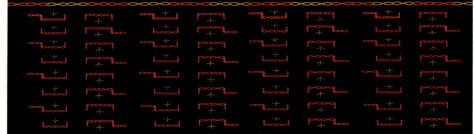

图十二　4.幅边刺绣纹样图

图十三　1.罗织物外观　　　　　　　　　　图十三　2.罗织物组织结构

图十四　马王堆出土衣裙形制图

（二）衣裙的考释

裙是下裳。《释名·释衣服》："裙，群也，联接群幅也。"顾名思义，裙是用多幅面料裁制、拼缝的。此前考古发现的裙实物在马山一号楚墓中出现过，形状清楚的只有一件单裙。单裙的形状如图十四所示，腰部较窄 181 cm，下摆较宽 200.5 cm，通长 82 cm。裙面用 8 片面料拼成，正中两幅面料直裁，其余各片均斜裁。8 片面料的宽度分别是：27、27、27.5、26、27、24、27、26 cm。腰部系带缝钉在裙腰上。下摆包有 12.5 cm 宽的大菱形纹锦缘，以增加下摆的重量，同时也使裙褶更为突出，显示出它的外形特点。这种裙子的腰围较大，穿着时依靠腰部的系带使一部分群面重叠起来[2]。

曾侯乙墓编钟虡上的铜人所着的裙式似乎与在马山一号墓中发现的实物有些不同。编钟虡下层铜人身上的裙的左右侧各有一条边饰，似乎与群面的质料不相同，这是以往所未曾见过的裙式[3]（图十五）。

裙往往是与襦合用的。上述曾侯乙墓铜人上身着襦衣，下身着裙。裙的长度一般及脚背或稍高一些。一般情况下，上衣盖住裙的腰部。此次修复的多色拼接刺绣镶边百褶衣裙至少是六幅面料拼接而成，这与马山一号楚墓中发现的单裙类似，但每幅面料均有近百个褶皱，褶皱方向为裙料的纵向，拼接后的外观恰好是图十四逆时针旋转 90 度的

图十五　曾侯乙墓编钟虡上的铜人所着的裙式

图十六　多色拼接刺绣镶边百褶衣裙复原图

效果。通过对图十五曾侯乙墓编钟虡上的铜人所着裙式和图十六多色拼接刺绣镶边百褶衣裙复原图对比可知，两种裙的左右侧各有一条边饰，这个外观是相同的。此外两种裙式均有较多褶皱，显示出百褶裙的款式。通过以上比较可以初步判断，山东博物馆收藏的多色拼接刺绣镶边百褶衣裙更接近曾侯乙墓编钟虡上的铜人所着的裙式。

五　总　结

　　古代文献中多有齐国发达丝织业的相关记载，但由于环境因素，山东地区出土战国时期的丝织品较少，目前见诸报道的有山东临淄郎家庄东周一号墓出土的织物印痕。此次修复的多色拼接刺绣镶边百褶衣裙不仅尺幅大，而且制作精美，同一件文物上包含两种组织结构，幅边绣有精美图案，实属罕见，为研究山东地区战国晚期的服饰、丝织品织造技术和手工业水平提供了珍贵的实物资料，具有较高的研究价值。

注　释

［1］黄俐君：《辽代方胜蜂花飞雁锦袜的修复》，《文物保护与考古科学》，2002年14卷第1期，41页。

［2］、［3］彭浩：《楚人的纺织与服饰》，湖北教育出版社，1996年，165～166页。

一件铜鎏金鸭形香薰的保护修复与研究

内容提要

香薰，系古代用来熏香之具。在我国丰富的历史文化遗存中，有大量不同材质和造型的香薰出土，兽形香薰是其中重要的一种，集实用性与观赏性于一体。本文分析了一件山东邹平出土的明代青铜局部鎏金鸭形香薰，针对该器物的病害特点制定了保护修复方案，并对其进行了保护与研究。

关键词

铜鎏金　鸭形　香薰

一　香　薰

熏香在我国古代是一种非常流行的活动，特别是在皇家贵族和文人墨客的生活当中应用极其广泛，是他们居家养生、陶冶情操必备的日常用品。熏香香器的发明和应用由来已久，熏香炉也叫香薰或者香炉。质地有金、银、铜、瓷、陶等多种，其中空为香灶，用来盛放香料，以作焚香的炉膛，使用时烟气从器物上的镂孔冒出，既可以消除居室内的恶秽之味，又可以凭借袅袅上升的香烟，营造出一种空远寥廓的境界。围炉熏香是古代士大夫充满情致的生活场面。南朝人谢惠连在《雪赋》中写道："燎熏炉炳明烛，酌桂酒兮扬清曲"。《东宫旧事》记载"太子纳妃，有漆画熏笼二，大被熏笼三，衣熏笼三"。考古发掘中发现的香薰主要有博山炉、熏笼、长柄熏炉等，兽形香薰是其中重要的一种。宋代《香谱》中有详细记载："香兽，以涂金为狻猊、麒麟、凫鸭之状，空中以燃香，使烟自口出，以为玩好"。著名女词人李清照写自己的生活时也提到兽形香薰，如在《醉花阴》里写下"薄雾浓云愁永昼，瑞脑消金兽"。明清熏炉的制作和使用进入繁荣时期，作为日常生活用品的熏炉，在它的实用功能上添加了额外的美学要素，造型生动，图案装饰精致讲究。

二　鸭形香薰

动物类器型和纹饰是我国文物的重要组成元素。自古以来人与动物接触机会很多，如狩猎、捕鱼、畜牧生产等，人们时常以动物肉为食物，人与动物的关系十分紧密。动物身上的美丽羽毛、皮毛、斑纹等，能使人欣赏，因此人们仿照它们的身形特点，制作出了各种栩栩如生的动物造型的文物。这也反映了古代先民的审美情趣和创造力，以及对生活的仔细观察和热爱。鸭，古代又称为鹜或者凫，康熙字典中解释为，"《礼·曲礼·疏》野鸭曰凫，家鸭曰鹜"；"又毛氏云：可畜而不能高飞曰鸭，野生高飞曰鹜"。中国古代有将容器做成鸭形的文化传统。早在马桥文化时期，在马桥文化的遗址分布范围内广泛流行着一种形似鸭禽的器物[1]，有学者称之为鸭形壶，并认为这与当地先民的鸟禽崇拜的意识有关。吐鲁番阿斯塔那古墓出土了一批造型各异的彩绘木鸭[2]。河

文／崔丽娟　山东博物馆

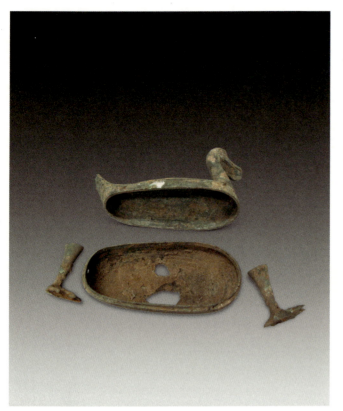

图一　修复前照片

图二　修复后照片

南平顶山滍阳岭应国墓地出土青铜凫形盉一件[3]。

据记载鸭形香薰从西汉时期开始流行。唐代诗人李商隐在其《促漏》一诗中就写到："舞鸾镜匣收残黛，睡鸭香炉换夕熏。"此类香薰制作精细，造型新颖，烟不仅可以器身的镂孔飘出，还可从鸭口中冒出，形象生动。宋代以来鸭形香薰更是盛行，宋代黄庭坚在《有惠江南帐中香者戏答六言》诗中写道："欲雨鸣鸠日永，下帷睡鸭春闲"。明代诗人朱有墩在《元宫词一百首》中写道："金鸭烧残午夜香，内家初试越罗裳"。目前查阅到的文献中，详细报道和研究的鸭形香薰主要包括江西吉水纪年宋墓出土的鸭形铜香薰[4]，以及景德镇市珠山东北侧明清官窑遗址出土的明成化素三彩鸭形香薰[5]。

三　山东邹平出土鸭形香薰保护与修复

本文保护修复的鸭形香薰是山东省滨州市邹平文管所馆藏的一件明代青铜局部鎏金鸭形香薰，20世纪80年代出土于邹平县黄山三路西首路北。如图所示（图一），该器物修复前通体覆盖了厚厚的土质表面硬结物，偶见几处绿色锈蚀和枣皮红锈壳，双足与鸭腹断裂，鸭腹底部有残缺，鸭尾部残缺。

（一）保护修复理念

由于该青铜器保护以后用于博物馆陈列展示，我们采用的

是展览陈列修复理念，还原文物本来面貌，同时修复部位与原器物具有可辨识性，满足陈列展览要求的同时做到远观一体，近观有别。

另外，该香薰尾部有残缺，由于没有参考依据，在修复时绝不主观臆断，因此对这一处残缺不实施补缺。同时遵循最小干预原则，为了保留最多的文物信息，我们对香薰腹部残留的熏香痕迹进行了保留。

（二）保护修复程序

保护修复此香薰经过了分析检测、清理、粘接补配、缓蚀、封护、做色等工序，并对修复后的青铜香薰的预防性保护提出了建议。

1. 分析检测

检测分析主要是对表面硬结物和鸭足部位的浅绿色锈蚀进行有害锈的测试。青铜器有害锈的主要成分是碱式氯化铜，我们通过硝酸银化学滴定法对氯离子进行了滴定分析，操作简单而且现象明显。分析结果表明所取样品滴定后溶液均澄清说明不含有害锈蚀。

2. 清理

清理主要以机械法为主。具体方法是：先使用无水乙醇等软化试剂对香薰表面覆盖的硬结物进行软化，再使用超声波洁牙机、文物专用喷砂机、手术刀等工具进行去除。在清理过程

中用棉签蘸乙醇溶液，配合擦拭去除疏松的土垢等。随着清理工作的进行，发现香薰鸭背处为铜鎏金。对器物的几处绿色锈蚀和枣皮红锈壳等无害锈给予保留。

3. 粘接补配

该器物双足断裂，且腹部断裂处有小面积残缺，考虑到双足的承重和粘接强度，我们采用了铜质修补剂进行粘接和补配，这种材料是用青铜粉作填充物，与性能优良的树脂构成的一种高性能聚合金属材料，粘接补配后颜色与器物本体基本一致，黏附力和坚韧性都很强，而且具有可逆性、优异的耐磨抗蚀与耐老化特性。

4. 缓蚀

该青铜香薰保护修复以后存放于邹平县文管所，当地为温带大陆性季风气候特征，年平均相对湿度为66%，8月最大为81%，而青铜器的适宜保存湿度为低于45%，为了提高文物对环境变化的抵抗能力，阻止本体内部的继续腐蚀，减缓腐蚀的发展进程，我们采用苯骈三氮唑法，以无水乙醇作为溶剂，对其进行了缓蚀处理。

5. 封护

表面封护能够减缓环境变化对文物产生的影响的，能够增强器物对空气污染的抵抗能力。我们根据器物的表面状况选择了丙烯酸材料 Paraloid B72 溶液，对其进行了封护处理。

6. 做色

经过清理、粘接、补配等修复工序，残破的香薰恢复原形，为使其更具古朴风格，还需对粘接补配的部位进行做色处理。采用传统做色方法，使用天然矿物颜料，调出与器物表面接近的颜色，通过弹、拨等技法，经过多次颜色过渡，将整个修复部位的颜色、层次与周边衔接的浑然一体。

7. 结论

如图二所示，修复后的青铜香薰通高 24.5cm，长 23cm，宽 8.3cm，重 1237g。香薰分为上下两部分，鸭头与鸭背等上半部为盖，鸭腹及双足等下半部用来装香料，腹内中空，以下部子口扣合，尾部下端镂有圆孔，可以促进空气流通，燃熏时烟随鸭颈而上，口吐香气。该鸭形香薰体形优美，只见一只活泼可爱的鸭子曲项昂首向天，睁目仰视，长颈肥腹，尾巴上翘，敛翅立足，两足平置，重心平稳，身姿挺立，嘴巴半张似在"嘎嘎"鸣叫，栩栩如生。五官与背上的翎毛刻画细致，局部鎏金，虽然历经几百年部分鎏金有脱落，仍极具观赏性。

保护修复后的文物还要加强预防性保护。文物的保存环境直接影响文物的"寿命"。金属器的保存环境为温度20 ± 2 ℃，温度日波动范围小于5℃；相对湿度低于４５%，相对湿度日波动范围小于５ %。此外，还要防止空气污染。在控制保存大环境的同时还要为文物构建一个良好的微观保护环境，如配备 RP 保护材料，通过高性能的专用脱氧脱水剂和高度隔绝外部环境的高阻隔性保护袋，形成"无氧、无水分、无有害气体、只有氮气"的文物保护空间，从而达到长期保护的目的。

注　释

[1] 陈钰：《试论马桥文化鸭形壶的来源与传播》，《南方文物》，2011年4期，81～87页。

[2] 张弛：《吐鲁番阿斯塔那出土彩绘木鸭流源——兼论南京西善桥南朝墓所出"竹林七贤"砖画中的鸭形器》，《吐鲁番学研究》，2013年2期，93～99页。

[3] 李学勤：《论应国墓地出土的匍盂》，《平顶山师专学报》，1999年1期，66～67页。

[4] 陈定荣：《江西吉水纪年宋墓出土文物》，《文物》，1987年2期，66～70页。

[5] 马俊波：《明成化三彩鸭形香薰赏说》，《收藏界》，2006年2期，82～83页。

概述几件青铜器科学分析与保护修复

文/李爱山　招远市文物管理所

文/蔡友振　吴双成　山东省文物考古研究所

文/徐军平　山东博物馆

内容提要

招远市文物管理所收藏的几件青铜器在存放过程中，出现粉状锈侵蚀及基体残缺、变形、断裂、表面硬结物等多种病害现象。本文通过对器物做相关分析检测，采取传统修复技术与现代修复材料相结合的技术工艺，对病害处理措施与收获进行了总结，期能为类似器物的保护修复提供参考。

关键词

青铜器　粉状锈　保护修复　病害

一　引　言

古代青铜器由于受埋藏环境中水、二氧化碳、硫化物、土壤中的盐类以及微生物的长期作用，会遭受到不同程度的腐蚀破坏，发生一系列的氧化还原反应。器物出土后由于原保存环境平衡被打破，加之存放环境因素的影响会加速青铜器的腐蚀，形成各种类型的腐蚀产物，其中一类腐蚀产物结构疏松，形同粉末状，也就是我们通常称作的粉状锈[1]。粉状锈会使青铜器的基体锈蚀风化，它会在较短时间内使一件完整的器物转化为粉末而消失。这种"青铜病"在适宜环境下极具传染性，能像瘟疫一样使周围的青铜器迅速被传染，直至锈蚀成一堆铜渣，造成损失不可估量。

二　文物现状分析

本文所述对象为招远市文物管理所收藏的几件古代青铜器（表一），按照器物用途和性质归类[2]，主要有任食器、盥（水）器、酒器、兵器及铜镜、佛造像等杂器。这些青铜器在存放过程中由于其合金结构及外界环境的影响，表面出现了锈蚀物、硬结物等，以及基体开裂、残缺、断裂、变形等病害，破坏了器物的完整性。特别是腐蚀产物中的粉状锈，在当地潮湿的外界环境下极具传染性，面临着严峻的保护问题。

对这几件青铜器保护修复之前，首先进行文物现状分析，主要有病害调查、病害图绘制、显微形貌观察、X射线探伤、湿法化学定性分析[3]、XRF成分分析等内容，初步了解器物病害种类、程度与成因，有针对性地开展保护修复工作，最大程度延长文物寿命。

1. 病害状况调查

这几件青铜器从表面形态观察，病害种类主要有点腐蚀、表面硬结物、全面腐蚀、残缺、变形、孔洞、断裂及不当修复等[4]。

序号	名称	原始编号	时代	质地	尺寸（cm）	重量（g）	典型病害	备注
1	鼎	C5：2	西周	铜	高 19，耳距 27	2850	点腐蚀、表面硬结物、残缺	"伯作鼎"
2	簋	C5：1	西周	铜	高 19.5，腹径 19	1600	点腐蚀、表面硬结物、不当修复	"齐中作宝簋"
3	鼎	C5：45-2	西周	铜	高 18，口径 20.5	1667	残缺、表面硬结物、全面腐蚀	"姜作宝鼎"
4	鼎	C5：45-1	西周	铜	高 24，腹径 22.5	3340	点腐蚀、断裂、残缺、变形	
5	匜	C5：185	西周	铜	高 13.3，残长 28.5	1703	残缺、矿化、表面硬结物	
6	钵	C5：40	春秋	铜	高 10，口径 22.3	1553	残缺、孔洞、矿化	双耳
7	戈	C5：24	战国	铜	长 28，宽 11	258	点腐蚀、断裂、表面硬结物	
8	鼎	C5：75	汉	铜	高 16.5，腹径 21.0	1558	残缺、变形、全面腐蚀	
9	壶	KM4：5-1	东汉	铜	高 30.2，腹径 27	5220	孔洞、全面腐蚀	
10	铜镜	C5：25	唐	铜	直径 10，缘厚 0.5	220	点腐蚀、全面腐蚀	葵花镜
11	铜镜	C5：32	宋	铜	直径 17.5，缘厚 1	743	点腐蚀、全面腐蚀、表面硬结物	五子登科镜
12	铜佛	C5：6	明	铜、金	高 13.5，宽 9.5	429	点腐蚀、脱落	鎏金（汉传）
13	菩萨	C5：4	明	铜、金	高 13.5，底长 7	618	全面腐蚀、起翘、脱落	贴金（藏传）

2. 显微形貌观察

利用超景深三维视频显微镜（型号：HiRox KH-8700），对有特征意义的局部拍摄显微照片，丰富文物表面微观信息，为制定保护修复方案及相关研究提供科学依据（图一）。a 铜佛（C5：6）发髻部位，表面可见极细微裂隙，宽度为 $24\mu m - 48\mu m$，裂隙相互交错，无一定方向；b 铜鼎（C5：75）表面点状锈蚀物呈浅绿色，质地疏松且爆发于表面硬结物之下；c 藏传菩萨（C5：4）显示贴金至少有 4 层，且每层下均施红色金胶；d 铜鼎（C5：45-2）表面锈蚀物颜色复杂，质地疏松，似蜂窝状，锈蚀较为严重。

3.X 射线成像（DR）

X 射线实时成像仪，型号：GemX-160，比利时产，玻璃窗，辐射范围：45。x 45。圆锥；DeReo WA1 平板探测器，分辨率：200μm。X 射线成像照片表明，a 齐中簋（C5：1）曾大面积修复，腹下部周围分布六块芯撑（少数学者指出金属质芯撑应叫做垫片），底部均匀分布三块芯撑（箭头指向）、铭文"齐中作宝簋"及多条弯曲裂隙，其中三条裂隙分别贯穿底部三块芯撑。芯撑部位通常为应力集中点，在芯撑锈蚀膨胀及其他因素共同作用下，造成芯撑周围出现裂隙现象。芯撑与基体分界明显且灰度明显比周围暗，但这种灰度未达到泥质芯撑的暗度，推测芯撑可能为纯铜质或其中铅锡含量较低。b 铜鼎（C5：45-2），侧视拍摄口沿，内壁发现有铭文存在，铭文处两条弦纹对接不齐，应为铸造合范错位造成，后期通过除锈，确认铭文为"姜作宝鼎"四字。c 双耳钵（C5：40）口沿残缺，底部可见一孔洞及放射状细微裂隙（箭头指向），其中一条裂隙较长延伸至腹中部。器物底部可能曾经击打，导致出现放射状裂隙。d 葵花镜（C5：25）制作精致，纹饰精美，因外表

a 肉髻及裂隙

b 点状锈蚀

c 多层贴金及金胶

d 蜂窝状锈蚀

图一　局部显微照片

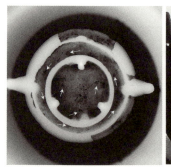  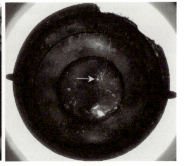 

| a 齐中簋 | b 铜鼎口沿 | c 双耳钵 | d 葵花镜 |

图二　X 射线成像照片

 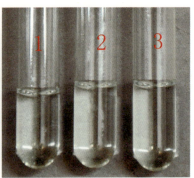

| a 滴定前 | b 滴定后 |

图三　湿法化学定性分析

大部分为锈蚀物覆盖，难以辨认。X 射线成像照片显示镜缘一周八副图案，内容为蝴蝶和植物间隔排列（箭头指向），镜心分布为两只鸟、两只鸭及四株植物，三类纹饰同样间隔排列。通过此分析手段初步了解锈蚀物下层隐藏的内容，确定了纹饰种类及具体位置，为后期清理除锈工作提供精准依据（图二）。

4. 湿法化学定性分析

器物表面存在疑似粉状锈的青铜器，通过对锈蚀物取样及滴定实验，结果表明浅绿色锈蚀物中含有氯离子，属于"有害锈"，必须采取去除、转化措施（图三）。

5.XRF 成分分析

便携式 X 荧光光谱仪，型号：Niton XL3t950，美国尼通公司制造。激发源：高性能微型 X 射线管，Au 靶，探测器：硅漂移 Si-Drift 。XRF 作为元素半定量分析手段，仅作为研究

方法的参考。由于每次采样区面积小且偶然性比较大，因此得出的结果会有所不同（表二）。铜簋（C5：1）修复部位铅与锡元素含量非常高，修复所用材料主要为铅和锡；铜鼎（C5：2）腹部主要元素为铜锡铅，该器物为铅锡青铜；铜钵（C5：40）测试区铜锡铅三元素成分含量非常接近，这可能与器物局部矿化铜流失有关。铜匜（C5：185）铅锡含量远高于铜含量且铅锡含量接近，出现这种情况可能是器物基体锈蚀矿化，铜流失特别严重所致。

三　典型案例

1. 保护

（1）点腐蚀

案例1：铜鼎（C5：45-1）口沿及腹内、外部均存在点腐蚀病害，腐蚀产物呈浅绿色粉末状，质地疏松，口沿处点腐

表二　局部 XRF 检测分析表

序号	名称	原始编号	测试部位	主要元素 (wt%)								
				Cu	Pb	Sn	Fe	Zn	Si	Al	Ag	Au
1	簋	C5：1	曾补配处	7.15	69.4	19.7	0.52	2.67	0	0	0.18	0
2	鼎	C5：2	腹部	61.2	13.6	23.7	1.08	0	0	0	0	0.64
3	钵	C5：40	腹内部	40.9	20.7	32.6	1.36	0	1.04	0	0.36	0
4	匜	C5：185	口沿	5.44	29.4	26.0	3.01	0	3.16	1.22	0	0

蚀比较密集呈面状分布（图四）。点腐蚀属于不稳定病害，在适宜条件下会加速小孔腐蚀[5]，必须去除转化。利用手术刀结合超声波洁牙机等工具，剔除表面疏松粉状锈，且尽可能去除干净（图五）。棉签蘸取去离子水多次擦拭病灶处，酒精调和锌粉呈糊状均匀涂抹于病害生长处，在锌粉表面间隔一定时间滴加少量去离子水直至锌粉质地变硬，放置2-3天。最后将残留锌粉去除，去离子水多次清洗、干燥。

将器物放入高温高湿的热烘箱中稳定性检测，放置2天后

部分病灶边缘仍有少量浅绿色粉状锈爆发，说明病灶处理不够彻底，改用氧化银局部转化处理。氧化银呈黑色且难以去除，处理时先在点腐蚀周围粘贴美工纸，再按照锌粉转化方法处理，此处不再赘述。稳定性检查后，清除残留氧化银并用去离子水清洗病灶，干燥、封护处理（图六）。

（2）表面硬结物

案例2：铜镜（C5：32），表面分布大量硬结物、锈蚀物及污垢，镜体边缘有大面积粉状锈。表面硬结物是指在青铜器

图四　点腐蚀

图五　超声波洁牙机去锈

a 贴美工纸

b 局部提出锈蚀

c 涂抹氧化银

d 清除氧化银后

图六 氧化银转化

a 处理前　　　　　　　　　　　　　　　　　b 处理后

图七 表面硬结物去除

表面覆盖铭文或花纹的硬质覆盖层[6]，这种附着物的存在，导致铜镜表面文字难以辨认。利用手术刀、超声波洁牙机在台式放大镜下，仔细剔除表面附着物，脱脂棉蘸取乙酸乙酯溶液擦拭表面污物，浅绿色锈蚀物采取案例 1 点腐蚀处理措施。清理后镜背文字"五子登科"清晰可辨（图七）。

2. 修复

（1）残缺

案例 1：铜鼎（C5：45-2）方唇立耳，束腰垂腹。通体锈蚀，局部矿化严重且有大面积土锈附着，底部附着疑似火烧后残留炭黑。口沿至腹部大面积残缺，一耳残掉，另一耳缺失，修复难点在于塑型补配。选择合适厚度的铜皮，剪制出形状，塑形匹配弧度，点焊连接。缺失一耳参考另一耳，铜皮剪制形状（双层），塑型点焊，固定后挂胶打磨，雕刻纹饰，表面做旧随色（图八）。

（2）变形

案例 2：铜鼎（C5：75）口沿边缘成 V 形凹陷，底部残缺，一足缺失。口沿矫形是此器物修复的难点，将器物放在矫形器上，调试矫形器配件及角度，使器物凹陷变形部位少许复位，放置一段时间后，再次矫形复位，有时需要"矫枉过正"来达到矫形后效果。器物虽经多次矫形，局部仍出现略微回弹现象，开裂错位处未能完全复位，故采取局部少量据解、拼对焊接处理，以达到矫形目的（图九）。

（3）孔洞

案例 3：铜壶（KM4：5-1）腹部残缺呈孔洞状，面积约 12cm2，形状不规则且边缘未见明显腐蚀现象。孔洞边缘铜质较好，有焊接条件，采用铜皮剪制出残缺形状，

a 器物残缺

b 塑形补配

c 打磨雕刻纹饰

d 做旧调色

图八　铜鼎修复

a 矫形前

b 矫形后

图九　铜鼎修复

点焊连接补配恢复器物完整性，做旧随色协调整体效果（图十）。

（4）残断

案例4：铜戈（C5：24）通体枣皮红色，内、胡及阑表面有绿色锈蚀物。援长而狭，援部最狭处断为两截，茬口较整齐，内部三面皆有刃，似刀。一般青铜含锡量17%–20%最为坚利，六齐中的斧斤和戈戟之齐与此相当[7]。古代兵器相对于"钟鼎之齐"锡含量更高，硬度增大且锋利，但锡含量升高往往导致脆性增大，故兵器容易出现断裂现象。此戈断茬口处曾粘接处理且残留有胶结物，首先清理残留物并用丙酮擦洗干净晾干。断茬处狭窄，仅粘接处理难以达到一定强度，利用机械工具在断茬处纵向切出两条凹槽，放入铜丝固定后焊接，最后做旧随色处理。（图十一）。

（5）不当修复

案例5：齐中簋（C5：1）X光探伤照片表明，器物口沿及腹部大面积残缺。曾修复处颜色斑白，与原器物底色差距明显，修复材料质地坚硬，经X荧光成分分析，补配材料主要为铅和锡，连接方式为锡焊。曾修复部位虽影响器物外观，但属于稳定病害，本着最少干预原则，仅对器物表面补配处修整，挂胶后打磨，雕刻纹饰，最后做旧随色，尽量使器物外观协调统一（图十二）。

通过对以上病害采取针对性的处理措施，青铜器病害处于稳定状态，经过苯并三氮唑（BTA）缓蚀，使之与铜器表面金属离子结合形成保护膜，再经过B-72封护处理，增强青铜对大气环境中有害物质的抵御能力，阻止腐蚀的进一步进行。环

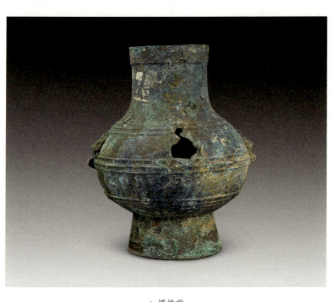
a 焊接前

b 焊接后

图十 铜壶修复

a 补配前

b 补配后

图十一 铜戈修复

a 原始修复　　　　　　　　　　　　　　　　b 再次修复

图十二　齐中簋再修复

境对于文物病害控制至关重要，除了要求达到青铜质文物存放要求外，相对湿度应保持 55% RH 以下[8]。对于客观条件所限或屡次生长"粉状锈"的器物，专门制作透明密闭存放设备，并对设备抽真空放置干燥剂等，彻底杜绝水分、酸性气体等与文物接触，努力使文物处于一个"稳定、洁净"的安全生存环境中[9]。

四　主要收获

1. 粉状锈有效控制

这几件青铜器粉状锈的表现形式主要为点腐蚀，且锈蚀物中包含有氯离子。这类活动病害已经产生且继续发展和蔓延，严重影响文物的稳定性。在对病害原因充分掌握的基础上，采取了针对性处理措施。对于活动性强的病害，从文物所处微环境方面入手，加强文物预防性保护，粉状锈得到了有效控制，起到了立竿见影的效果。

2. 器物复原

修复工作始终遵循传统修复工艺与现代材料相结合的工作方法，采取有针对性的修复措施。如残缺病害处理，遵循材料相近性的原则，采用铜皮补配结合环氧树脂胶调和矿物颜料等方法，使得残缺部位得以补全。器物矫形是修复工作中的难点，通过自制矫形工具结合传统修复工艺，使得器物变形部位得以"复位"，真实体现文物的协调性、统一性，达到文物陈展要求。难以用最小干预原则实现矫形的器物，采用局部最少锯解方法复原青铜器，体现完整文物承载的历史信息，以最小代价换取

的是最大限度地发挥它的研究和教育功能[10]。

3. 丰富基础信息

通过对文物表面锈蚀物去除及拓片制作，结合 X 射线成像技术，发现部分器物锈蚀物下层存在铭文（图十三）。铜簋（C5：1)内底部，铭文两行五字："齐中作宝簋"；铜鼎（C5：2）口沿内部，铭文一行三字："伯作鼎"，铜鼎（C5：45-2）口沿内部，铭文一行四字："姜作宝鼎"。这些铭文的发现，为胶东考古学研究提供了新的文字资料。据史籍《路史》记载："春秋时有姜姓莱国"，公元前 567 年，莱被齐所灭。值得注意的是，铜簋（C5：1）出土于现在招远市，古属莱国，而器物底部出现"齐"字，值得深入探讨与研究。

五　结　语

青铜文物历经千载流传至今，它承载了丰富的历史文化信息，为我们了解古代社会经济、文化、艺术、宗教、军事及政治等方面提供了第一手研究资料。招远市文物管理所藏这几件青铜器保护修复工作，在遵循文物保护基本原则下，根据器物分析检测结果，对其不同病害采取了有针对性的保护处理措施，取得了良好效果。任何文物保护修复工作不但要"治病"，而且更要预防文物病害产生与蔓延。随着时代的进步，文物保护修复理念也在不断更新完善，在应用当今成熟技术与材料的同时，更加注重文物的预防性保护，通过环境控制这项核心内容来最大限度的延长文物寿命可以起到事半功倍的效果。

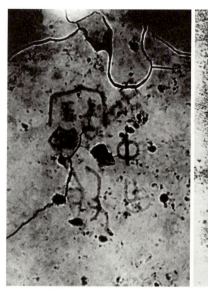

铜簋（C5：1）底部 X 光片　　　　铜鼎（C5：2）拓片　　　　铜鼎（C5：45-2）拓片

图十三　器表铭文

附　记

　　这几件青铜器保护修复属于招远市文物管理所所藏青铜器保护修复项目。招远市文物管理所林国玺所长为该项目开展做了大量工作，山东省文物考古研究所刘延常先生从考古学研究角度提供了帮助与支持，所内技术人员刘胜、张坤、张勇、刘建国、王凯等参与了这批青铜器保护与修复工作。还有诸多同仁对器物进行了相关分析检测，在此一并表示衷心感谢。

注　释

[1]周浩、祝鸿范、蔡兰坤：《青铜器锈蚀结构组成及形态比较研究》，《文物保护与考古科学》，2005年3期。
[2]马承源：中国青铜器（修订本），上海古籍出版社，2012年。
[3]邓阳全、蒋茂清、李香杰等：《一件魏晋时期铜镜的保护研究》，《文物保护与考古科学》，2011年4期。
[4]《中华人民共和国文物保护标准（WW/T0004-2007）：馆藏青铜器病害与图示》，文物出版社，2008年。
[5]祝鸿范：《青铜病的发生与小孔腐蚀的关系》，《文物保护与考古科学》，1998年1期。
[6]同[4]。
[7]戴吾三：《考工记图说》，山东画报出版社，2005年。
[8]潘璐、成小林、马立治：《博物馆青铜文物保护技术手册》，文物出版社，2014年。
[9]吴来明、徐方圆、黄　河：《博物馆环境监控及相关物联网技术应用需求分析》，《文物保护与考古科学》，2011年3期。
[10]陈仲陶：《对青铜器保护修复理念、原则的探讨》，《文物保护与考古科学》，2010年3期。

一幅元代砖室壁画的保护修复

内容提要

2012年6月，山东博物馆的技术人员对章丘市东姚村发现的3座元代砖室墓葬壁画进行了提取。2014年10月，山东博物馆与西北大学合作，对壁画进行了科学保护修复，使其能够满足展览和研究的需求。本文就其中一幅壁画的保护修复，进行了详细论述，以期对类似壁画的保护修复提供参考。

关键词

墓葬壁画　保护修复

一　引　言

2012年4月，章丘市圣井街道办事处东姚村社区改造建楼时发现了几座元代古墓葬。6月，山东博物馆的技术人员对发现的3座元代砖室墓葬壁画进行了保护提取。

壁画色彩艳丽，再现了元代济南人的生活。画面中既有点灯、晾衣服等生活场景，又有幔帐、花卉、吉祥纹、铜钱纹等装饰性图案，不仅有墓主夫妇，还有女眷、丫鬟等人物，家中器物也一应俱全，壁画《妇人启门图》生活气息浓郁，反映出了当时这一地区的生活状态和风土民情。

2014年10月，山东博物馆与西北大学合作，对壁画进行了保护修复。技术路线合理可行，保护修复步骤科学有效，修复结果较好。本文就其中一幅妇女启门图的壁画修复进行了详细论述。

二　壁画概况

2.1 壁画制作工艺

壁画从结构上分为4层，底层是以青砖构成的支撑体，其上是厚度约3mm的细泥层，细泥层上是厚度约2mm的白灰层，最外层是白灰层上的颜料层。绘画所用颜料主要有3种，以红色、黄色、黑色为主。

2.2 壁画保存状况

由于墓室砖体的开裂，也使得壁画面产生较多贯穿裂缝和微小裂隙；墓室内曾经倒灌过雨水，壁画下部由于泥水的浸泡，画面已经模糊不清；随着墓室内温湿度的变化，部分壁画已出现起翘、空鼓和脱落的现象。（图1）

2.3 病害调查及评估

参考《古代壁画病害与图示》（WW/T0001-2007），对该幅壁画的病害情况进行调查和分类。

文／苏欣　山东博物馆

图一　妇女启门图壁画修复前

名　　称	妇人启门图种数
年　　代	元代
来　　源	考古发掘
出土时间	2012 年 6 月
出土地点	章丘东姚村
尺　　寸	长 104cm、宽 82cm
描　　述	壁画主要描绘一位妇人半启朱漆大门，手里提了一条鱼，侧身向外张望，门侧另一位女仆头顶食盘行走的图案。
修 复 史	未修复
病害情况	
病害现象	病害程度
微生物损害	微损
起　　甲	中度
颜料脱落	重度
地仗脱落	中度
裂　　隙	中度
泥　　渍	重度
病害综合评估	文物表面泥渍覆盖较严重，颜料脱落和褪色现象明显，病害程度为中度。

| 裂隙 | 颜料脱落 | 泥渍 | 起甲 |

图二　妇人启门图病害图

2.4　分析检测

主要对脱落且无法回贴的壁画碎片进行成分分析。

1) 仪器和材料

Leica　DMLSP 偏光显微镜；Leica Wild 体视显微镜；Meltmont 固封树脂；巴斯德滴管；直头和弯头钨针；异物镊子；载玻片；盖玻片；加热台；擦拭纸；无水乙醇，甲醇，丙酮；黑色油性笔。

2) 制样过程

1. 用丙酮擦拭载样面；

2. 用黑色油性笔在背面标出载样区域；

3. 借助体视显微镜，用洁净的钨针取样到载玻片的载样区域；

4. 根据样品的离散状况，滴加甲醇或无水乙醇至样品边缘后，用钨针研匀样品至溶剂完全挥发；

5. 用镊子取盖玻片放至样品上，放于加热台上，加热至 90-100℃；在加热台上，吸取固封树脂沿盖玻片一侧缓慢完全渗满整个盖玻片。

3) 分析结果　偏光显微分析结果如表 1 所示。

表1 壁画颜料偏光分析报告

序号	样品名称	晶体描述	分析结果
1	章丘元墓 – 白灰层	晶体边缘清晰，颜色为白色，晶体直径在 5–20μm 之间，四次消光，折射率 < 1.662	碳酸钙
2	章丘元墓 – 红色	晶体边缘较模糊，团聚成凝胶状，颜色为橘红色，晶体直径 < 5μm，折射率 > 1.662，弱消光	铁红
3	章丘元墓 – 黄色	橘红色晶体边缘较模糊，团聚成凝胶状，晶体直径 < 5μm，折射率 > 1.662，弱消光；黄色晶体边缘较模糊，直径 < 5μm，弱消光，折射率 > 1.662	铁红 + 铁黄
4	章丘元墓 – 黑色	晶体边缘较模糊，团聚成积云状，颜色为黑色，晶体直径 < 5μm，全消光	炭

三 保护修复基本原则

依据有关法律法规和行业标准，并参考有关国际宪章的原则准则，充分尊重文物的历史真实性，全面的保存、延续文物的信息和历史、艺术、科学价值，确保文物安全以及增强文物的抗腐蚀能力。具体保护修复原则如下：

（1）真实、全面地保存并延续文物的历史信息，使保护修复后的文物可以为陈列和研究服务。

（2）最小干预，采用的保护措施以延续文物寿命为主要目标。

（3）选取的修复材料尽量具有可逆性、与文物原始材料具有兼容性，技术措施不妨碍以后再次对文物进行保护修复处理。

（4）修复视觉效果具有可识别性，力争做到文物历史价值和美学价值的统一。

（5）优先使用传统工艺技术，所有新材料和新工艺都必须经过前期试验和研究，以对文物最无害的工艺技术用于保护。

四 壁画面保护修复技术路线及操作步骤

4.1 保护修复技术路线

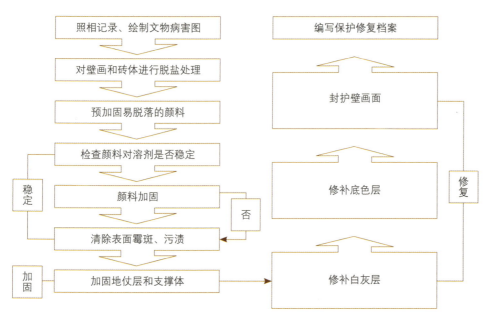

图三 壁画面保护修复技术路线图

山东博物馆辑刊（2015年）

文物科技

4.2 操作步骤[1]

针对该批壁画面的整体病害调查情况，从整体上，提出保护修复措施如下：

（1）对壁画和砖体进行脱盐处理

此壁画墓在地下埋藏近千年，土壤中的水分和无机盐，在土壤与墓室砖体之间大量交换，使砖体富集了大量的可溶性无机盐。这些无机盐有可能使壁画产生酥碱、盐析病害，所以要对壁画和砖体进行脱盐处理。拟采用纸浆贴敷法进行脱盐处理，即把无酸纸浆贴敷在需要脱盐的部位，向纸浆上滴加蒸馏水，通过毛细作用，就可将壁画或砖体中的可溶盐吸附在纸浆上，从而达到脱盐的效果。

（2）预加固易脱落或即将脱落的颜料

拟采用低浓度的丙烯酸乳液水溶液，对起翘、剥离部位进行预加固，以此减少在清理壁画表面污渍时，不慎清理掉这些碎裂、剥离的壁画碎片的可能性。

（3）画面清理

针对表面污染状况，通过前期清洗试验，挑选出水＋乙醇＋丙酮（1：1：1）溶剂清洗壁画表面污渍效果较好。拟采用此种混合溶剂清理壁画表面污渍，尽可能的还原壁画的原来色泽。

（4）加固地仗层和支撑体

针对壁画地仗层的脆弱状况，拟采用 15% ～ 25% 的丙烯酸乳液水溶液，加固、回贴壁画地仗层，增加地仗层的力学强度。针对壁画支撑体产生的裂缝，拟采用 30% 水硬石灰浆、65% 青砖粉以及 5% 的辅料粘接填充裂缝，增加支撑体的强度。

（5）修补白灰层和底色层

这批壁画的颜料层脱落比较严重，留存壁画与脱落面视觉反差较大，为了突出壁画颜料层的图案，恢复壁画所具有的潜在色调统一性，需要对缺失的白灰层和部分底色层进行修补。针对缺失的白灰层，拟采用 35% 的水硬石灰浆进行补配，壁画中间的缺失部分，填补的浆液要与壁画表面齐平，填补后要保持表面光滑，以便下一步的补绘工作。对于缺失底色层的修补，要有根据的进行底色层的的补全。拟先补全白灰层，再用影线法补全底色层。所做的着色，只在修补块上进行，着色时，颜色要比原壁画略浅一些。补绘使用可逆的水彩颜料，最终，做到"远观看不出，近看有区别"，保持较为完整的画面色调和艺术效果，这种方法具有可逆性。

（6）封护壁画面

拟采用 2% B72 丙酮溶液混合 0.2% 霉敌乙醇溶液对画面进行喷涂封护，以此增强壁画抵御不良环境侵害的能力。

五　壁画青砖支撑体修整

制作出弧形的砖质壁画以进行聚合物修复砂浆—碳纤维框架加固－聚合物修复砂浆体系的新支撑保护体系以便展陈设计。

5.1 画面保护操作流程

先对壁画的画面整体加固，采用 2%-5% 的递增 AC33 浓度的整体加固增强壁画颜料层的稳定性，重点加固颜料层破碎、错位、断裂等部位；之后用橡皮泥填补壁画表面缺损部位，再用 3%B72 对壁画表面喷涂两边进行整体封护；最后，用 20% 的桃胶对壁画表面贴布，使其自然固化。

5.2 四周支撑体加固

用直径 3cm 无振动的金刚石钻头钻孔，然后插入裁剪好的钢筋条，切割相应形状的不锈钢网片，调好植筋胶涂于钢筋条上与砖和网片粘接，用修复砂浆将周围抹平，之后将抗拉强度极高的碳纤维用环氧树脂预浸成为复合增强材料（单向连续纤维），碳纤维配套浸渍树脂(MSR)与固化剂配制比例是 2:1，再用环氧树脂粘结剂沿受拉方向或垂直于裂缝方向粘贴在要补强的结构上，形成一个新的复合体，使增强粘贴材料与原有青砖支撑体共同受力增大结构的抗裂或抗剪能力，提高结构的强度、刚度、抗裂性和延伸性。

5.3 新支撑保护体系的制作操作流程

底层修复砂浆	· 表面清理 · 乳胶调泥填补背面砖缝及空洞 · 修复砂浆找平（养护 48 小时）
第一层底胶	· 划分粘贴范围 · 涂刷第一层底胶 · 晾置固化（注意避免灰尘沾染，影响固化）
碳纤维层	· 裁剪玻璃纤维布和碳纤维布 · 调制粘贴胶进行帖布操作，并晾置固化
第二层底胶	· 表面清理后涂刷第二层底胶 · 撒上西沙，晾置固化
表层修复砂浆	· 去除粘贴在壁画背面的纸胶带 · 涂覆最后一层修复砂浆（养护 48 小时）

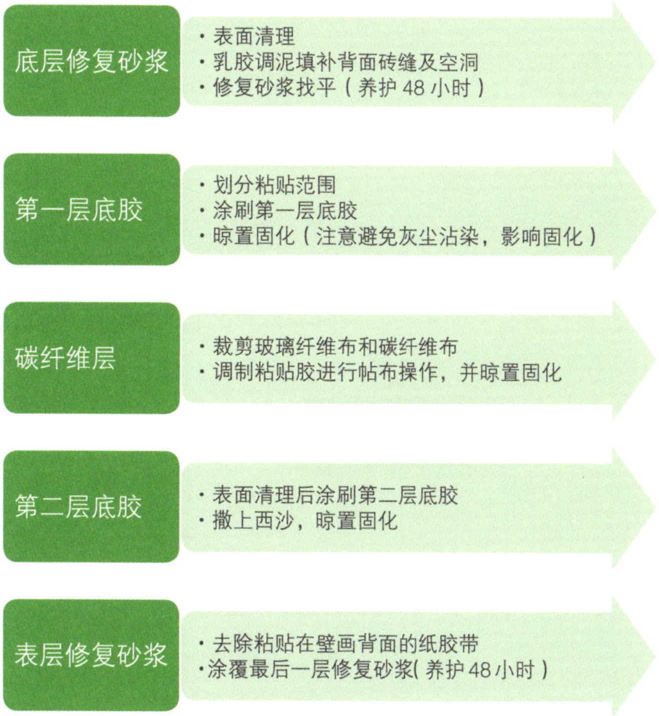

图四　新支撑保护体系的制作操作流程图

5.4 新背衬层次结构示意图

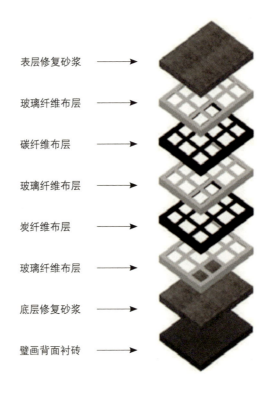

表层修复砂浆 ⟶

玻璃纤维布层 ⟶

碳纤维布层 ⟶

玻璃纤维布层 ⟶

炭纤维布层 ⟶

玻璃纤维布层 ⟶

底层修复砂浆 ⟶

壁画背面衬砖 ⟶

图五　新支撑保护体系的制作操作流程图

5.5 支护体的拆除和画面修整保护流程图

· 使壁画正面向上

翻转

去除石膏木架支护体

· 拆除木架
· 去除石膏纱布、保鲜膜隔层
· 边缝打磨、修整

· 软化挑胶
· 揭去挑胶帖布
· 清洗表面残留挑胶
· 避光晾干

揭布

图六　支护体的拆除和画面修整保护流程图

图七　妇人启门图保护修复后效果

6. 壁画保护修复后的保存条件建议

在库房内，可将壁画面向上平摊放置，表面铺设无酸纸，减少灰尘污染。

修复后的壁画，应在干燥、通风、防尘、温度：18 ～ 24±2℃，温度波动数 ≤ 2℃。湿度45-60 % ±5%，相对湿度波动数≤ 5%，光照度≤ 50lux，紫外线相对含量值小于 75μW/lm，固体颗粒物量≤ 75mg/m3，细菌个数 ≤ 4000 个 /m3，固体颗粒物过滤效率≥ 80% 的适宜条件下保存，需做到防雨、防火、防震、防霉。

注　释

［1］郭宏，马清林：《馆藏壁画保护技术》，科学出版社 ，2011年。